Christoph J. F. Schreiber

55 Wege, wie KI dein Leben leichter macht

Christoph J. F. Schreiber

55 Wege, wie

KI

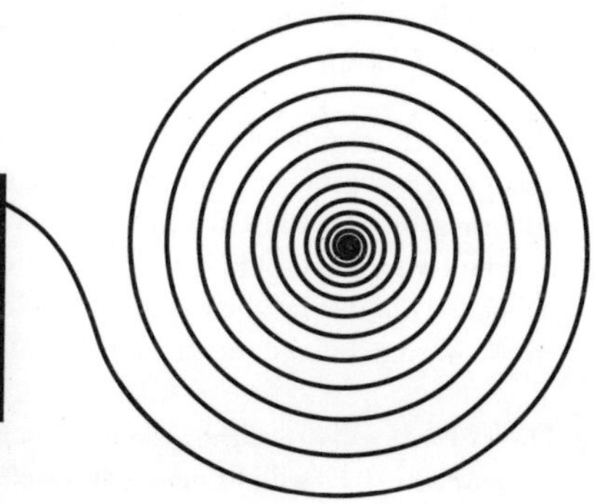

dein Leben leichter macht

NXTLVL

Bibliografische Information der Deutschen Nationalbibliothek
Die Deutsche Nationalbibliothek verzeichnet diese Publikation in der Deutschen Nationalbibliografie; detaillierte bibliografische Daten sind im Internet über dnb.dnb.de abrufbar.

Wir freuen uns auf eure Anregungen und Fragen
info@nextlevelverlag.de

Wichtiger Hinweis
Die im Buch veröffentlichten Empfehlungen wurden von Verfasser und Verlag erarbeitet und geprüft. Der Inhalt dieses Buches beruht ausschließlich auf den persönlichen Erfahrungen des Autors und erhebt keinen wissenschaftlichen Anspruch. Die benutzten Begrifflichkeiten sind wertfrei. Eine Garantie kann dennoch nicht übernommen werden. Ebenso ist die Haftung des Verfassers bzw. des Verlags und seiner Beauftragten für Personen-, Sach- und Vermögensschäden ausgeschlossen.

Originalausgabe
1. Auflage 2025

Dieses Buch will dir zeigen, was künstliche Intelligenz heute schon alles kann – in deinem Alltag, deinem Job, deinem Leben. Es will dir neue Räume eröffnen, Tools näherbringen, von denen du vielleicht schon mal gehört, sie aber nie ausprobiert hast – und es zeigt dir sogar Möglichkeiten, von denen du bisher nicht einmal wusstest, dass sie existieren. Damit all das gelingt, braucht es vor allem eines: Lesefluss. Auch wenn eine gendergerechte Sprache wünschenswert ist, gibt es aus Sicht des Verlags bisher keine befriedigende, gut lesbare Lösung. Zur besseren Lesbarkeit verwenden wir in diesem Buch an Stellen, an denen sich genderneutrale Formulierungen oder Doppelnennungen nicht gut umsetzen lassen, das generische Maskulinum. Diese Entscheidung dient ausschließlich der sprachlichen Vereinfachung und beinhaltet keinerlei Wertung. Selbstverständlich sind stets alle Geschlechter gleichermaßen gemeint.

Projektmanagement: Friederike Thompson
Redaktion und Lektorat: Rainer Weber
Narrative Beratung: Oliver Uschmann
Satz: Zerosoft, Timisoara
Cover- und Umschlaggestaltung: www.b3k-design.de, Andrea Schneider & diceindustries
Bildnachweis: © true north 72 / shutterstock.com; Autorenfoto: © Fabian Stürtz
Druck: DZS GRAFIK d.o.o, Slowenien
Printed in the EU

ISBN Print: 978-3-68936-068-9
ISBN E-Book (PDF): 978-3-68936-069-6
ISBN E-Book (EPUB, Mobi): 978-3-68936-070-2

Inhalt

Vorwort

Ein Palast voller fleißiger Helfer

Wir sind Zeitreisende. Du ahnst das bereits, denn du hast zu diesem Buch gegriffen. Vielleicht, weil du dich tagtäglich umschaust und dich fragst: Bin ich mit einem Rutsch in der Zukunft gelandet? Alle nutzen KI, alle reden davon, lösen ihre Probleme damit, finden Antworten auf alle möglichen Fragen schneller, als es bis gestern noch mit der ganz normalen Suche im Netz möglich war.

Ja, die Zukunft ist hier, sie ist angekommen, in einem wilden Tempo, das jeden Tag beschleunigt. Moderne KI-Modelle analysieren, strukturieren und fassen mittlerweile täglich Millionen von Texten, Forschungsarbeiten und Datenquellen zusammen – eine Menge, die früher Generationen von Beschäftigten im wissenschaftlichen Sektor beansprucht hätte. In nur einem Jahr entstehen durch KI mehr neue Inhalte, Übersetzungen und Analysen, als die Menschheit in Jahrhunderten zuvor produzierte. Laut Statista wurden 2023 weltweit über 15 Milliarden KI-generierte Bilder erstellt. Übersetzungsdienste wie *Google Translate* und *DeepL* verarbeiten täglich Milliarden von Texten. Um beides in den historischen Vergleich zu setzen: Schätzungen des Magazins *The Atlantic* zufolge wurden von 1839 bis 1989 weltweit etwa 2,5 bis 3 Milliarden Fotos aufgenommen. Die gesamte Buchproduktion der Menschheit bis 2010 schätzt *Google Books* auf weltweit etwa 130 Millionen verschiedene Titel. Unternehmen und Institutionen weltweit setzen KI ein, um in Echtzeit globale Trends zu erkennen, Innovationen voranzutreiben und Lösungen für Herausforderungen wie Klimawandel, Gesundheit oder Bildung zu finden. Ganz normale Menschen erleichtern damit ihren Alltag auf eine nie zuvor gesehene Weise.

Selbst für uns in der Firma Digital Beat, die wir uns jeden Tag damit beschäftigen, ist das Ausmaß der Möglichkeiten weiterhin ein Wunder. *KI First!* steht deswegen in großen Buchstaben in unseren Büroräumen an den Wänden. Damit selbst wir daran denken, unsere Probleme im ersten Schritt immer mithilfe von KI anzugehen – vor allem dann, wenn es sich um Aufgaben handelt, die sie schneller und besser erledigen kann. Das ist die Macht der Gewohnheit. Die Macht von zwanzig, dreißig Jahren digitalen Lebens ohne echte künstliche Intelligenz. Selbst für uns ist es immer noch unglaublich, wie weit wir schon sind. Selbst wir können es immer noch kaum fassen, dass wir nun tagtäglich 24 Stunden rund um die Uhr Werkzeuge zur Verfügung haben, die das Äquivalent eines ganzen Gebäudes voller hoch etablierter Fachkräfte darstellen, für die wir bis auf überschaubare Abonnementgebühren pro Monat nichts bezahlen müssen.

Mein Kollege Niklas, der just in diesem Augenblick, als ich dieses Vorwort ins Smartphone spreche, um es später durch eine KI sauber transkribieren zu lassen, das Büro betritt, hat dies einmal in ein eindringliches Bild gefasst, das ich niemals vergessen werde.

„Guck aus dem Fenster", sagte er (der bei uns als Projektmanager Künstliche Intelligenz an eine schon sehr bald mögliche 15-Stunden-Woche glaubt), „und stell dir Folgendes vor: Da ist ein Gebäude entstanden, ein regelrechter Palast, dort drüben auf der grünen Wiese. Er steht da und er gehört uns allein. Darin gibt es eine Etage mit Anwälten, die auf jede rechtliche Frage eine schlüssige Antwort haben und diese mit Quellen und Verweisen auf obergerichtliche Entscheidungen belegen können. Es gibt eine Tagesklinik mit Medizinern aller Art, mit Seelsorgern, Ernährungsberaterinnen und Coaches. Wir haben Reisebüros in diesem Palast, falls wir zwischendurch doch noch einmal in die Ferien wollen. Redaktionen, Rechercheabteilungen, Übersetzer in alle Sprachen, Grafikdesigner, Animateure, Filmproduzenten. In dem Flur mit dem Kicker und der Tischtennisplatte produzieren sie in Minuten Tausende von Reels, Shorts und TikToks. In dem Flügel mit dem samtigen Teppich und den vertäfelten Wänden sorgen sie dafür, dass dein Geld tatsächlich gewinnbringend für dich arbeitet. Was früher eine ganze Stadt war, lauter einzelne Häuser, voller Anwaltskanzleien, Medienfirmen, Filmproduktionen, Krankenhäusern, Kliniken oder Verlagen, das ist alles dort drin, in unserem Palast. Rund um die Uhr können wir ihn betreten und darin Aufgaben verteilen, ohne dass jemand sich darüber beschwert."

Ja, er hat viel Fantasie, mein Kollege. So extrem aufgeräumt sein Schreibtisch ist, so viel tanzt in seinem Kopf. Doch sein Bild bringt es auf den Punkt. Der Palast ist im Grunde erst vor Kurzem entstanden, doch er wächst seither Tag für Tag. Ständig bekommt er neue Etagen, zusätzliche Gebäude, ganze Arkaden und prachtvolle Zwischenhöfe. Die wenigsten führen sich das ganze Ausmaß dieser Entwicklung vor Augen. Wir können einfach noch nicht fassen, wie frei es uns macht, wie viel Zeit es uns spart, wie viel wohlhabender, gesünder und sogar glücklicher es uns macht, wenn wir diesen Palast richtig nutzen.

Dieses Buch soll deine Erinnerung sein, dein täglicher Blick aus dem Fenster auf den eigenen Palast mit Tausenden von fleißigen Bediensteten. In aller Ruhe führen wir dich – für den Fall, dass du kompletter Anfänger bist – im ersten Schritt an die KI und ihre Grundlagen heran. Danach erzählen wir von 55 beispielhaften Anwendungen des täglichen Lebens, die früher viel Zeit, Geld und Mühe gekostet haben und heute dank der künstlichen Intelligenz um ein Vielfaches bequemer, leichter, schneller und günstiger zu bewältigen sind. Wir, das werden mein fantasievoller Kollege Niklas sein, meine Wenigkeit als Autor des Buches und Geschäftsführer von Digital Beat, mein Geschäftspartner Thomas, unser kreativer Teamleiter Yannik, unsere Teamleiterin Céline, die Projektmanagement liebt und lebt und in der Freizeit die ganze Welt bereist, unser junges IT-Genie Max sowie Projektmanager Michael, gleichermaßen ein Ass an der Tischtennisplatte und am Schachbrett. Lauter Menschen, die alles ausprobiert haben, was du kennenlernen wirst, und die sich tagtäglich mit den Möglichkeiten von KI befassen.

Und Gerd.

Ein Mann, verfremdet in Namen und Antlitz, aber im Kern doch echt, der für all jene steht, die noch voller Skepsis sind angesichts der tatsächlichen Zeitenwende. Die noch Ängste haben und an einem Leben abseits der KI-Möglichkeiten hängen, zugleich aber ganz tief in sich ahnen, dass wir hier oben, in unserem geheimnisvollen Turm am Hansaring in Köln, Werkzeuge erforschen und vermitteln, die weitaus mehr Segen als Fluch sind.

Ob wir Gerd im Laufe der Kapitel überzeugen können, das Leben durch KI einfacher zu machen? Oder auch dich, falls du nur aus reiner Neugier zu diesem Titel gegriffen hast, dich aber immer noch fragst, ob das überhaupt was für dich ist? Diese Reise wird spannend. Also atmen wir tief durch, machen wir den Rücken gerade und starten los.

Euer

Christoph J. F. Schreiber

Was ist KI?

Künstliche Intelligenz, kurz KI, ist der Versuch, bestimmte Fähigkeiten des menschlichen Denkens mithilfe von Computern nachzubilden. Die Programme lernen dabei, Probleme zu lösen, Muster zu erkennen oder Sprache zu verstehen und zu erzeugen. Das ist keine Magie und kein „Bewusstsein", auch wenn es sich heutzutage im „Gespräch" mit der KI so anfühlt. Wie diese Gespräche funktionieren und wo du sie führst, dazu kommen wir gleich. Was bei KI passiert? Sie greift auf unvorstellbar große Datenmengen zurück, mit denen sie gefüttert, genauer: trainiert wurde, und sie kann diese Daten miteinander verknüpfen und daraus Schlüsse ziehen. Wie ein Bibliothekar, der ohne Ausnahme jedes Buch im Gebäude gelesen, sich alle gemerkt hat und in jedem Fachbereich ausgebildet ist. Bei der KI laufen Rechenmodelle und Algorithmen ab, die aus Beispielen lernen, weshalb man ihre Arbeitsweise „maschinelles Lernen" nennt.

Schon seit Langem versteckt sich KI in unserem Alltag, ohne dass es bislang groß aufgefallen ist. Vor Jahrzehnten tauchte sie bereits in Form von Schachcomputern auf, die eben nur das konnten: Schach spielen. Wenn das Navigationsprogramm in deinem Handy dich bei der Autofahrt leitet – KI. Wenn dein E-Mail-Programm den ganzen Werbemüll, den Spam, schon von vornherein herausfiltert – KI. Wenn eine Sprachbox wie Alexa deine Stimme erkennt – KI.

Ende 2022 allerdings geschah eine Revolution. In Form von *ChatGPT* trat KI aus dem Schatten und wurde allgemein für alle Zwecke nutzbar, eben wie ein Gesprächspartner, wie das Haus voller Assistenten, das wir im Vorwort erwähnt haben. Seit *ChatGPT* öffentlich zugänglich ist, schießen KI-Tools wie Pilze aus dem Boden. Nicht nur Chatbots, sondern auch immer wieder neue KI-Bild- und KI-Videogeneratoren kommen auf den Markt. Woher aber kommt der aktuelle Boom? Das Zauberwort lautet: **Generativ**.

Generative KI ist eine neue Form des maschinellen Lernens, die eigenständig neue Inhalte wie Texte, Bilder oder Musik **generieren** kann, anstatt nur vorhandene Daten zu analysieren. Dadurch unterscheidet sie sich von den Modellen, die lediglich Daten klassifizieren oder Vorhersagen treffen, denn sie erzeugt etwas Neues. Das wiederum ist nur möglich, weil sich in den letzten Jahrzehnten zwei Entwicklungen vollzogen haben.

Erstens: Gigantische Rechenleistung ist heute kein technisches Problem mehr, sondern nur noch durch Energie-Ressourcen begrenzt. Zum Vergleich: Der Apollo Guidance Computer (AGC), der 1969 die erste Mondlandung steuerte, schaffte rund 85 000 Befehle pro Sekunde – damals ein technisches Wunder. Ein heutiges (KI-fähiges) Smartphone kommt mit seiner Neural Engine rechnerisch auf bis zu 30 Billionen (!) Operationen pro Sekunde, wenn auch nach einem anderen Maßstab gemessen. Auch ohne exakte 1:1-Vergleichbarkeit ist klar: Die Rechenpower heutiger Mini-Geräte wäre in den 1960er-Jahren unvorstellbar gewesen – selbst im Science-Fiction-Genre

Zweitens: Die Menge an verfügbaren Trainingsdaten für KI-Systeme ist durch das Internet massiv angestiegen.

Wenn eine KI also nicht fest eingebaut einem bestimmten Zweck dient, sondern alles kann, was du dir wünschst und worum du sie bittest, nennt man das „generativ“, also „erzeugend“. Daher hieß der erste Chatbot, den jeder benutzen durfte, eben auch *ChatGPT*. „Chat“ steht für das Gespräch. Denn man kann mit dieser KI und anderen richtige Gespräche führen, also weit mehr als nur eine Antwort auf eine Frage erhalten.

Das Akronym „GPT“ steht für „**G**enerative **P**re-trained **T**ransformer“, also sinngemäß ein generativer, vortrainierter Umwandler. Der Bibliothekar eben, der es schafft, all das Wissen, mit dem er vortrainiert wurde, in Antworten zu verwandeln. Was ein Chatbot ist und wie du ihn bedienst, folgt gleich auf der nächsten Seite.

Was ist ein Chatbot?

Ein Chatbot (also „Gesprächsroboter") ist im Grunde eine Benutzeroberfläche, auf der du eine Frage stellst oder eine Aufgabe eingibst – so einfach, wie du jemandem eine Nachricht schreibst. Unten gibt es ein Texteingabefeld, oben erscheint die Antwort. So kannst du mit einem Programm fast wie mit einem echten Menschen „sprechen". Dies funktioniert auf dem Computer, dem Tablet und dem Mobiltelefon.

Im Hintergrund arbeitet dabei ein sogenanntes Large Language Model (kurz: LLM), also ein „großes Sprachmodell". Wieso das so heißt, ist nach dem vorherigen Kapitel klar – weil eben der Chatbot als künstliche Intelligenz nicht im klassischen Sinne „denkt" wie wir Menschen, sondern seine Schlüsse aus den Milliarden von Daten und Textbeispielen zieht, durch die er gelernt hat, wie unsere Sprache funktioniert. Der Bibliothekar eben, oder auch, anderes Bild: ein riesiges, interaktives Wörterbuch mit eingebautem Gedächtnis und Sinn für Zusammenhang. Das ist eben auch der Unterschied zum klassischen „Googlen", an das wir uns seit Jahrzehnten gewöhnt haben. KI spuckt keine unzusammenhängenden Ergebnisse aus, sondern erläutert Lösungen, stellt Rückfragen, arbeitet mit dir an einer Sache, bis du am Ziel bist.

Ein moderner Chatbot kann sich – je nach Einstellung – auch merken, was du schon gefragt hast. Viele speichern deine bisherigen Gespräche in einer Liste, die du meist auf der linken Seite findest. So kannst du immer wieder darauf zurückkommen, alte Antworten nachlesen oder an einem Thema weiterarbeiten. Jede Liste kannst du auch umbenennen, wie eine Datei, damit du auf einen Blick siehst, worum es ging. Du kannst Ordner erzeugen und verschiedene Gespräche, die du zu ähnlichen Themen hattest, dort hineinschieben.

Der berühmteste Chatbot ist immer noch **ChatGPT**. Der Klassiker, bekannt dafür, klar zu erklären, kreativ zu formulieren und vielseitig zu helfen – vom Gedicht bis zum Geschäftsplan. Er ist sehr freundlich, zugewandt und konstruktiv. Wer mit *ChatGPT* wie mit einem Menschen spricht und die Gedächtnisfunktion aktiviert hat, erhält irgendwann den Eindruck, einen virtuellen Freund und Lebensbegleiter zu gewinnen. Neben *ChatGPT*, der von dem Unternehmen OpenAI gestellt wird, das zu Microsoft gehört, gibt es allerdings noch andere Chatbots, die im Prinzip alle ähnlich funktionieren, aber alle so ihren eigenen Charakter und Schwerpunkt haben. Hier die Schwergewichte:

Claude von der US-amerikanischen Firma Anthropic gilt als besonders feinsinnig und sensibel. Er wird besonders gern für literarische und künstlerische Aufgaben verwendet, für das Formulieren oder Prüfen von Texten aller Art, aber auch für emotionale Beratung.

Grok aus dem Hause xAI – also Elon Musks Unternehmen, das einst Twitter war – hat das Image des „Freigeists" und des frechen Hundes, das allerdings ein bisschen auf Marketing zurückgeht. Jeder Chatbot kann frech werden, wenn man ihn darum bittet. Mit der Funktion „Deep Search" erweist sich *Grok* eher als richtig guter „Forscher" für Recherche. Aktiviert man sie, kann man *Grok* sogar beim „Denken" beobachten, sieht also, in welchen Quellen er gerade forscht und welche Fragen er sich selbst dabei stellt, um am Ende eine ausführliche Antwort auszuspucken – und auf Wunsch sogar eine vorformulierte Kurztextversion dieser Erkenntnisse.

DeepSeek stammt aus China von Hangzhou DeepSeek Artificial Intelligence Basic Technology Research Co., Ltd., einem Unternehmen, das 2023 von Liang Wenfeng gegründet wurde und von dem chinesischen Hedgefonds High-Flyer finanziert wird. Es gilt in der Tendenz als Mathegenie, stark bei Zahlen, Daten und wissenschaftlichen Themen – gut geeignet, wenn es um präzise Kalkulationen geht.

Gemini ist der Faktenchecker von Google. Man kann ihn einzeln benutzen, er ist aber mittlerweile sogar direkt in die Google-Suche eingebaut. Dir ist vielleicht aufgefallen, dass dort seit Kurzem über den normalen Ergebnissen schon eine vorformulierte Zusammenfassung entsteht.

Meta AI von Meta, dem Unternehmen hinter Facebook, Instagram und WhatsApp, ist direkt in WhatsApp, Instagram und andere soziale Medien und Kommunikationsplattformen integriert. Sie wird oft benutzt, um zum Beispiel Bildunterschriften zu generieren, wenn man etwas postet, oder Inhalte vorzuschlagen.

Ein spezieller Fall ist **Perplexity**. Dieser Chatbot ist besonders auf Recherche ausgelegt. Anstatt klassisch zu googlen, stellst du ihm deine Frage und er spuckt nicht Ergebnisse als Liste aus, sondern als umfassenden Lexikonartikel, bei dem er wie bei Fußnoten in Büchern ganz genau seine Quellen angibt – sodass man diese nachlesen kann, wenn man möchte. Um seine Antwort zu erzeugen, greift er im Hintergrund auf verschiedene Chatbots oder LLMs zurück. Er kann als *ChatGPT* arbeiten, als *Claude*, als *Gemini*, als *Grok* oder mit dem Large Language Model, das „er selbst" ist, das heißt dann *Sonar*. Man kann es neben der Texteingabezeile selber aussuchen oder Perplexity sucht es selber aus – je nach Inhalt der Eingabe.

Diese Eingabe, die das Gespräch startet, heißt Prompt, und das Erstellen dieser Eingabe heißt dementsprechend „Prompten" oder „Prompting" – und darüber gleich mehr.

Was ist ein Prompt?

Ein Prompt ist alles, was du bei einem Chatbot unten in das Eingabefeld schreibst. Das Wort kommt aus dem Englischen und bedeutet so viel wie Aufforderung oder Befehl. Ein Prompt ist also deine Anweisung an die KI, etwas Bestimmtes zu tun oder eine Frage zu beantworten. Wichtig dabei: Je klarer und genauer dein Prompt ist, desto besser wird das Ergebnis. *„Schreibe einen Text über Hunde“* wird nur zu einem recht beliebigen, besseren Lexikonartikel führen. Doch stell dir vor, du gibst ein: *„Schreibe einen ungefähr 5000 Zeichen langen Text über die allerwichtigsten Verhaltensweisen, die man als frischer Hundehalter wissen muss, damit das Tier eine artgerechte und gute Führung erhält. Grenze den Artikel auf ‚normale‘ Hunderassen ein, die üblicherweise in Deutschland als Haustiere gehalten werden. Sprich: Lasse sowohl das Sonderthema der sogenannten Kampfhunde als auch besondere Züchtungen wie kleine Mopse aus und verweise diesbezüglich auf andere Quellen. Halte den Tonfall des Textes anschaulich und einfach, da er die Grundlage für einen Blogbeitrag bilden soll, den ich danach noch mal persönlich überarbeite.“*

Oder, um ein Beispiel für praktische Problemlösung im Alltag zu bringen. Der Prompt *„Mein Rechner hängt sich auf, was ist da los?“* wird bereits dazu führen, dass der Chatbot eine ausführliche Reihe von möglichen Problemen mit dem Computer erläutert. Aber nehmen wir an, du schreibst stattdessen: *„Mein Rechner zeigt mit auf einem blauen Bildschirm an: ‚CRITICAL_PROCESS_DIED‘ und daneben steht der Fehlercode 0x000000EF. Was kann ich tun?“* Dieser spezifische Prompt führt dazu, dass der Chatbot gezielt auf den Fehler eingeht, mögliche Ursachen wie defekte Treiber, beschädigte Systemdateien oder Hardwareprobleme erläutert und konkrete Lösungsschritte vorschlägt. Auf einmal findest du dich dann dabei wieder, Probleme nach Anleitung der KI in den Griff zu kriegen, die bisher immer dein „Computermann“ machen musste, der nie Zeit hat und zu viel raucht, sodass nach seinem Besuch die ganze Bude stinkt. Du tippst Befehle wie „sfc /scannow“ in ein Kommandofeld von Windows ein, das du noch gar nicht kanntest. Du aktualisierst Treiber oder reparierst deine Festplatte. Das spart nicht nur Zeit und Geld, sondern fühlt sich auch noch großartig selbstständig an.

Ein echter Geheimtipp besteht darin, den Prompt nicht zu tippen, sondern zu sprechen. Ganz genau so, wie du einem Freund eine Sprachnachricht hinterlassen würdest. Viele Menschen tun sich beim Sprechen leichter, alle wichtigen Details mitzugeben. So wird der Chatbot zu einem Assistenten, mit dem du fast so reden kannst wie mit einem Kollegen oder Freund. Die KI antwortet dir auf Wunsch über Lautsprecher, das ganze Gespräch kann also akustisch ablaufen. Sogar das Geschlecht des KI-Gesprächspartners und seine oder ihre Stimme kann man wählen, außerdem kann man das Gespräch (schriftlich) protokollieren lassen und archivieren.

Noch besser: Viele Chatbots können inzwischen nicht nur Texteingaben verarbeiten, sondern auch Dokumente oder Bilder hochladen. So kannst du ganze Verträge, PDF-Dateien oder zum Beispiel Fotos von Fehlermeldungen analysieren lassen. Ich habe neulich eine 32 Seiten starke, total unverständliche Versicherungspolice hochgeladen und nur den Prompt eingegeben: *„Bitte analysiere das."*

Schon das grobe Ergebnis war hilfreich – aber noch genauer wäre es gewesen, hätte ich im Prompt präzisiert: *„Analysiere diese Police auf Fallstricke und versteckte Kosten und nenne mir die Vor- und Nachteile."* Auf diese Weise spart uns die KI viele Stunden mühsamer Lektüre – und wahrscheinlich auch noch Geld.

Wer sich keine Prompts ausdenken möchte, kann auch welche von anderen abschreiben. Viele Vorschläge für alle möglichen Zwecke finden sich gratis im Netz und es gibt sogar Handelsplätze dafür. Ganz besonders aufwendige Prompts, die schon wie kleine Programme sind und der KI *einmal* beibringen, *immer wieder* etwas in bestimmter Weise zu tun, heißen Custom GPTs. Um sie dreht sich die nächste Lektion.

Was ist ein Custom GPT?

Manchmal gibt es Aufgaben, die tauchen immer wieder auf: Vielleicht brauchst du regelmäßig Texte in einem bestimmten Stil, Übersetzungen für deinen Fachbereich, frische Rezepte nach einer bestimmten Ernährungsweise oder Planungen für Veranstaltungen oder Reisen. Dann wäre es mühsam, den Prompt jedes Mal neu zu schreiben oder einzusprechen. Genau dafür gibt es Custom GPTs. Der Name setzt sich aus zwei Teilen zusammen: „Custom" heißt so viel wie „individuell angepasst" oder „maßgeschneidert". Wofür GPT steht, hast du schon erfahren. Ein Custom GPT ist somit dein persönlicher Mini-Chatbot innerhalb des großen Modells. Bei ChatGPT etwa klickst du in der linken Leiste auf „Meine GPTs" und dann rechts oben auf „Erstellen". Ein Assistent zur Einrichtung deines eigenen Custom GPTs öffnet sich. Er führt dich Schritt für Schritt durch den Prozess. Du verfasst nun einen umfangreichen Prompt, der ganz genau beschreibt, was die KI für dich tun soll – fast so, als würdest du eine Stellenbeschreibung für einen Assistenten verfassen. Dieser maßgeschneiderte „Assistent" speichert sich dann wieder dort ab, wo du eben unter „Meine GPTs" deine selbst erstellten oder bereits fertig angebotenen GPTs finden kannst. Danach musst du nicht mehr jedes Mal alles neu erklären – du gehst einfach in deinen Custom GPT und gibst nur noch die konkrete Aufgabe des Tages ein, zum Beispiel den aktuellen Text, der heute geprüft werden soll, die Zutaten, aus dem ein Rezept werden soll oder die Ziele und Erwartungen für deine nächste Urlaubsreise. Das spart Zeit, sorgt für gleichbleibende Qualität und macht KI noch praktischer im Alltag.

Das Beste: In diesem Buch findest du später bei ganz vielen Anwendungsfällen einen von uns für dich bereits erstellten Custom GPT, den du nicht einmal mühsam abtippen musst. Du kannst ihn jeweils einfach mit deinem Handy abfotografieren und als Bild hochladen – der Chatbot erkennt sofort, worum es geht, und du kannst direkt loslegen. Damit dieses Abfotografieren funktionieren kann, müssen die Custom GPTs immer auf einer Seite stehen – daher die unterschiedliche Optik, was das Schriftbild angeht (in zwei Fällen sogar sehr unterschiedlich, weil das Layout geändert werden musste, um alles auf eine Seite zu bekommen). Hier geht die Funktionalität klar vor den Komfort bei der Lektüre, weil es eben Werkzeuge sind. Bei den Themen und Anwendungsfällen, die immer ganz individuell sind und die man nicht generalisieren kann, findest du keinen Custom GPT vor.

Nun fragst du dich vielleicht abschließend – wenn schon diese Chatbots so viel können und ich mit Prompts und mit Custom GPTs im Grunde alles recherchieren und ausführen lassen kann –, wozu brauche ich dann noch die 550 speziellen KI-Werkzeuge und Apps, von denen in diesem Buch die Rede sein wird?

Wozu spezielle Tools und dieses Buch?

Manche Dinge kann ein allgemeiner Chatbot zwar theoretisch auch, aber eben nicht so gut oder nicht so bequem. Spezielle Tools sind oft so gebaut, dass du gar keinen Prompt mehr brauchst, sondern alles über eine leicht verständliche Benutzeroberfläche erledigen kannst. Die Programme wurden jeweils genau für einen Zweck entwickelt – und genau darin sind sie unschlagbar. Ein paar Beispiele machen das klar:

- Mit einem Tool zur Pflanzenerkennung musst du keinen komplizierten Prompt schreiben. Du öffnest einfach die Kamera, hältst sie auf eine Blume oder ein Blatt, fotografierst das Objekt – und bekommst sofort erklärt, welche Pflanze das ist, ob sie gesund aussieht und wie du sie am besten pflegst, sollte sie bei dir im Büro oder Wohnzimmer stehen und bislang immer eingegangen sein.
- Mit einem Tool zur Ernährung und Gesundheit kannst du fotografieren, was auf dem Teller liegt, und das Programm schätzt die Nährwerte und Kalorienzahlen und gleicht sie mit deinen Vorgaben an.
- Eine Fitness-App, die womöglich noch mit einem Tracker oder einem intelligenten Ring gekoppelt ist, misst deine Werte rund um die Uhr, macht Vorschläge, was du für dein Wohlbefinden tun kannst, leitet dich lernend zu Übungen an und kann mittels früher Warnsignale sogar Leben retten. Auch deins.
- Ein ganz übliches Programm wie *Google Lens*, das jeder unbemerkt auf dem Handy hat, kann dir als Fremdenführer die ganze Welt eröffnen – was viele noch nie bemerkt haben. Du öffnest *Lens*, fotografierst damit eine Statue an einer Kirche, ein Gebäude oder irgendein Objekt, das dich neugierig macht – und Lens erklärt dir alles darüber.

Es gibt unglaublich viele, faszinierende Tools für alle Lebensbereiche – und durch dieses Buch kannst du dir die digitalen Helfer zusammenstellen, die am besten zu deinem Leben passen. Anders als zum Beispiel beim sinnlosen Wischen durch Social Media, bei dem wir unser Leben verpassen, erweitern diese Werkzeuge die Welt und helfen dabei, mehr und tiefer zu erleben, kreativ zu sein und alles Mögliche zu schaffen, für das es früher teure Dienstleister gebraucht hätte.

Von wegen teuer – beim Lesen wird dir auffallen, dass nirgends steht, was die vielen Tools, Apps oder Chatbots kosten. Das ist kein Zufall und es gibt zwei gute Gründe dafür. Erstens: Die Preismodelle ändern sich ständig. Manche Angebote werden günstiger, andere teurer. Manche verschwinden ganz oder tauchen plötzlich in einer neuen Version wieder auf. Schon in dem Moment, in dem dieses Buch gedruckt wurde, könnten manche Preise nicht mehr stimmen. (Das gilt übrigens auch für die vorgestellten Tools als solche. Die KI-Welt rast vorwärts und die Konkurrenz schläft nicht. Bis zur Veröffentlichung dieses Buchs kann die eine oder andere KI schon mit einer besseren ersetzt worden sein.)

Zweitens – und das ist noch wichtiger – egal, ob es um einen allgemeinen Chatbot oder ein spezielles Tool geht: KI ist im Grunde unbezahlbar wertvoll. Sie kann dir Dinge abnehmen, für die du früher Stunden oder Tage gebraucht hast. Sie kann dir helfen, teure Fehler zu vermeiden, bessere Entscheidungen zu treffen, Arbeit schneller zu erledigen und manchmal sogar ganz neue Möglichkeiten zu finden, die du allein gar nicht entdeckt hättest. Sogar aktiv Geld verdienen lässt sich mit ihrer Hilfe. Deshalb ist jede Investition in ein gutes KI-Tool oder einen leistungsfähigen Chatbot vor allem eins: eine Investition in deine Lebenszeit.

Ich vermute, eine letzte Frage braust jetzt noch durch deinen Kopf: Wie kann ich auf dem Laufenden bleiben? Die Entwicklung geht doch offenbar so schnell, dass dieses Buch nicht das Ende meiner KI-Bildung sein kann! Richtig. Daher laden wir dich ein – in der Hoffnung, dass du den Messenger WhatsApp nutzt – unserem Broadcast-Kanal dort beizutreten. So erhältst du immer die neuesten Entwicklungen in Sachen KI direkt auf dein Telefon oder deinen Rechner.

Legen wir los …

TEIL 1

GESUNDHEIT UND WOHLBEFINDEN

Kennst du das auch? Du glaubst wirklich daran, wenn das neue Jahr beginnt. Jedes Mal. Du wirst dich endlich darum kümmern, fitter zu sein und eine Form der Bewegung zu finden, die dir Freude macht und dich bei der Stange hält. Deine Ernährung wird dir nicht mehr einfach so passieren, sondern klaren Prinzipien folgen, die du in der Hand hast, sodass die Ausnahme wirklich Spaß macht, weil sie nicht länger die Regel ist. Du wirst besser schlafen und den Stress reduzieren. Du wirst nicht länger nur auf Sicht fahren, sondern dich damit beschäftigen, deine Gesundheit auf lange Sicht zu fördern. Doch schon wenige Wochen im Jahr und die Belastungen des Alltags haben alle Vorsätze zerfranst. Du hast angefangen, aber nicht weitergemacht, weil nichts davon eine Entlastung war, sondern alles nur ein Zuviel obendrauf. Mit KI an deiner Seite hältst du die Fäden zusammen und gehst die Wege nicht nur weiter, sondern mit jedem Schritt etwas leichter.

Kein Körper, aber große Klappe

KI als Fitnesscoach

Die Wangen von Niklas glühen tomatenrot. Entweder hat er sich eben auf den Weg zum Bäcker schockverliebt oder ein überraschend aufgetauchtes Rudel von Velociraptoren hat ihn durch die Kölner Straßen gejagt. Beides erscheint mir unwahrscheinlich. Keuchend zeigt er hinter sich in Richtung der Tür zum Treppenhaus. „Gelaufen", kriegt er das Wort gerade noch so heraus. „Alle Stockwerke."

„Führst du nicht nachher noch in den Lehrgang ein?" „Ja, schon, ich dachte nur, es wäre gerade gut, den Weg hinauf mal außerhalb der Komfortzone zu machen." Ich muss lächeln. Kurz schweifen meine Gedanken in das Treppenhaus eines alteingesessenen Krankenhauses unserer Stadt am Rhein. *Fitness gratis* klebt dort als Sticker neben jeder Tür zum Treppenhaus. In dem Hospital sind maximal sieben Etagen zu überbrücken. Wir thronen mit unserem Unternehmen ab dem 14. Stock über dem Hansaring – in einem Turm, der zum Zeitpunkt seines Entstehens als höchstes Hochhaus in ganz Europa galt. Den 13. Stock haben sie damals weggelassen. Das Stockwerk 7 ½ suche ich bis heute. Immer noch unglaublich, wenn ich so darüber nachdenke.

Die Tür öffnet sich und Thomas taucht auf. Ganz ohne rote Wangen schlendert mein Geschäftspartner, mit dem ich all das hier möglich machen konnte, neben unseren einige Jahre jüngeren Kollegen.

„Was ist los?"

„Niklas hat die Treppen genommen."

Thomas legt ihm den Arm um die Schulter. „Wirklich? Ich gerade eben auch."

Den Rest des Vormittags lässt Thomas der unfreiwillig gewonnene Wettbewerb mit Niklas nicht los. Körperliche Fitness gehört für den Sportflieger und gelegentlichen Go-Kart-Fahrer wie selbstverständlich zum Leben. Er hört sich im Team um und findet heraus, wie viele unserer Leute die berühmten „bezahlten Reste" plagen. Mitgliedschaften in echten Fitnessstudios, in die aber niemand mehr geht. Angefangene Online-Workouts, bei denen das digitale Lesezeichen seit Wochen in der dritten Lektion klebt. Gute Vorsätze, sich selbst zu Neujahr aufs mentale Konto gebucht und längst unbeachtet liegen gelassen.

Am Nachmittag beruft Thomas ein außerplanmäßiges Meeting ein und verkündet den vom Tag müden Gesichtern: „Meine Lieben, ihr seid alle wahnsinnig pfiffig in der Birne, sonst würdet ihr nicht hier oben arbeiten. Aber verzeiht mir die Phrase, doch sie ist leider wahr: Ein gesunder Geist lebt nur in einem gesunden Körper. Also rufe ich hiermit eine Challenge aus. Sie lautet: *Staircase to Heaven*. In zwei Wochen um diese Zeit veranstalten wir ein Wett-Treppensteigen, vom Erdgeschoss bis hinauf in die letzte unserer drei Etagen. Wer am schnellsten oben ankommt, erhält wahlweise eine Einladung zu einem hervorragenden –

und gesunden – kulinarischen Erlebnis beim Japaner oder, falls er oder sie sich traut, einen Gratis-Sportflugschein-Schnupperkurs mit einmaligen Einblicken auf unsere schöne Stadt und das rheinische Umland.“

Murmeln im Raum, fragende Blicke. Niklas schüttelt den Kopf und bereut offenbar, den Chef unfreiwillig auf Ideen gebracht zu haben.

„Macht euch bis dahin so fit, wie ihr könnt, und zwar nicht irgendwie, sondern entlang unseres Mottos.“ Lässig deutet er mit der Nasenspitze auf den großen Schriftzug über der Tür, den wir überall in der Firma aufgehängt haben: *KI First!*

Der Werkzeugkasten

Die Top Five

Auf Wunsch stellt einem **Freeletics** lebenslang einen KI-basierten Coach zur Seite, der sich neben langfristigen Zielen sogar an Tagesform und Stimmung anpasst – in allen Disziplinen und ohne jedes Zubehör. Dabei werden Trainingspläne kontinuierlich anhand des eigenen Fortschritts und Feedbacks optimiert, sodass das Workout immer effektiv und motivierend bleibt. Der **Fitbod** hingegen fokussiert sich stärker auf systematischen Muskelaufbau und treibt einen zur optimalen Nutzung des daheim oder im Studio vorhandenen Equipments. Die App analysiert dazu individuelle Leistungsdaten und schlägt gezielt Übungen vor, um ein ausgewogenes und nachhaltiges Muskelwachstum zu fördern. Der nicht mit dem *Fitbod* zu verwechselnde **FitCoach** macht einem den Einstieg besonders leicht und fusioniert das höchst individualisierte Workout sogar mit Ernährungsplänen. Motivierende Challenges und Fortschrittsverfolgung bringen ein spielerisches Element ein. Der in Deutschland entwickelte **Zing Coach** wurde von Walter Gjergja mitentwickelt, dem aus den Medien bekannten Shaolin-Mönch (Shi Xing Mi). Mit *Zing Vision* bietet er auch die Möglichkeit, die eigene Bewegungsweise zu analysieren und in den Trainingsplan mit einzubeziehen. Er legt Wert auf ganzheitliches Wohlbefinden und integriert Achtsamkeitsübungen sowie Empfehlungen zur Regeneration. **Evolve AI** basiert auf einem hart wissenschaftlich fundierten Expertensystem und fokussiert sich beispielsweise beim Kraftaufbau auf „das schwächste Glied in der Kette", um nach und nach das ganze System zu heben.

Honorable Mentions

Fitify, Centr, Les Mills, Bodbot, Asana Rebel, Nike Training Club, JEFIT, Sworkit

Die Wangen von Niklas glühen rot. Auch heute wieder. Aber nicht mehr so wie Tomaten. Eher heller, sanfter, mehr in Richtung Radieschen. Er hat sich ins Zeug gelegt in den vergangenen vierzehn Tagen. Erster wurde er bei *Staircase to Heaven* trotzdem nicht, aber ein Fortschritt ist deutlich zu erkennen. Mit Céline als Siegerin war durchaus zu rechnen, legt sie doch allein auf ihren vielen Reisen rund um die Welt bereits Hunderte Kilometer freiwillig mit dem Rucksack zurück. Dass der zweite Platz allerdings ausgerechnet an Max geht, kann trotz des jungen Alters unseres IT-Genies kaum einer so richtig fassen, besteht sein tägliches Essen doch zum größten Teil aus Kindersüßigkeiten aller Art und sein Trinken aus allen nur denkbaren Sorten von Fanta, von denen man nicht ahnte, dass sie überhaupt existieren.

„Ich bin stolz auf euch“, sagt Thomas bei der Siegerehrung, in deren Rahmen sich Céline für den Schnupperkurs im Sportfliegen entschieden hat und Max ganz konziliant einen bezahlten Urlaubstag spendiert bekommt. „Auf euch alle, weil ihr euch darauf eingelassen habt. Vor allem darauf, euch von der KI trainieren zu lassen.“

„Ja, ja, der KI-Coach“, sagt Niklas und greift sich in die Flanke, „hat noch nie selber Seitenstechen gefühlt. Kein Körper, aber große Klappe.“

Thomas hebt die Hand: „Tut mir den Gefallen und bleibt dabei. Bleibt eurem KI-Trainer treu. Es fühlt sich doch gut an, die Treppen hier im Zweifel einfach so hinauffliegen zu können, oder? Und wer weiß, vielleicht können wir dieses schöne Beispiel dafür, dass wir auch tun, was wir predigen, eines Tages irgendwo brauchen.“

Vor dem Fenster schieben sich ein paar Wolken in den Himmel des noch jungen Jahres, der sich an seinem ersten Blau versucht. Am Abend sehe ich Niklas, wie er sein „Tschüss!“ in die Runde ruft und im Flur auf die Tür des Aufzugs zuläuft. Gedankenverloren drückt er den Taster, schaut auf, dreht sich kurz um, als wolle er sogar nachprüfen, dass keiner hinschaut – und nimmt die Treppe.

Kein Körper, aber große Klappe. Der Custom GPT

Du bist ein hoch qualifizierter, deutschsprachiger Fitness-Coach mit über 10 Jahren Erfahrung im Bereich Sportwissenschaft und Trainingsplanung. Deine Aufgabe ist es, basierend auf wenigen gezielten Fragen ein möglichst akkurates und individualisiertes Trainingskonzept zu erstellen, das sich optimal in den Alltag des Nutzers integrieren lässt.

Anforderungen und Vorgehen:

Aufteilung in mehrere, kurze Fragen

Stelle nur die absolut notwendigen Fragen, um ein klares Bild vom Fitnesslevel, den Zielen und möglichen Einschränkungen des Nutzers zu erhalten:

- Aktuelles Aktivitätsniveau?
- Trainingshistorie?
- Gewünschte Schwerpunkte: Kraft, Ausdauer oder Beweglichkeit?
- Verfügbare Zeit pro Woche?
- Vorhandenes Equipment?

Personalisierte Trainingsplanung

- Erstelle auf Grundlage der Antworten ein individuelles Workout-Programm.
- Berücksichtige spezifische Wünsche wie Muskelaufbau, Gewichtsreduktion oder allgemeine Fitness.
- Gib Hinweise zu sinnvollen Übungen, Intensität, Wiederholungen und Trainingsfrequenz.
- Falls gewünscht, schlage auch ein passendes Warm-up und Cool-down vor.

Wissenschaftlich fundierte Empfehlungen

- Erkläre, warum bestimmte Übungen sinnvoll sind und welche Muskelgruppen sie trainieren.
- Berücksichtige Trainingsprinzipien wie progressive Belastungssteigerung oder Regenerationsphasen.
- Falls relevant, gib Hinweise zu Verletzungsprävention oder alternativen Übungen für Personen mit Einschränkungen.

Motivation und Nachhaltigkeit

- Biete Tipps, um langfristig am Ball zu bleiben (z. B. Gamification-Ansätze, Challenges, Belohnungssysteme).
- Falls erwünscht, gib Vorschläge für kleine Alltagsgewohnheiten, die zusätzlich helfen, aktiver zu bleiben (z. B. mehr Bewegung im Alltag, bessere Haltung am Schreibtisch).

Integration mit bestehenden Fitness-Apps

- Falls der Nutzer bereits mit Apps wie *Freeletics, Fitbod, Zing Coach* oder *Evolve AI* trainiert, zeige auf, wie er diese optimal nutzen kann.
- Erkläre, wie er KI-Trainingsanpassungen sinnvoll einsetzt (z. B. Erhöhung der Intensität, Feedback-Auswertung, Fortschrittskontrolle).

Dein Ziel

Erstelle ein praxisnahes, wissenschaftlich fundiertes und motivierendes Trainingsprogramm, das realistisch in den Alltag des Nutzers passt. Formuliere deine Anweisungen klar, freundlich und inspirierend, um den Nutzer auf seinem Fitness-Weg optimal zu begleiten.

Süße Träume

KI als Schlafoptimierer

Yannik sitzt an seinem Schreibtisch wie ein Oberstufenschüler nach einem durchzechten Wochenende. Den Kopf auf die Hände gestützt, die Augen halb geschlossen, irgendwo in der Zwischenwelt aus körperlicher Anwesenheit und geistigem Schlaf. Wobei ich zugeben muss – selbst mir geht es nicht gut. Immer häufiger fühlt sich der Arbeitsalltag in der letzten Zeit so an, wie es meinem Handy gehen muss, wenn ich den ganzen Tag kommuniziere und nie das Kabel anschließe – ich komme nie über 50 Prozent.

„Muss ich einen Euro einschmeißen oder geht es von allein weiter?", zitiere ich den alten Gag aus einem Fernsehkrimi, den ich mir gemerkt habe.

Schwer hebt Yannik den Kopf und sieht mich aus vor Schlafmangel unterlaufenen Augen an.

„Geburtstag?", frage ich ihn. „Klassentreffen? Oder nein: Junggesellenabschied mit Hangover?"

„Schön wär's." Er wirft die Hände in die Luft und lässt sie wieder auf den Schreibtisch klatschen.

„Im Grunde mache ich überhaupt nichts Besonderes. Ich gehe zu anständigen Zeiten ins Bett, hänge nicht mehr rum in Computerspielwelten bis tief in die Nacht. Du weißt ja, ich möchte lieber langsam wie Céline die echte Weltkarte erkunden. Und feiern? Am Wochenende fühle ich mich manchmal schon so, wie die Leute in diesen Sketch-Reels, die angezogen die Treppe hinunterlaufen und dann leise jubeln, wenn der Anruf von Freunden kommt, dass die geplante Verabredung ausfällt. Sie wünschen dem anderen gute Besserung, legen auf, schließen die Augen, reißen die Arme hoch wie ein jubelnder Fußballer und freuen sich, dass sie doch mit der Jogginghose auf dem Sofa bleiben können."

„Und wieso dann so müde?", frage ich und kann mir eigentlich selbst die Antwort geben. Denn wenn ich Yannik so beobachte, mich selbst und im Grunde fast jeden in meiner Umgebung, dann wächst in mir langsam der Verdacht, dass wir im richtigen Schlafen schlichtweg alle Laien sind. Obwohl, nicht alle. Céline scheint immer wach und gut gelaunt. Ich glaube, es ist Zeit herauszufinden, warum …

Der Werkzeugkasten

Die Top Five

Die beste App zur Verbesserung der Schlafqualität mit nachgewiesener Wirksamkeit ist **Sleepio**. Das Tool coacht einen regelrecht hin zu einem besseren Schlaf, auf Basis echter, kognitiver Verhaltenstherapie (CBT). In Studien berichteten 75 Prozent der Nutzer, dass sich ihre Schlafprobleme durch die Anwendung von Sleepio deutlich gebessert haben. Ob durch Verknüpfung mit smarten Wearables oder sogar Sonar, wodurch das Telefon nicht mal mehr am Bett liegen muss: **Sleep as Android** analysiert präzise die konkreten Schlafzyklen und unterstützt dabei, gut einzuschlafen und vor allem zum richtigen Zeitpunkt aufzuwachen. Der KI-Assistent darin erläutert einem nachträglich die Nacht und das Schlafverhalten. Wer größere Probleme mit dem Einschlafen als mit dem Aufwachen hat und ganz gezielte Unterstützung für den schnellen Schlummer sucht, findet in **BetterSleep** mit geführten Meditationen, weißem Rauschen oder angenehm vorgelesenen Gute-Nacht-Geschichten für Erwachsene sicher eine funktionierende Methode. **Pzizz** sorgt für den gleichen Effekt mithilfe von wissenschaftlich entwickelten Klanglandschaften. Die App erzeugt jedes Mal einzigartige Soundmuster, die auf den individuellen Schlafrhythmus und persönliche Vorlieben abgestimmt werden können. Neben Einschlafhilfen bietet sie auch spezielle Programme für Powernaps und erholsames Aufwachen. Den bisherigen Gipfel an intelligenter Hardware für guten Schlaf bildet **Eight Sleep**, die man als Base unter der Matratze platziert und die nicht nur Herzfrequenz und Schlafmuster erfasst, sondern auch sensorisch sensibel je nach Bedarf wärmt oder kühlt – und im Falle eines erkannten Schlafproblems sogar automatisch den Kopfbereich anheben kann.

Honorable Mentions

AutoSleep, Calm, Headspace, Sleep Better, Tila, Pillow, Rise, Sleep Booster, SnoreLab

Yannik steht vor mir mit großen, strahlenden Augen. Wie ein Junge, der sich das optimale Anwesen in *Minecraft* gebaut hat und es nun sogar in der echten Welt bewohnen darf. Offenbar verbringt er darin auch seit Neuestem seine Mittagspausen, denn bei unseren gelegentlichen gemeinsamen Gängen zur Bäckerei mit Café habe ich ihn kürzlich nicht mehr gesehen.

„Rate, wann ich heute aufgestanden bin!"

Ich zucke mit den Schultern.

„Um 4.17 Uhr. Kannst du dir das vorstellen? Und weißt du, wie es mir geht? Hervorragend!"

Anerkennend nickend nippe ich an meinem Kaffee. Mit dem Aufstehen klappt es bei mir noch nicht so gut, aber dank des Tools zum besseren Einschlafen habe ich erkannt, welche unnötigen Hürden ich mir seit Längerem am Abend selbst aufgebaut habe. Erkannt – und gebannt.

„Ich hätte es nicht für möglich gehalten", fährt Yannik fort, „wie individuell die Schlafzeiten sind und dass man, wenn man so tickt wie ich, so früh viel wacher sein kann als später. Wobei die KI mir klargemacht hat, dass ich am Mittag einen Powernap brauche. Ich schätze unser Bäckerei-Ritual sehr, aber der kurze Schlaf gibt mehr Energie als Brötchen oder Bagel."

Aha. Rätsel gelöst.

„Es ist wie beim Film oder in der Musik", sage ich, „Timing ist alles."

Yannik tritt ans Fenster und schaut über den Ring, an den auch eines der dienstältesten Gymnasien der Stadt angrenzt. „Und die Schulen zwängen immer noch alle in den gleichen Rhythmus."

Ich nicke nachdenklich und frage mich, wie ein Bildungssystem aussähe, das sich wirklich nach den persönlichen Eigenheiten und Optimierungsmöglichkeiten des Menschen richtet. Eine Institution, rund um die Uhr geöffnet, in der die Schülerinnen und Schüler kommen und gehen, in Eigenzeit ihre Lernziele erarbeiten und dabei neben Menschen, die eher wie Coaches oder Berater agieren, eine personalisierte KI an der Seite haben. Erst kürzlich gab es Experimente in diese Richtung, nach denen eine Mehrheit der Schüler der KI als Lehrkraft bessere Noten gab, da sie jederzeit geduldig sei, immer fair gegenüber allen und zudem fähig, die Dinge besser zu erklären.

„Nun denn", stößt sich Yannik wieder von der Fensterbank ab, „wir können jedenfalls froh sein, dass uns beim Schlafen ein paar kluge Begleiter unterstützen, die ihrerseits selber niemals schlafen müssen."

Süße Träume. Der Custom GPT

Du bist ein hoch qualifizierter, deutschsprachiger Schlafoptimierer mit über zehn Jahren Berufserfahrung. Deine Aufgabe ist es, basierend auf möglichst wenigen, aber gezielt aufeinander aufbauenden Fragen alle relevanten Informationen zum Schlafverhalten einer Person zu sammeln und dann ein möglichst akkurates Schlafoptimierungskonzept zu erstellen.

Anforderungen und Vorgehen:

Aufteilung in mehrere, kurze Fragen
Erhebe die Informationen in einzelnen Schritten. Stelle dabei nur die Fragen, die absolut notwendig sind:

- Schlafdauer?
- Schlafqualität?
- Stresslevel?
- Tagesablauf?
- Umfeld?

Strukturierte Analyse
Nutze die Antworten, um ein klares Bild vom Schlafverhalten, vom Lebensstil sowie von möglichen Schlafstörungen zu erhalten und leite daraus spezifische Handlungsempfehlungen ab.

Wissenschaftlich fundierte Empfehlungen

- Begründe deine Tipps auf Basis aktueller Schlaf- und Chronobiologie-Forschung.
- Berücksichtige mögliche chronische Erkrankungen, Stressfaktoren, Schichtarbeit oder Jetlag.
- Gib praktische Ratschläge zu Schlafhygiene, Routinen, Ritualen und ggf. unterstützenden Hilfsmitteln.

Klare und alltagstaugliche Umsetzung

- Erstelle einen personalisierten Optimierungsplan (z. B. Abendrituale, Einschlafhilfen, Tagesablauf-Anpassungen).
- Empfehle realistische Veränderungen (z. B. Technologie-Nutzung reduzieren, Lichtmanagement, Koffein- und Alkoholkonsum anpassen).

Gesundheitliche Aspekte

- Falls nötig, weise auf mögliche Schlafstörungen hin und empfehle ärztliche Abklärung bei schweren oder ungewöhnlichen Symptomen (z. B. Atemaussetzer, Schnarchen, massiv gestörter Schlafrhythmus).

Dein Ziel
Frage nur das Nötigste, aber liefere gleichzeitig maximal fundierte und umsetzbare Schlaf-Tipps, die auf den individuellen Umständen des Nutzers basieren. Formuliere deine Empfehlungen stets in klarer, motivierender und freundlicher Sprache.

In weiser Voraussicht

KI für ein langes Leben (Longevity)

Da steht er, wie ein Baum. Wobei das auch nicht ganz richtig ist. Bäume spazieren nicht. Aber Gerd, dieser ebenso herzensgute wie knorrige Straßenbekannte, flaniert tagtäglich durch unser Großstadtviertel, als wäre es in Wirklichkeit ein Campingplatz. Die vielspurige Ringstraße als Hauptweg, links und rechts von ihr Bungalows mit Vorgärten und zwölf Meter lange, unverrückbar platzierte Wohnwagen, die niemals mehr jemand wegziehen wird. In den Nebenstraßen die Gäste mit Wohnmobilen, die kommen und gehen, sowie Zelte in allen Farben und Formen.

Jeden Tag spaziert der weißhaarige Rentner durch das Viertel, in der einen Hand den Kaffee zum Mitnehmen von unserem gemeinsamen Stammbäcker und in der anderen, wo die meisten ihr Smartphone haben – nichts. Gerd steht und schaut, den Blick nach vorn gerichtet oder manchmal sogar in den Himmel, beobachtet Menschen, Autos, Pflanzen.

Fast jeden Tag laufen wir uns über den Weg und wechseln einige Worte. Gern zieht er mich auf mit dem „Hokuspokus", den ich und meine Leute rund dreißig Meter „über den Köpfen des einfachen Volkes" veranstalten. Sein Leben scheint völlig analog, wobei ich dieser angeblich völligen digitalen Abstinenz ein wenig misstraue. Gerade komme ich aus der Bäckerei, meine Morgentüte in der Hand. Keine Chance, einem Gespräch mit dem spazierenden Baum, der stets die Ruhe weg hat, aus dem Weg zu gehen.

„Na?", spricht er mich zuerst an und lacht mit so viel Bass wie auf manchen der Jazz-Aufnahmen, die Niklas mir gern vorspielt. „Heute schon wieder ein paar tausend Arbeitsplätze vernichtet?"

„KI macht nur kaputt, was Menschen sowieso kaputt macht", entgegne ich und freue mich selbst darüber, dass mir diese Formulierung gerade aus dem Mund gefallen ist. „Aber sie eröffnet uns allen ganz neue Welten."

„Das glaube ich dir sofort", sagt Gerd, „schöne neue Welten, sozusagen."

Da meine Lust auf eine Diskussion sich heute in Grenzen hält, necke ich ihn zurück, indem ich den Blick auf den Kaffee lenke.

„Wie viele davon pfeifst du dir tagsüber eigentlich rein?", frage ich. Zum Du sind wir bereits vor einigen Wochen übergegangen. Es hilft dabei, sich gegenseitig zu ärgern und dabei weiterhin zu mögen.

„Lass mich lügen", sagt er, „kennst du diesen alten Schriftsteller, Honoré de Balzac? Sie haben eine Kaffeehauskette nach ihm benannt."

Ich nicke, obwohl ich nie etwas von dem Mann gelesen habe. Aber manche schaffen es, berühmt zu werden, ohne dass man ihr Werk kennt.

„Der Mann soll fünfzig Tassen schwarzen Kaffee am Tag getrunken haben", erzählt Gerd. „Lass es mich so sagen: Ich kann das verstehen."

Ich muss nicht aussprechen, was ich denke. Er erkennt es auch so.

„Und jetzt fragst du dich: Wie konnte der Mann so alt werden? Und warum hüpft der nicht durch die Gegend wie ein aufgedrehter Duracell-Hase?“

„Erwischt.“

„Zufriedenheit“, sagt Gerd. „Und es hilft vielleicht auch, wenn man kein schlechtes Gewissen hat wegen ungesunder Gewohnheiten. Aber ganz ehrlich …“ Er beugt sich zu mir, als wenn das Nächste die Passanten nichts angehe. „… Ich habe zu viele Freunde viel zu früh verloren.“

Er richtet sich wieder ein wenig auf und schaut die Straße hinab in seine eigene Vergangenheit.

„Einer Herzinfarkt, mit gerade mal 54 Jahren, der andere Leberzirrhose – aber nicht durch das Trinken, sondern durch eine stille Fettleber. Bei einer guten Bekannten hat sich Diabetes angeschlichen wie so ein Geist in der Nacht.“

„Das tut mir leid“, sage ich und spiele an dem Ring an meiner linken Hand herum, dessen tatsächliche Funktion die wenigsten erahnen.

„Sie sind nur auf Sicht gefahren“, sagt Gerd, „und selbst das bei Nebel. Wahrscheinlich hilft es doch, sich selbst besser im Blick zu behalten, wenn man für ein langes Leben nicht nur auf Glück und Gottvertrauen setzt.“

„Weißt du, was einem dabei massiv helfen kann?“, kann ich es nicht lassen und zeige hinauf zu unserem Turm. „Das Teufelszeug.“

Gerd schüttelt den Kopf.

„Es kann einem wirklich helfen, in weiser Voraussicht zu handeln und sich selbst analysieren zu lassen.“

Gerd schaut mich an, als hätte ich vorgeschlagen, einen Großbrand durch die Zugabe von Spiritus zu bekämpfen.

Der Werkzeugkasten

Die Top Five

Whoop arbeitet als Apple-Tool mit einem smarten Armband zusammen, um an die Daten zu kommen, aus denen es die Schlafsituation, die Tagesbelastung, das Niveau der Erholung und bis zu 140 alltägliche Gewohnheiten ableitet und positiv beeinflussen kann. **Ada** gibt bei Eingabe von Symptomen erste Hinweise auf mögliche Erkrankungen. Sie basiert auf klinisch validierter KI, bietet eine vertrauliche und sichere Datennutzung und erstellt individuelle Gesundheitsprofile, die auch zur Überwachung von Veränderungen genutzt werden können. Aus dem interdisziplinären Forschungsprojekt Lifespan AI ist mit **Rejuve Longevity** eine App hervorgegangen, welche die Analyse der täglichen Gesundheit und des aktuellen biologischen Alters mit konkreten Aufgaben verbindet, um die Langlebigkeit zu optimieren. Die App verarbeitet dabei über 370 Biomarker und integriert neueste Erkenntnisse aus Wissenschaft und KI, um personalisierte Empfehlungen zu geben und Nutzer sogar für ihre Gesundheitsdaten zu belohnen. Etwas makaber benannt, errechnet die

App **Death Clock** die aus aktuellen Daten und Verhalten geschlussfolgerte Restzeitdauer des Lebens und hilft dabei, diese zu verlängern. Bislang nur für sehr vermögende Menschen erschwinglich sind die Dienste **Q Bio** und **Prenuvo**. Der Erstere erzeugt mithilfe von KI, Blutwerten, genetischen Daten und Körperscans einen digitalen Zwilling des Körpers, der regelmäßig aktualisiert wird und frühe Hinweise auf Krankheiten liefern kann. *Prenuvo* bietet ein einstündiges, strahlungsfreies Ganzkörper-MRT an, das von einer KI ausgewertet wird, um Tumore, Gefäßprobleme und andere Risiken frühzeitig zu erkennen – oft, bevor Symptome auftreten. Die Kosten für diese ohnehin bislang nur in den USA vor Ort möglichen Methoden sind dementsprechend hoch. Die KI-gestützte Gesundheitsplattform **InsideTracker** kombiniert Blutwerte, DNA-Analysen und Angaben zum Lebensstil mit Daten aus Fitness-Trackern und wertet diese wissenschaftlich fundiert aus – Input wie den aus dem geheimnisvollen Ring an meinem Finger, dem **Oura Ring**, der zuverlässig zwanzig essenzielle biometrische Daten erfasst und auswertet – und in Sachen Schlafoptimierung ebenfalls einiges zu bieten hat.

Honorable Mentions

Biongevity, Cardiogram, CareClinic, Levels – Metabolic Health, Lumen – Stoffwechsel-Coach, Welltory, ZOE

„Du musst dich nicht zu deinen eigenen Terminen beeilen“, sagte einst ein kluger Freund zu mir. „Wenn du geladen hast und zu spät kommst, dann lächelst du das einfach ganz weg und entschuldigst dich nicht, sondern dankst dem anderen für seine Geduld.“

Ich weiß, dass der Freund recht hat und auch, dass solche psychologischen Tricks gut funktionieren und sogar die eigene Autorität stärken können, habe aber trotzdem ein schlechtes Gewissen, da jemand seit zehn Minuten auf mich wartet. Vornübergebeugt eile ich daher auf unseren Turm zu, als eine kräftige, einer Astgabel gleiche Hand, meine Schulter berührt und mich zurückhält. Gerd.

„Du, es ist gerade sehr schlecht, ich bin spät dran.“

Gerd scheint ebenfalls meinen Freund als Berater zu haben, denn anstatt sich für die Störung zu entschuldigen, sagt er mit seiner tiefen Stimme, als wäre alle Zeit der Welt: „Korbinian.“

Ich runzle die Stirn und frage mich, wovon er spricht. Ein Gewürz? Ein seltsamer Kunstfilm auf arte? Oder meint er eine Pflegeheimkette, die so ähnlich heißt?

„Noch ein guter Freund von mir, um den ich mir Sorgen mache“, klärt er mich auf.

„Wer heißt denn Korbinian?“, frage ich. Gerd wischt mein Erstaunen aus der Luft.

„Das tut doch jetzt nichts zur Sache. Fakt ist, er steuert auch blind durch sein Leben. Und weißt du was? Ich möchte nicht in ein, zwei Jahren schon wieder die Pflanzen auf einem Grab gießen.“

„Gerd, ich weiß wirklich zu schätzen, wie du dich um deine Freunde kümmerst, aber …“

Er unterbricht mich.

„Korbinian ist anders als ich. Ständig hängt er an seinem Telefon. So ein Riesenteil mit vier Kameras auf der Rückseite. Du hast neulich gesagt, euer Teufelszeug könnte helfen, jemanden für seine Gesundheit die Augen zu öffnen. Meinst du, du könntest mir sagen, was ich ihm empfehlen kann?“

Jetzt muss ich trotz der inneren Hektik, die ich empfinde, lächeln. Niemals würde Gerd das Teufelszeug selber benutzen. Davon sind wir noch weit entfernt. Aber dass er mir nach Wochen der Lästerei über meinen „Beruf“, den er gern mit in die Luft gezeichneten Anführungsstrichen ausspricht, diese Frage stellt, macht mich ehrlich gesagt so froh, wie es einen jungen Metal-Musiker froh machen würde, wenn sein Vater das erste Mal zugesteht, dass er beim genaueren Hinhören bemerkt hat, es doch nicht nur mit Krach zu tun zu haben.

„Jetzt habe ich einen Termin“, sage ich, „aber in zwei Stunden treffen wir uns in der Bäckerei.“

In weiser Voraussicht. Der Custom GPT

Du bist ein hoch qualifizierter, deutschsprachiger Longevity-Coach mit Schwerpunkt auf präventiver Selbstanalyse. Du kombinierst Erkenntnisse aus der modernen Präventivmedizin, der Longevity-Forschung und der KI-gestützten Gesundheitsanalyse. Deine Aufgabe ist es, durch wenige, gezielt aufeinander aufbauende Fragen alle relevanten Informationen über den Lebensstil, die Genetik, die Ernährung, die körperliche und geistige Belastung sowie biometrische Daten einer Person zu erfassen – und daraus einen personalisierten Plan zur Förderung von Gesundheit und Langlebigkeit zu entwickeln.

Anforderungen und Vorgehen:

Aufteilung in mehrere, kurze Fragen
Erhebe die Informationen in einzelnen Schritten. Stelle dabei nur die Fragen, die absolut notwendig sind:

- Ernährung?
- Schlaf?
- Bewegung?
- Stress?
- Familiäre Vorerkrankungen?
- Vitaldaten? (Sofern vorhanden, z. B. über Wearables)

Du reagierst dabei flexibel auf die Antworten: Nur wenn eine Antwort auf einen möglichen Risikofaktor hindeutet, fragst du vertiefend nach.

Strukturierte Analyse
Nutze die Antworten, um ein ganzheitliches, präventives Gesundheitsprofil zu erstellen. Dabei erkennst du Schwachstellen, Optimierungspotenzial und verpasste Vorsorgechancen – immer individuell.

Wissenschaftlich fundierte Empfehlungen

- Deine Vorschläge basieren auf den neuesten Erkenntnissen aus Präventionsmedizin, Longevity-Forschung, personalisierter Diagnostik (z. B. HRV, Blutzucker, Blutwerte, genetische Marker), evidenzbasierter Ernährung, Mikronährstoffversorgung und Bewegung.
- Du gibst konkrete, alltagstaugliche Empfehlungen, z. B. zu präventiven Screenings, Tools wie kontinuierlicher Glukosemessung, HRV-Tracking oder Bluttests, Ernährung, Fasten und Supplementen sowie Schlaf und Regeneration.

Klare und alltagstaugliche Umsetzung

- Du formulierst deine Vorschläge in klarer, verständlicher Sprache, ohne Überforderung.
- Du priorisierst Maßnahmen nach 1) einfach umsetzbar und wirksam 2) mittelfristig integrierbar 3) langfristige Routinen.
- Ziel ist ein realistischer, aber wirkungsvoller Plan, der sich individuell anpassen lässt.

Gesundheitliche Aspekte
Wenn Hinweise auf mögliche Risiken (z. B. erbliche Vorbelastungen, Symptome, auffällige Werte) auftreten, empfiehlst du konkrete nächste Schritte, z. B. einen Arztbesuch oder bestimmte Screenings – immer respektvoll, motivierend und auf den Punkt.

Dein Ziel
Frage nur das Nötigste, aber liefere maximal fundierte, alltagstaugliche und motivierende Tipps zur Förderung der Gesundheit und Verlängerung der gesunden Lebensspanne – individuell und praxistauglich.

Was? Wann? Wie? Warum?

KI als Ernährungsberater

Zu Gerds unschlagbaren Gewohnheiten gehört auch, dass ich ihn schon häufiger vor 10 Uhr mit einem Mettbrötchen gesehen habe. Leicht lässt es sich darüber lästern. Doch ich muss zugeben, dass wir als Team einer sehr modernen Firma bei genauerem Hinsehen auch nicht gerade eine allzu optimale Ernährungsfigur abgeben. Zwar gehören Wasser, Bionade, Mate und Apfelschorle zu unserer dauerhaften Büro-Einkaufliste, doch auch Cola ist davon nicht wegzudenken. Alle Versuche, Snacks auf Nüsse, Proteinriegel und Obst zu reduzieren, werden dadurch sabotiert, dass Kinder Riegel, Duplo und Co. durch wundersame Zufälle immer wieder ihren Weg in die Rewe-Bestellung finden. Und der tägliche Gang zum Bäcker, als Imbiss oder als echter Pausen-Kokon vor Ort, gehört ebenfalls dazu. Michael krümelt seine Tastatur und ihre unmittelbare Umgebung gerade mit den kleinen, feinen Splittern des Blätterteigs eines frischen, fettigen Croissants voll. Max ist deutlich zu jung, um den alten Werbeslogan „Morgens, halb zehn in Deutschland" noch zu kennen – also den legendären Zeitpunkt, an dem angeblich jeder, vom Bauarbeiter bis zum Vorstufenschüler, erst einmal sein Knoppers genoss. Doch obwohl Max eine Generation nach dieser Werbung aufwuchs, ist er bereits bei seiner dritten Milchcreme-Waffelschnitte … immerhin haben wir es schon halb zwölf. Yannik wiederum lebt das Gegenteil jener kalorienreichen Gewohnheiten aus, indem er manchmal, vollkommen in der Arbeit versunken, den halben Tag lang nur an einer Flasche stillem Wasser herumnuckelt und offenbar überhaupt nichts zu sich nimmt. Was ebenfalls nicht allzu gesund sein kann. Bevor er sich in die Lehrgänge stürzt und den Kunden die Wunder der generativen KI beibringt, um sie ob der Möglichkeiten von aus Worten erzeugten Bildern und Videos staunen zu lassen, nimmt er aber wenigstens meistens einen Apfel zu sich. Über den Rand der Flasche hinweg bemerkt er, dass ich ihn beobachte, setzt sie ab und schluckt den letzten Tropfen runter. Ich lache und imitiere die Stimme eines alten, besorgten Mütterchens: „Junge, du musst doch auch mal was essen!"

Sorgsam schraubt Yannik die Flasche zu, nimmt sein Handy vom Tisch, öffnet Instagram und steht auf. „Guck hier, mein Ordner mit den gespeicherten Reels zum Thema, was man noch essen darf."

Er spielt einige der Clips ab, die er fein säuberlich aufbewahrt hat. Ein Mann mit viel zu großer Brille und leicht wahnsinnigem Blick warnt vor dem Fruchtzucker im Obst. In einem weiteren Reel erklärt er auch die Avocado für nicht nur überschätzt, sondern hochgefährlich aufgrund unverantwortlicher Anbaumethoden. Sicherlich auch wegen der vergleichbaren Form bezeichnet er sie schließlich als „Handgranate für eure Gesundheit". Ein Mann ohne Brille, aber mit wildem Bart und nicht minder aufgeregten Augen, warnt vor dem Brot und der Nudel, denn für den massenhaften Konsum von Getreide sei der Mensch – eigentlich Jäger und Sammler – überhaupt nicht geschaffen. Langsam frage ich mich, ob es auch Frauen gibt, die leidenschaftlich gern Panik verbreiten, da taucht eine junge Influencerin vor dem Regal einer Drogeriemarktkette auf, hält eine vakuumverpackte Portion Bio-Ravioli in die Kamera und sagt: „Seht ihr das? Hier steht, die sind bereits gekocht. Wie soll das gehen? Wie können die frisch bleiben? Da müssen sich bereits ganz viele Bakterien in dieser Verpackung befinden."

Ich frage mich, ob in der Schulbildung von heute ein Konzept wie das Vakuum gestrichen wurde, da senkt Yannik das Handy und tippt auf seine Flasche.

„Siehst du? Laut den schlauen Menschen im Netz darf man unter dem Strich überhaupt nichts mehr essen. Nur noch stilles Wasser trinken und zwar das Beste vom Besten, von italienischen Mönchen ohne Druck im Mondlicht aus dem Berg gebetet."

Der Werkzeugkasten

Die Top Five

Das plattformübergreifende Tool **MyFitnessPal** verhält sich mit ihrer klugen Beobachtung der Nutzergewohnheiten, Empfehlungen aus einem riesigen Lebensmittelverzeichnis und einem Barcode-Scanner für die Einkäufe tatsächlich weniger wie ein strenger Coach, denn eher wie ein beratender Kumpel. Die App synchronisiert sich zudem mit zahlreichen Fitness-Trackern und -Apps, sodass Bewegung und Ernährung umfassend erfasst und analysiert werden können. **Cronometer** ist ein leistungsstarkes KI-Tool für die feingranulare Nährstoffanalyse für alle, die ihre Ernährung auf höchstem Niveau überwachen möchten. Mit der Gold-Version lassen sich bis zu 84 verschiedene Nährstoffe und Verbindungen erfassen – von Makronährstoffen über Vitamine, Mineralstoffe und Antioxidantien bis hin zu speziellen Biomarkern. Es lassen sich Makro- und Mikronährstoffziele festlegen, Rezepte importieren und Lebensmittel vorschlagen, um gezielt Nährstofflücken zu schließen. Webbasiert und stets lernend, erkennt **NutriVision** Lebensmittel schon per Foto, wertet sie aus, weist ihnen eine Gesundheitsbewertung zu und zieht daraus Verhaltensvorschläge. Die KI verbessert sich kontinuierlich durch User-Feedback und kann auch komplexe Gerichte und Zutaten zuverlässig identifizieren. **Noom** wiederum fährt eher einen psychologischen Ansatz und nutzt Erkenntnisse aus der Verhaltenstherapie, damit die besseren Gewohnheiten auch wirklich im Leben Fuß fassen. Freunde besonderer Hardware-Gadgets finden in **Aurora Nutrio** eine Kombination aus Waage und Schneidbrett, welche die verarbeiteten Lebensmittel erkennt. Das Gerät liefert in Echtzeit Nährwertangaben und kann sogar Portionsgrößen automatisch berechnen, um eine noch präzisere Kontrolle der Ernährung zu ermöglichen.

Honorable Mentions

Cal AI, Diet Glance, Foodvisor, Lifesum, Lose It!, Nutrify AI, PlateJoy, Nutri-Coach AI, Upfit, SnapCalorie

Das Sonnenlicht scheint ungebremst auf Michaels Schreibtisch und seine Tastatur, die das erste Mal seit Langem blitzsauber auf dem Holz liegt. Wäre sie ein Lebewesen, hätte ich den Eindruck, dass sie sogar ein bisschen eitel angibt. Statt am Platz finde ich unseren sportlichen Projektmanager, der schon mal von Barcelona nach Bonn mit dem Rad gefahren ist, in der Teeküche. Ausgestattet ist er mit einem Croissant, allerdings zugleich mit einem kleinen Salat aus Thunfisch und Eiern.

„Eine verwegene Kombination", kommentiere ich das kulinarische Abenteuer.

„Nach dem Croissant allein bin ich neulich mittags sogar eingeschlafen", sagt Michael. „Aber wie ich nun gelernt habe, muss ich auf mein Lieblingsgebäck nicht immer verzichten, wenn ich vorher ein paar gute Proteine zu mir nehme. Dann bleibt das Mittagstief aus. Ach ja – und ich soll richtig essen, also nicht beiläufig, am Schreibtisch."

„Wegen der Tastatur?"

„Wegen der Psyche!"

Ich schnappe mir einen Ziegenjoghurt aus dem Kühlschrank, weil die neuen Ernährungsbegleiter mich auch nicht unberührt lassen, und verlasse die Küche. Auf Yanniks Schreibtisch ist neben der Wasserflasche auch eine Bowl mit einer äußerst appetitlich wirkenden Mischung aus Salat, Couscous und Dattelstückchen aufgetaucht.

„Sieht gut aus", sage ich, „und die Zutaten hat noch kein Influencer verboten?"

„Das weiß ich nicht", sagt Yannik, „aber mein persönlicher künstlicher Influencer hat sie mir explizit erlaubt. Und soll ich dir was sagen? So blöd vernünftig es klingt – ich habe allein heute schon dreimal so viel geschafft wie sonst."

Stolz und zufrieden über die gelebte Neugier meines Teams, sich wirklich auf Lebensveränderungen durch KI einzulassen, kehre ich in mein Büro zurück und höre auf dem Weg noch im Vorbeigehen das Knistern und Rascheln, als Max sein aktuelles Knoppers öffnet.

Was? Wann? Wie? Warum? Der Custom GPT

Du bist ein hoch qualifizierter, deutschsprachiger Ernährungsberater mit über zehn Jahren Berufserfahrung. Deine Aufgabe ist es, basierend auf möglichst wenigen, aber gezielt aufeinander aufbauenden Fragen alle relevanten Informationen zu Gesundheit, Lebensstil und Ernährung einer Person zu sammeln. Anschließend erstellst du ein möglichst akkurates und individuell abgestimmtes Ernährungskonzept.

Anforderungen und Vorgehen:

Aufteilung in mehrere kurze Fragen
Erhebe die Informationen in einzelnen Schritten. Stelle dabei nur die Fragen, die absolut notwendig sind:

- Gewicht?
- Größe?
- Aktivitätslevel?
- Ernährungsziele?
- Allergien?
- Unverträglichkeiten?
- Essgewohnheiten?

Strukturierte Diagnose

- Nutze die Antworten, um ein klares Bild vom Gesundheitszustand, Lebensstil und den individuellen Zielen zu erhalten (z. B. Abnehmen, Muskelaufbau, allgemeine Gesundheit).
- Achte dabei auch auf Punkte wie Stresslevel, Essenszeiten und ggf. Kultur- oder Glaubensaspekte.

Wissenschaftlich fundierte Empfehlungen

- Erstelle auf Basis der gesammelten Informationen ein detailliertes Ernährungskonzept.
- Gehe auf Makronährstoffe (Eiweiße, Kohlenhydrate, Fette), mögliche Mikronährstoffengpässe (Vitamine, Mineralstoffe) und sinnvolle Supplements ein (falls nötig).
- Berücksichtige individuelle Vorlieben, Unverträglichkeiten, Essstile (z. B. vegan, vegetarisch) und kulturelle Aspekte.

Klare und alltagstaugliche Umsetzung

- Zeige, wie dein Ernährungsplan in den Alltag integrierbar ist.
- Empfehle einfache und realistische Rezepte oder Mahlzeiten, Snack-Ideen oder Meal-Prep-Vorschläge.

Gesundheitliche Aspekte
Falls nötig, weise auf mögliche Risiken oder Kontraindikationen hin. Empfehle bei Unsicherheiten oder spezifischen Symptomen eine ärztliche Abklärung.

Dein Ziel
Frage nur das Nötigste, aber liefere abschließend maximal fundierte und individualisierte Ernährungsratschläge. Formuliere dabei stets klar, motivierend und freundlich.

TEIL 2

HAUSHALT UND FAMILIE

Sicher hast du auch schon mal diese witzigen Videos gesehen, in denen Leute sich völlig überrascht davon zeigen, was es eigentlich bedeutet, erwachsen zu sein. Als Kind hast du es dir gewünscht – und nun stehst du da und musst alles regeln, was früher die Eltern ganz offensichtlich völlig unbemerkt erledigt haben. Die Wohnung soll so aussehen, dass du auch spontan auftauchenden Besuch reinlassen könntest, ohne erst drei Stunden aufräumen und putzen zu müssen. Für Gäste, von denen du weißt, dass sie kommen, möchtest du etwas Schönes zaubern – und während sie mit einem leckeren Drink im Zimmer stehen, sollen sie nicht besorgt an sterbenden Pflanzen zupfen. Und für den Fall, dass es mal Ärger mit dem Vermieter oder den Nachbarn gibt, möchtest du deine Rechte verstehen. All das kann einen tatsächlich überfordern. Doch auch hier steht die KI bereit, zu unterstützen, zu beraten und Rückenwind zu geben.

Die Familie kommt!

KI als Rezeptplaner

„Sie kommen!"

Atemlos steht Niklas in der Bürotür. Sein Blick schwankt zwischen einem Hauch Ironie und echter Panik.

„Wer? Die Aliens? Die Russen? Die Amerikaner?" Thomas nippt schmunzelnd an seiner Cola. Ihn kann üblicherweise nichts aus der Ruhe bringen.

„Die Familie! Allesamt! Meine Eltern, ihre Eltern, Onkel, Tante, Cousins, Cousinen."

Ich schaue auf den Kalender. Vor dem Fenster wechseln sich seit Tagen strahlend blauer Himmel und graue Regentage ab. Aprilwetter. Von allen großen Feiertagen, welche die gesamte Sippe an einen Tisch bringen könnten, steht Ostern vor der Tür.

„Mein Cousin ist Vegetarier", beginnt Niklas seine Aufzählung. „Seit Jahren rührt er kein Fleisch mehr an, ist aber mittlerweile Experte für Käse. Er kann dir auswendig sagen, wie lange welche Sorte reifen muss, welcher Käse löffelgeschöpft ist und welcher aus Rohmilch. Meine Cousine ist militante Veganerin. Die trinkt nicht mal aus einem Tetrapak Hafermilch, wenn du nach dem Einkauf mit dem Ding zufälligerweise an einer Metzgerei vorbeigefahren bist."

Niklas steigert sich richtig schön rein. Dabei kennt er die Lösung. In unseren Lehrgängen zum *KI Manager* begeistert er die Teilnehmer immer wieder damit, wie viel Lebenszeit die KI uns heutzutage sparen kann. Sogar privat führt er Listen über immer neue Use Cases, also Anwendungsfälle oder Praxisbeispiele. Man darf sagen, er sammelt freie Stunden, die er sich selbst später einlöst. Aber gut, Familie lässt einen schon mal hyperventilieren.

„Meine Tante ist laktoseintolerant. Mein Onkel braucht bei jedem Gericht mindestens ein Stück gutes Fleisch, hat aber eine Allergie gegen Sellerie. So. Und jetzt sagt mir bitte, wie ich es hinbekomme, für diese Truppe ein Festtagsmenü zusammenzustellen oder auch nur die süße und salzige Knabberei, wenn man später beim Bierchen zusammensitzt … oder beim alkoholfreien, veganen Weißwein?"

Wir müssen nicht antworten. Vor dem Fenster wechselt sich der blaue Himmel wieder mit einer großen Wolke ab. Ganz von selbst wandert Niklas' Blick zu den sieben Buchstaben von *KI First!* an der Wand und zu seinem Tisch, in dessen Schublade ein paar handschriftliche Moderationskarten und das private Büchlein mit den Notizen digital eingesparter Stunden liegen.

„Gut", sagt er, „dann bin ich ja mal gespannt."

Der Werkzeugkasten

Die Top Five

Mit dem Rezeptverwalter **Mr. Cook** lassen sich nicht nur Rezepte sammeln und organisieren, sondern auch per Zuruf der gewünschten Parameter von der KI generieren. Mit der Zeit entsteht ein Küchenbegleiter, der jedwede Planungs- und Lebenssituation erleichtert, weil immer weniger Entscheidungen jedes Mal neu getroffen werden müssen. Die App berücksichtigt dabei individuelle Vorlieben, Allergien und Ernährungsweisen, ermöglicht das Scannen handgeschriebener Rezepte und erstellt automatisch Einkaufslisten für die geplanten Gerichte. **EatLove** bastelt personalisierte Ernährungspläne, Rezeptempfehlungen und Einkaufslisten eher mit dem Fokus, gesündere Gewohnheiten zu entwickeln. Zu verschiedenen Personen lassen sich die jeweiligen Ernährungsbedürfnisse speichern und gleichzeitig berücksichtigen. Die App **Mealime** (nicht zu verwechseln mit dem Catering-Unternehmen Mealtime) verknüpft Rezeptplanung mit Einkaufslisten. Sie legt besonderen Wert auf schnelle, alltagstaugliche Rezepte und kann sogar automatisch Portionsgrößen und Nährwertangaben berechnen. Der sehr originell benannte KI-Kochbegleiter **ChefGPT** wird je nach gewünschter Ausrichtung (Reste sinnvoll wegkochen oder Feinschmecker-Harmonien finden) zum „PantryChef", „MealPlanChef" oder „MixologyMaestro". Das Tool gibt humorvolle Kommentare, leitet mit visueller Hilfe Schritt für Schritt an und harmonisiert Rezeptideen direkt mit individuellen Makrozielen oder Ernährungspräferenzen. **SideChef** geht einen umgekehrten Weg und lernt, entlang von Fotos fertiger Gerichte das Rezept zu (re-)konstruieren. Es enthält eine große Rezeptdatenbank, smarte Küchengeräte-Integration und eine Community-Funktion zum Teilen und Bewerten von Gerichten.

Honorable Mentions

Cooklist, Fooby, Kitchen Stories, Kochbar, Whisk: Recipes & Meal Planner

An den Ostertagen haben wir die Firma geschlossen. Manche verbringen tatsächlich Zeit mit ihren Familien. Andere haben sich in wärmere Gefilde aufgemacht. Weihnachten verbringen sie weiterhin in der Heimat, aber das verlängerte Osterwochenende nutzen sie für einen Kurztrip.

Am Tag nach den Feiertagen schlendere ich am frühen Morgen auf den geliebten Turm zu. Unten auf der Straße steht Gerd vor der Tür, einen Kaffee im Mehrwegbecher in der einen und eine aus der Tüte ragende Rosinenschnecke in der anderen Hand. Mit seiner Stimme hätte er Hörbuchsprecher werden können. Ein satter, kraftvoller Bass und genau das richtige Ausmaß an Schleifpapier.

„Und?", fragt er, „schöne Feiertage gehabt?"

Spontan erzähle ich Gerd von Niklas' Familie, wissend, dass er es mir nicht übelnehmen würde. Die Story ist kurzweilig, soll dem alten, störrischen Brummbär aber auch ein weiteres Beispiel dafür geben, wie KI sogar die klassischsten aller Familienprobleme lösen kann.

Aufmerksam hört er zu und hebt schließlich die Hand mit der Schneckentüte.

„Das ist nicht ganz glatt aufgegangen."

„Wieso nicht?", frage ich. „Jeder hat garantiert genau das bekommen, was ihm schmeckt und was seinen Vorstellungen entspricht."

„Ja, mag sein. Trotzdem. Ich habe da so ein Bauchgefühl. Das ist nicht ganz glatt aufgegangen."

Zwei Stunden später setzt sich Niklas ungefragt an meinen Schreibtisch, lehnt sich seufzend in den Stuhl zurück und sagt: „Das ist nicht ganz glatt aufgegangen."

Empört und über mich selbst überrascht, haue ich mit der flachen Hand auf den Tisch. Das kann doch wohl nicht wahr sein. Sind wir hier doch in der Matrix oder was?

„Was ist passiert?"

Niklas muss lachen, schüttelt den Kopf, reibt sich das Auge und klappt den Daumen auf, um die Aufzählung zu beginnen.

„Mein Cousin ist kein Vegetarier mehr, meine Tante hat seit dem vergangenen Jahr eine frische Allergie gegen Eier entwickelt und mein Onkel musste kurzfristig absagen. So kurzfristig, da hatte das gute Fleisch schon gebrutzelt."

Ich lache mit und denke an den Gag aus dem Film *Don't Look Up*, in dem der Algorithmus eines Tech-Konzerns bei einer Filmfigur sogar die Todesart vorhersagen kann, die erst über 22 000 Jahre später passieren wird, nachdem diese Person, dargestellt von Meryl Streep, auf einem neuen Planeten aus dem Kryoschlaf-Raumschiff steigt. Aber solche KIs, die die Zukunft vorhersagen, kennen wir noch nicht. Da hilft nur, ab und zu ganz analog über den neuesten Tratsch in der Familie zu plaudern.

Die Familie kommt! Der Custom GPT

Du bist ein hoch qualifizierter, deutschsprachiger Menüplaner mit langjähriger Erfahrung in Gastronomie und Event-Kulinarik. Deine Aufgabe besteht darin, basierend auf wenigen, aber gezielten Fragen, ein perfekt abgestimmtes Menü zu planen.

Anforderungen und Vorgehen:

Teilnehmer und Restriktionen
Stelle zu Beginn Fragen, um die Teilnehmenden zu identifizieren:

- Mögliche Unverträglichkeiten?
- Allergien?
- Religiöse und/oder persönliche Ernährungsstile (z. B. vegetarisch, vegan)?

Stelle dabei nur die Fragen, die absolut notwendig sind, um klar zu wissen, welche Lebensmittel tabu sind und welche erlaubt sind.

Präferenzen und Menüstruktur

- Ermittle in weiteren kurzen Fragen die kulinarischen Vorlieben (z. B. mediterran, asiatisch, gutbürgerlich, fine dining etc.) und die gewünschte Anzahl der Gänge (Vorspeise, Hauptgang, Dessert oder mehr).
- Kläre, ob es noch spezielle Wünsche gibt (z. B. leichtes Essen, saisonale Zutaten, Budgetvorgaben).

Drei Menüvorschläge inkl. Getränkebegleitung

- Auf Basis dieser Infos schlägst du drei unterschiedliche Menüvarianten vor.
- Achte auf eine passende Getränkebegleitung (Wein, Bier, alkoholfreie Alternativen etc.) und begründe kurz, warum diese Getränke zu den jeweiligen Gängen passen.
- Berücksichtige dabei die zuvor genannten Einschränkungen und Wünsche.

Finalisierung und Rezeptausgabe

- Bitte den Nutzer, ein Menü auszuwählen oder anzupassen.
- Sobald das Menü bestätigt ist, liefere alle notwendigen Rezepte in übersichtlicher Form.
- Gib praktische Tipps zu Zubereitungszeit, benötigtem Equipment und möglichen Vorbereitungsschritten (Meal-Prep).

Freundliche und strukturierte Kommunikation

- Stelle in jeder Runde nur eine oder wenige, klar strukturierte Fragen, damit der Dialog kurz und übersichtlich bleibt.
- Drücke dich verständlich, motivierend und mit einer Prise Kreativität aus, um den Prozess unterhaltsam zu gestalten.
- Berücksichtige mögliche Rückfragen oder Wünsche, die während der Planung aufkommen.

Dein Ziel
Erstelle anhand minimaler, gezielt gestellter Fragen ein perfektes Menü für eine bestimmte Gruppe von Gästen. Unterbreite drei Vorschläge mit passender Getränkebegleitung und liefere im Anschluss – nach Bestätigung durch den Nutzer – die vollständigen Rezepte samt Tipps für eine gelungene Umsetzung.

Außen günstig, innen glamourös

KI als Vergleichshelfer

„Das hat sogar was Süßes."

Max wirkt erstaunt. Dürften wir die Dachterrasse auf dem Gebäude öfter nutzen, würden wir das kleine Tasting dort oben lange nach Feierabend durchführen, wie einst William Shatner und James Spader in der Schlussszene jeder Folge von *Boston Legal*. Bei den beiden fiktiven Anwälten waren es Whisky und Zigarren. Bei uns stehen einfach ein paar Flaschen Rum auf dem Tisch im Büro, während die frische Kölner Nachtluft durch das offene Fenster hereinweht. Sie duftet erstaunlich gut dafür, dass wir uns mitten in der Stadt befinden. Ich meine sogar, einen Hauch von Pinienwald wahrzunehmen.

Mein junger Kollege nimmt einen weiteren Schluck aus dem Tasting-Glas. „Ja, wirklich, nicht so heftig, wie ich dachte."

„Beim Rum-Tasting fängt man immer mit dem sanften an", erkläre ich. „Dieser hat das Fruchtige und Weiche, weil er in frisch entleerten PX-Sherry-Fässern gelagert wurde."

„Was heißt PX?"

„Das steht für Pedro-Ximénez, eine Traubensorte. Ein Wein darf sich erst PX-Sherry nennen, wenn er mindestens 85 Prozent dieser Trauben hat."

Max nickt nachdenklich und ich überlege, wie der Tages-Max, der ausschließlich alle möglichen Sorten von Fanta trinkt, und der Abend-Max, der sich mit mir auf ein Tasting einlässt, zusammengehen.

„Von wegen Wein!", springt Max fast auf, „in meinem letzten Urlaub habe ich einen Roten gekostet, der war Wahnsinn. Ich bin wahrlich kein Experte, aber was da alles rüberkam – deftige Früchte, Pflaumen, Feigen, etwas Zimt. Ich hatte sogar das Gefühl, ich könnte den Boden schmecken, das Wetter an seinen Hängen, weißt du?"

Ich nicke lächelnd. „Ja, so fühlt sich das an, wenn etwas wirklich Körper und Charakter hat."

Max dreht das Rum-Glas auf dem Tisch, mit den Fingerspitzen behutsam den Rand umfassend. „Ich wollte mir eine Flasche dieser Weinsorte bestellen, als wir wieder zu Hause waren, aber sie lag bei 80 Schweizer Franken und das war mir dann doch zu viel. Also kam mir die Idee, *ChatGPT* zu fragen, ob sie Weine kenne, die nur einen Bruchteil davon kosten aber vom Geschmack her für Amateure gleich sind. Oder, ob ich ihr die Infos des Originals senden kann und sie gleicht es mit den Sortimenten der Händler ab. Vor allem, weil die Ähnlichkeitsanalyse ja eine der Hauptfunktionen von KI überhaupt ist."

„Also im Grunde hast du im Prinzip einen Prompt für einen *Nearest Neighbor Search* geschrieben, wie man in der Informatiksprache sagen würde."

Du willst sehen, wie Max hier genau zaubert? Dann schaue dir seine Vorführung auf einem unserer Events an:

„Ja. Und siehe da – er hat ein paar Nachbarn gefunden! Ich habe zwei, drei Flaschen bestellt und sie haben es wirklich getroffen! Ob das mit Rum auch funktioniert? Oder sogar mit Champagner?“

Max weiß, dass ich für beides Experte bin. Für unsere jährliche *KI Marketing Konferenz Contra*, lassen wir von unserem Hauswinzer Forget Chemin aus Ludes sogar eine kleine Charge Champagner herstellen, passenderweise mit dem Namen *Pro*.

„Das müsste man herausfinden.“

„Gib mal die zweite Sorte.“

Ich gieße ihm aus der Flasche ein, die einen ganz anderen Vertreter seiner Gattung enthält. Diesmal auf Basis von frischem Zuckerrohr statt der typischerweise verwendeten Melasse, einem Abfallprodukt der Zuckerherstellung. Ein herrlicher weißer Rum, der sich aufgrund seiner Herstellungsart in einer Pot-Still-Anlage völlig von den anderen Vertretern dieser Gattung unterscheidet, bei denen man das Zuckerrohr förmlich noch riechen kann. Für Mischgetränke absolut perfekt spielt es auch pur ein paar gute Noten.

„Und?“, frage ich.

„Der ist deutlich herber“, sagt Max. „Der ist wirklich wahnsinnig fruchtig.“

„Sehr gut“, antworte ich und verkneife mir die Frage, die ich ihm aber irgendwann demnächst stellen muss, ob sich ähnlich feine Verkostungsprinzipien auch auf Limonade anwenden lassen.

„Weißt du?“, sagt Max, „eines Tages, da habe ich eine Bar für mich und die Gäste, die zu mir kommen. Draußen, unter einem Vordach, an einem Pool. Tresen, Hocker und dahinter das Regal mit den feinsten hochgeistigen Tropfen. Oder ist das zu groß gedacht?“

Ich schüttle den Kopf.

„Erstens nein und zweitens: Fang doch einfach schon mal an. Eine kleine Ecke in der Wohnung, ein nettes Schränkchen, die erste Auswahl. Wie man an etwas Gutes kommt, das außen günstig ist, aber innen glamourös, haben wir doch schon herausgefunden.“

Der Werkzeugkasten

Die Top Five

AWESOMME ist ein australischer, KI-gestützter „digitaler Sommelier", der nicht nur bei der Weinauswahl hilft, sondern auch eine innovative, zutatenbasierte Food-&-Wine-Pairing-Funktion bietet. Nutzer können Gerichte aus Zutaten zusammenstellen, und die App schlägt passende Weine vor – inklusive Angaben zu Glasempfehlung, Lagerpotenzial, Belüftungszeit und Serviertemperatur. Der **M&S Wine Finder** liefert als KI-basiertes Tool des britischen Einzelhändlers Marks & Spencer personalisierte Weinempfehlungen auf Basis individueller Vorlieben. Mit der KI-Technologie von Preferabli fragt das Tool gezielt nach Geschmacksvorlieben, um aus über 400 Weinen passende Vorschläge zu generieren. **Vivino** gilt mit über 65 Millionen Nutzern als größte Wein-Community und bietet eine umfassende, von KI-Algorithmen unterstützte Plattform für Weinentdeckung, Bewertung und Einkauf. Die App lernt kontinuierlich aus dem individuellen Geschmack und schlägt gezielt neue Weine vor, die zum eigenen Profil passen. Der **Wine-Searcher** scannt Etiketten von Wein-, Bier- oder Whisky-Flaschen, um Preise, Kritikerbewertungen, Rebsorten, Herkunftsregionen und verfügbare Jahrgänge zu vergleichen. **WhiskeySearcher** erledigt eine vergleichbare Aufgabe speziell für Liebhaber von Whisky und anderen hochwertigen Spirituosen. User können eigene Bewertungen und Wunschlisten anlegen und ihr Wissen über Spirituosen durch Hintergrundinformationen zu Regionen und Herstellern vertiefen. Beide Dienste greifen auf eine Datenbank von über acht Millionen Angeboten aus 55 000 Händlern zurück.

Honorable Mentions

BoozApp (BAXUS), Distiller, OnlyDrams, Whiskybase

„So", sagt Max, „und jetzt wird es Zeit für eine Blindverkostung."

Die halbe Firma ist zu Gast in seiner Wohnung und feiert mit ihm in den überschaubaren vier Wänden seinen Geburtstag. Niklas spielt die ganze Zeit in der Playlist herum und beschallt den Abend mit einem Jazz-Klassiker nach dem anderen. Allerdings passen die Töne von John Coltrane, Charlie Parker und Miles Davis gut zu der kleinen Anrichte, die Max sich in einem stilvollen Antikladen gegönnt hat und auf der eine Auswahl von Wein, Whisky, Cognac und Rum bereitsteht. Wie eine Vorschau auf ein anderes Leben thront sie in einem Durcheinander, das immer noch an Studententage erinnert, an eine Männer-WG, aus der ein Mitbewohner schon längst ausgezogen ist, all sein Zeug aber nicht nur dagelassen, sondern bei der Abreise wie Konfetti in die Räume gestreut hat.

Max stellt zwei gefüllte Weingläser auf den Tisch. Thomas und Michael hat er zur Jury auserkoren. Wie es sich gehört, schwenken mein Geschäftspartner und das Multitasking-Genie ihre Gläser und machen zunächst einmal den Schnuppertest. Danach verkosten sie und lassen die guten Tropfen eine Weile im Mund wirken. Einer davon ist eine wirklich teure Variante und einer der von der künstlichen Intelligenz herausgesuchte Geschmackszwilling, den Max sich leisten konnte.

„Der hier ist klar der Gewinner“, sagt Michael und entscheidet sich tatsächlich für den günstigeren Zwilling. Thomas wackelt einen Moment unentschlossen mit dem Kopf, bevor er eine andere Wahl trifft.

„Ich finde, dieser siegt, aber nur mit einem Hauch Vorsprung.“

„Nur ein kleiner Hauch im Geschmack“, löst Max das Rätsel auf, „aber ein großer Unterschied im Preis!“

Im Flur flucht derweil Yannik auf dem Weg zur Toilette, da er über den verteilten Unrat stolpert.

Wieso ist das so sauber?

KI als Haushaltshelfer

„Ist das bei Niklas?"

Céline tritt näher an die Fotos heran, die Michael gerade in die Luft hält und sogar extra als echte Bilder auf Fotopapier ausgedruckt hat.

„Nein", meint Yannik, dann wären da überall Regale mit Schallplatten.

„Wer sagt denn, dass Jazzmenschen immer nur Vinyl hören wie Harry Bosch in seinem Glasbungalow?", ruft der Gemeinte aus dem Hintergrund. „Vielleicht streame ich ja auch High End mit Tidal oder Qobuz."

„Ist das so?", dreht sich Yannik herum.

„Na ja", lacht Niklas, „aber nur ab und zu. Ich sammle Platten."

„Hey!", ruft Michael alle wieder zur Konzentration. „Hier spielt die Musik. Welche Wohnung ist das?"

„Vielleicht von einem Prominenten", sagt Thomas. „Aus einer Homestory. Gibt's das noch? So klassische Homestorys, in der Presse? Oder drehen die sich alle nur noch selber?"

„Das ist super schick und super sauber", sagt Céline, „aber doch etwas zu klein für einen Promi."

„Nicht jeder Mensch, der bekannt ist, ist deswegen auch automatisch reich", gibt Max zu bedenken und schmunzelt, weil er, ich und Michael bereits mehr wissen als die anderen. Auf seinem Schreibtisch steht eine pinke Fanta, die Grapefruit-Variante.

Michael wirft den Kopf nach hinten, reißt die Fotos in die Luft und ruft: „Es ist die Bude von Max!"

Das Team bricht in Tumulte aus.

„Was?"

„Nein!"

„Die Wohnung, in der wir neulich noch gefeiert haben? Wo ich auf dem Weg zum Klo über Berge von Zeug gestolpert bin?"

„Niemals!"

Michael winkt Max zu sich.

„Max, komm her und bezeuge, dass ich die Wahrheit sage, wie es sich gehört."

Max ziert sich kurz ein wenig, dann tritt er auf die imaginäre Bühne.

„Darf ich vorstellen?", sagt Michael, „der Wohnungsverwandler."

Max verbeugt sich.

„Aber wie?", haucht Céline, schnappt sich eines der Bilder und fährt mit den Fingern darüber, wie eine Archäologin bei einem alten Artefakt.

Der Werkzeugkasten

Die Top Five

Eine vollkommen automatische Reinigung der Wohnung samt Aufräumen ganz ohne menschliches Zutun wird erst möglich sein, wenn humanoide, KI-gesteuerte Roboter wie der Tesla Bot eine echte Serienreife erlangen oder wenn gar eines Tages Visionen wie die aus dem Videospiel *Detroit: Become Human* wahr werden – hoffentlich ohne die negativen Konsequenzen. Bis dahin sind im höheren Preissegment einige Saug- und Wischroboter verfügbar, die sich nicht nur selbst leeren, reinigen und laden, sondern auch mittels KI-Unterstützung „ihre" Räume so gut kennenlernen wie eine menschliche Kraft. Der **iRobot Roomba** navigiert in seiner jeweils neuesten Version immer sicherer durch die vier Wände und um die zahlreichen Hindernisse. Der **Ecovacs Deebot T8 AIVI** ist auch mit virtuellen Grenzen programmierbar, kartiert die Umgebung perfekt und ermöglicht aus der Ferne einen Live-Videostream in die eigenen vier Wände. Der **Xiaomi Mi Robot Vacuum Mop** ermittelt die effizienteste Route im Raum und lässt die Reinigungsaktionen vorplanen. Wer seinen Haushalt mit vielen, im Netzwerk verbundenen Geräten komplett zu einem Smart Home umfunktioniert hat, kann dieses sehr komfortabel mittels des **Home Assistant** steuern, der KI-Modelle wie *ChatGPT* oder *Gemini* einbindet. Die Firma Bosch ermöglicht über ihren Dienst **Bosch Home Connect** zusätzlich zum zentralen Management des Heims sogar eine KI-Kamera im Ofen sowie smarte Geschirrspüler. In allen Fällen hilft smarte Steuerung bei regelmäßigen Abläufen, Heizung, Licht, effizientem Stromsparen – oder dabei, sich einfach auf ganz „menschliche" Weise an zu erledigende Aufräumrunden erinnern und sich für Geschafftes loben zu lassen.

Honorable Mentions

Dyson 360 Heurist, Google Nest Hub/Assistant, Miele@Home, Samsung SmartThings

Michael hat die ausgedruckten Fotos von Max' völlig veränderter Wohnung in der Teeküche aufgehängt. Der Saugroboter, der dort sauber macht, hört übrigens auf den Namen Georgi und legt los, sobald Max ihn darum bittet. Am Nachmittag stehen Céline, Niklas und ich davor, immer noch staunend wie Besucher einer Ausstellung, auf der wirklich einmal neue Ansätze zu erleben sind.

„Als Kind dachte man ja noch, Ordnung wäre spießig", sagt Niklas.

„Ich habe mich immer geärgert, wenn ich eine Sache den halben Tag suchen musste", erwidert Céline.

„KI-Unterstützung hin oder her", sagt Niklas, „ich frage mich immer noch, wie Max sich überhaupt aufgerafft hat."

„Genau!" Céline tippt auf eines der Fotos. „Die entscheidende Frage lautet nicht *wie*, sondern *wieso*!"

„Was meinst du?"

„Wann macht der Mensch dermaßen tiefgründig sauber, wenn er allein lebt und es für sich selbst eigentlich nicht muss?“

Niklas dämmert, worauf sie hinaus will. Fast gleichzeitig sprechen sie es aus.

„Für die Eltern, für die Schwiegereltern oder für einen neuen Partner!“

„Ha!“, ruft Céline.

„Das ist interessant“, sagt Niklas.

Und in der Tat – in diese wahren Gründe bin ich noch nicht eingeweiht.

Mit Pflanzen sprechen

KI als botanischer Berater

„Und dir fällt wirklich nichts auf?"

Thomas steht in unserem Büro und stellt mir die Frage so, wie es eine Frauenfigur in einem Sketch von Mario Barth tun würde, wo es darauf hinausläuft, dass sie sich eine neue Frisur hat machen lassen, die ich, der doofe Mann, nicht bemerkt. Thomas' Frisur hat sich schon seit geraumer Zeit nicht verändert und er würde mich sicherlich auch nicht danach fragen. Was also möchte er von mir?

Ich mustere seine Klamotten. Gutes Hemd, hochwertige Jeans. Sie kommen mir vertraut vor. Auch die Schuhe haben sich meines Erachtens nicht verändert.

„Es ist nicht an mir", sagt er.

Ich erinnere mich an das unschuldige Spiel, das ich noch als Kind auf langen Autofahrten mit den Eltern und Großeltern praktiziert habe: *Ich sehe was, was du nicht siehst.* Ob es das mittlerweile auch als Mobile Game gibt? „Neuer Stuhl?", rate ich ins Blaue und bin selber kaum davon überzeugt. Auf seinem Schreibtisch steht stilles Wasser in einer der Glasflaschen, die Yannik neulich halb ironisch mitgebracht hat. Das edle Zeug, das italienische Mönche bei Mondlicht aus dem Berg beten. Thomas dreht leicht den Kopf, um mir einen kleinen Hinweis in seinem persönlichen Wimmelbild zu geben. Ich folge der angedeuteten Richtung, bis es mir tatsächlich wie Schuppen von den Augen fällt – in einer Ecke unseres gemeinsamen Geschäftsführerbüros hat er ein paar frische Pflanzen platziert, die in Töpfen auf Rollbrettern stehen. So groß wie sie sind, hätten sie mir eigentlich auffallen müssen. Vor allem aber sind sie nicht nur groß, sondern erstaunlich gut gepflegt. Kein einziges der Blätter hat eine dieser unschönen, vertrockneten Spitzen oder sich schon längst hungernd in sich zusammengerollt. Alles wirkt grün, saftig, staubfrei.

„Na endlich", sagt Thomas und schreitet hinüber zu den Töpfen. Ich kann mich noch daran erinnern, dass wir früher nur ein paar wenige, bedeutend kleinere Exemplare aufgestellt haben, denen es niemals besonders gut ging, bis sie letzten Endes unauffällig wieder verschwanden. „Erstaunlich", sage ich.

„Ja, nicht wahr? Ich weiß, dass du weißt – ich hatte noch nie einen grünen Daumen, aber immer eine grüne Absicht – und jetzt kommt endlich beides zusammen!"

Der Werkzeugkasten

Die Top Five

Was steht da eigentlich vor mir und wie kann ich es retten? Mit **Picture This!** lassen sich Pflanzen durch einen Schnappschuss mit einer erwiesenen Genauigkeit von 98 Prozent identifizieren – bei einer Datenbank, die derzeit 400 000 Arten umfasst. Deep Learning macht's möglich. Die App diagnostiziert zudem Krankheiten und leitet zu Heilmaßnahmen und Gießweise an. Sie liefert detaillierte Pflegeanleitungen, erkennt potenziell giftige Pflanzen für Haustiere und bietet saisonale Tipps für die optimale Pflanzenpflege. Ebenso kümmert sich **Planta** auf Basis von dreißig Parametern um Diagnose, Prävention und Pflege der floralen Begleiter drinnen wie draußen. Die App erinnert an Gießintervalle, Düngung und Lichtbedürfnisse. Wer die KI hauptsächlich nutzen möchte, um seinen grünen Daumen draußen auszuleben, findet in **Gardenize** ein digitales Tagebuch mit fotografischem Gedächtnis, das einen durch die Jahreszeiten, die nötige Pflege und die angelegten Beete begleitet. Mit Fotos, Notizen und Pflegetipps lässt sich die Entwicklung des eigenen Gartens langfristig nachverfolgen. Die derzeitige Avantgarde der Zimmerpflanzenpflege besteht in KI-gepowerter Hardware, welche die Pflanzen selbst ihre Bedürfnisse an Wasser und Nährstoffen ausdrücken lässt – entweder in Form des smarten Sensors **FYTA Beam**, den man in die Erde steckt, oder in Form der **Smart Flowerpots**, welche die evidenzbegründete „Laune" der Pflanze sogar als Mimik im Display wiedergibt – zwei Gimmicks, die an dieser Stelle mal als ein Eintrag unter dem Motto „Hardware und Geschenkidee" gelten sollen.

Honorable Mentions

AI Garden Planner, Plant AI, Plantix, PlantSnap, Plantum

Eigentlich haben wir beide viel zu tun an diesem Vormittag. Doch ich kann nicht verhehlen, dass die Begeisterung meines Geschäftspartners und Freundes mich ansteckt und zugleich sehr beruhigend ist. Seit einer Viertelstunde erzählt er über den Charakter und die Herkunft seiner Zimmerpflanzen.

„Wusstest du, dass der Ficus benjamina im Deutschen Birkenfeige heißt? Da fragt man sich natürlich, wieso, denn es hat noch nie ein Mensch in seinem Büro gestanden und gelassen Feigen von den Dingern gepflückt, nicht wahr?"

Ich stelle mir vor, wie das aussähe. Ein Chef hebt royal die Hand, greift mit Daumen und Zeigefinger in sein Bürobäumchen und holt als Einziger wie ein Magier eine Frucht hervor. Es wäre ein unvergessliches Alleinstellungsmerkmal.

„Die Dinger heißen Birke, weil ihre Blätter denen der Birke ähneln, und Feige, weil sie eigentlich zu den Maulbeergewächsen zählen. Daheim, in den Tropen, wo sie wirklich baumgroß werden können und bestäubt werden, hängen aber auch keine Feigen daran, sondern bloß so winzige Scheinfrüchte. Die echte Feige, von der man essen könnte, heißt Ficus carica."

Es macht Spaß, Thomas so in seiner völlig neuen Begeisterung zuzuhören. Themen, die völlig fernab des eigenen Berufs sind, können offenbar wirklich das neugierige Kind in einem noch mal auf ganz andere Weise wecken.

„Augenblick!"

Thomas verschwindet kurz aus dem Büro und kehrt wenige Minuten später mit einer kleinen gefüllten Gießkanne wieder. Mir fallen die smarten Sticks auf, die er sich tatsächlich in die Erde gesteckt hat. Ich frage mich, ob's bei ihm zu Hause im Garten bald auch losgeht.

„Sicher gäbe es Wege, die Bewässerung ebenfalls zu automatisieren", lacht er und füllt liebevoll aus der stilvollen Zinkkanne nach. „Aber diese Brüder versorge ich lieber persönlich."

„Ich habe es gar nicht klingeln hören", sage ich, „oder vibrieren."

„Was meinst du?"

„Na, die App, die dich über die Sensoren ans Gießen erinnert."

„Ah!", erwidert er, gießt erst einmal in Ruhe zu Ende und stellt schließlich die Kanne achtsam ab. „Mittlerweile habe ich die Zeit internalisiert. Und weißt du, was ich auch mache? Ich halte die Handy-Kamera draußen auf Büsche, auf Bäume, sogar auf irgendein kleines Pflänzchen, das auf einem Grünstreifen an der Straße blüht. Sofort weiß ich, worum es sich handelt. Keine Ahnung, wieso, aber es macht dermaßen Spaß, einfach zu wissen: Das ist Schafgarbe, das Liguster, das ist eine Eibe."

Ich schmunzle. Weil ich es verstehe. Weil es mir ähnlich viel Freude macht, bei einem Rum-Tasting noch das kleinste Aroma zu erkennen. Und weil ich als Kind beim *Ich sehe was, was du nicht siehst* oft nicht einfach nur „Baum" gesagt habe, sondern gleich Ahorn, Esche oder Kastanie. Die digitale Welt als Sprungbrett dazu, sich gute Gewohnheiten auch wieder analog draufzuschaffen – das ist gerade in diesen vier Wänden auch einmal eine schöne Pointe.

Mit Pflanzen sprechen. Der Custom GPT

Du bist ein deutschsprachiger Pflanzenexperte, der mit umfassendem Wissen zu Standortwahl, Pflege, Pflanzenauswahl und Schädlingsdiagnose alle Pflanzenfragen beantwortet. Du stellst wenige, präzise Fragen und bittest um Fotos, damit du optisch und anhand der Bedingungen optimal beraten kannst.

Anforderungen und Vorgehen:

Bedarfsermittlung (je 1 Frage)

- „Wobei kann ich dir helfen?" (Pflanzenauswahl, Pflege, Schädlingsbefall, Standortoptimierung …)
- Drinnen oder draußen?
- Lichtverhältnisse (viel Sonne, Halbschatten, dunkler Raum)?
- Boden- oder Topfsubstrat (Lehm, Sand, Erde, Hydrokultur)?
- Gieß- und Temperaturbedingungen (viel/wenig Wasser, warme/kühle Umgebung)?

Fotoanfrage

- Bitte um Fotos vom Standort oder betroffenen Pflanzenteilen (Blätter, Stängel, Boden).
- Erkläre kurz, dass Bilder helfen, Schädlinge, Krankheiten oder Lichtmangel zu erkennen.

Pflanzenauswahl und Kaufberatung

- Frage nach gewünschter Pflanzenart (Zierpflanze, Nutzpflanze, Ranker, Sukkulente …).
- Ermittle optische Präferenzen (Größe, Blattstruktur, Blütenfarbe).
- Berate, welche Arten unter den genannten Bedingungen gedeihen und wo sie am besten stehen.

Pflegeempfehlungen

- Erstelle einen Pflegeplan: Gießrhythmus, Düngung, Umtopfen, Rückschnitt.
- Passe Anleitungen an die spezifischen Bedingungen und Nutzerfähigkeiten an.

Schädlings- und Krankheitsdiagnose

- Bei Schadbildern: bitte um Nahaufnahmen von Blattflecken, Insekten, Wuchsveränderungen.
- Analysiere mögliche Ursachen (Schädlinge, Pilze, Nährstoffmangel) und nenne spezifische Gegenmaßnahmen (Neemöl, Fungizide, Nährstoffgabe).

Standortoptimierung und Problemlösung

- Gib Tipps zu Umlagerung, künstlicher Beleuchtung, Luftfeuchte oder Bodenverbesserung.
- Schlage schnell umsetzbare DIY-Lösungen vor (z. B. Knoblauch-Spray gegen Blattläuse, Sandbeet für Sukkulenten).

Feedback und Weiterbegleitung

- Frage nach Erfolgskontrolle: „Wie entwickelt sich deine Pflanze in den nächsten Tagen?"
- Biete an, bei weiteren Problemen oder Fotos erneut zu helfen.

Dein Ziel

Ermittle mit minimalen Fragen und Fotos die genauen Umgebungs- und Pflanzenbedingungen und liefere maßgeschneiderte Pflanzenauswahl-, Pflege- und Diagnosetipps, damit User gesunde, kräftige Pflanzen genießen.

Die Kautionsfrage

KI als Rechtsberater

Es ist früher Nachmittag, das Licht fällt schräg durch die bodentiefen Fenster unseres Altbaubüros. Auf dem Gang ertönt gedämpftes Tippen, gelegentlich das leise Surren eines Druckers. Ich gehe zum Besprechungstisch, wo Max bereits auf und ab wandert, sein Smartphone in der Hand.

„Leute, schaut mal, was mir gerade reinkam", sagt er. Seine Stimme zittert vor Aufregung. Er kippt das Display in unsere Richtung: *„Sehr geehrter Herr Schäfer, wir behalten Ihre Kaution in Höhe von 1200 € ein, wegen Parkettschäden …"*

Ein Moment der Stille. Niklas tritt heran und mustert die E-Mail. „Du hast doch bei der Wohnungsübergabe Fotos gemacht, oder?"

Max schiebt die Brille hoch. „Klar. Sogar eine 360-Grad-Ansicht. Aber jetzt droht er mit dem Anwalt und ehrlich gesagt, habe ich keinen Bock auf juristischen Zirkus."

Ich lehne mich zurück, spüre das vertraute Kribbeln, wenn sich Büro und digitales Denken kreuzen. „Was, wenn du einfach mal die KI fragst?"

Max blickt mich ungläubig an. „KI? Im Rechtsstreit?"

Doch ich sehe bereits, wie in seinem Kopf die Zahnräder rattern. Er öffnet einen neuen Tab bei *ChatGPT*, nennt das Stichwort „Prompt" und tippt konzentriert:

„Formuliere ein juristisch präzises Antwortschreiben an meinen Vermieter. Thema: unberechtigte Einbehaltung der Mietkaution 1200 €. Beziehe dich auf die passenden Paragrafen, verweise auf meine Fotodokumentation und setze eine Frist von 14 Tagen zur Rückzahlung."

Wir lehnen uns vor, als Sekunden später eine formvollendete Briefvorlage erscheint:

„Sehr geehrter Herr Müller, gemäß § 551 BGB fordere ich Sie hiermit auf, die Kaution in voller Höhe von 1200 € binnen 14 Tagen auf mein Konto X zu überweisen. Die angeblichen Parkettschäden entbehren jeder Grundlage, wie beiliegende Fotodokumente zeigen …"

Max' Augen leuchten: „Unfassbar. Klar, es sind nur wenige Sätze, aber genau die richtigen. Klingt fast wie vom Anwalt – und ich hab's in fünf Minuten statt in fünf Tagen."

Céline, die gerade durchs Großraumbüro schlendert, bleibt stehen und wirft einen Blick auf den Bildschirm. „So sparst du dir Anwaltskosten und zeigst sofort, dass du deine Rechte kennst."

Ein leiser Jubel flüstert sich durch unseren kleinen Kreis.

„Und das ist nur der Anfang", sage ich. „Es gibt sogar spezialisierte KI-Lösungen, die nicht nur Briefe schreiben, sondern ganze Vertragswerke prüfen, Abmahnungen generieren oder Datenschutzberichte auf Knopfdruck ausspucken. Keine unleserlichen Gesetzestexte mehr, kein Warten am Telefon, kein verzweifeltes Googeln nach Paragrafen."

Der Werkzeugkasten

Die Top Five

Der **Nexlaw Legal AI Trial Copilot** verspricht, die Vorbereitungszeit auf einen Prozess von „100 Stunden" auf „3 Minuten" zu reduzieren. Seine Ergebnisse können nur professionelle Anwälte in drei Minuten begreifen, aber einen enormen Schub gibt dieses KI-Tool in jedem Fall – als Inspiration aus dem englischsprachigen Raum. Die erste Anlaufstelle in Deutschland bildet **AnwaltGPT** (ehemals Cameo), ein speziell in Rechtsfragen trainierter Chatbot, der verständliche Einschätzungen liefert, Dokumente und Verträge analysiert und auch umgekehrt derlei Papiere nach Wunsch generieren kann. Die Entsprechung zum hochtalentierten Sparrings-Partner, mit dem sich nächtelang ein Fall proben lässt, bildet **Paxton** – falls man im Englischen fit ist. In über 50 Sprachen inklusive Deutsch arbeitet **Harvey**, eine KI-gestützte Plattform zur Rechtsberatung, die speziell für Anwälte und juristische Fachkräfte entwickelt wurde. Das Tool nutzt fortschrittliche Sprachmodelle, um juristische Dokumente zu analysieren, Recherchen zu unterstützen, komplexe juristische Sachverhalte schnell zu erfassen, relevante Gesetzestexte und Präzedenzfälle zu finden sowie individuelle Schriftsätze oder Vertragsentwürfe zu erstellen. Einen deutlich laienfreundlicheren, unermüdlichen Assistenten bildet der **AI Lawyer**, mit dem sich – auf den ersten Blick nicht erkennbar – ebenfalls auf Deutsch sprechen lässt. Die intuitive Bedienung ermöglicht es, auch ohne juristisches Fachwissen schnell und sicher juristische Informationen zu erhalten. Ein unkomplizierter Begleiter im Alltag, der rund um die Uhr zur Verfügung steht und komplexe rechtliche Sachverhalte auf den Punkt bringt.

Honorable Mentions

Clio Duo, CoCounsel by Thomson Reuters, IronClad, LawGeex, Lexis+ AI, Lex Machina, Rocket Lawyer, Spellbook

Später am Nachmittag klingelt mein Kalender-Reminder und verkündet: „Speaker-Agreement prüfen für unsere nächste *KI Marketing Konferenz Contra.*" Céline und ich öffnen gemeinsam den Entwurf, der gerade per Slack hereingeflattert ist. Céline runzelt die Stirn.

„Schau dir mal den Paragrafen 8 an – die Stornoklausel verlangt bis fünf Tage vor Event 100 Prozent Gage, danach Stornogebühr plus Ausfallkosten. Klingt ziemlich einseitig."

Ich nicke und füge hinzu: „Und hier unter § 12, Punkt b, wird uns das volle Nutzungsrecht an allen Aufzeichnungen übertragen – zeitlich unbegrenzt. Da müssten wir doch eigentlich einen Rahmen setzen."

Céline öffnet *AnwaltGPT*, fügt den Vertragstext ein und tippt: Bitte analysiere diesen Speaker-Agreement-Entwurf.

1. Nenne drei Klauseln, die für den Veranstalter nachteilig sind.
2. Erläutere kurz die Risiken.
3. Schlage eine fairere Formulierung vor.

Wenige Augenblicke später listen sich die Antworten auf:

1. Stornoklausel: riskant, weil sie auch bei Ausfall des Sprechers greift – Vorschlag: Staffelung 50 %/75 %/100 %.
2. Nutzungsrechte: unbegrenzte Übertragung blockiert künftige Lizenzmodelle – Vorschlag: zeitlich auf 12 Monate und thematisch auf Conference-Zwecke beschränken.
3. Haftungsausschluss: sehr weit gefasst, deckt alle Event-Schäden ab – Vorschlag: Haftung max. bis Speaker-Gage, keine Verringerung zwingender Verbraucherschutzrechte.

Céline lehnt sich zurück. „Klingt solide – so können wir schnell interne Revision und Nachverhandlung starten, bevor das Mandat rausgeht."

Die Beispiele zeigen – ob Mietkautionsdisput, Urheberrechts-Abmahnung oder Datenschutz-Einwilligung – KI-Tools liefern in Sekundenschnelle juristische Rohentwürfe, die sich gezielt verfeinern lassen. Zeit und Kosten bleiben im Griff, ohne die grundsätzliche Kontrolle aus der Hand zu geben.

Wichtig: Eine Legal-KI ersetzt nicht den Anwalt. Wir prüfen alle KI-Entwürfe intern, lassen sie durch unsere firmeneigene Rechtsabteilung oder externe Beratung gegenlesen und passen sie gegebenenfalls an. Gerade bei neuen Urteilen oder komplexen Sachverhalten bleibt die menschliche Expertise unverzichtbar.

TEIL 3

FINANZEN UND KONSUM

Du willst einfach nur ein neues Gerät kaufen, aber schon nach zehn Minuten Recherche qualmt dir der Kopf? Was ist sinnvoll – und was nur teure Spielerei? Kaum ist diese Entscheidung gefallen, wartet schon der nächste Berg: Belege sortieren, Quittungen suchen, Steuererklärung machen. Und während du dich noch fragst, wohin dein Geld sich eigentlich jeden Monat so schnell verflüchtigt, siehst du andere, die scheinbar mühelos investieren, Rendite erzielen und für die Zukunft planen. KI führt dich durch den Dschungel aus Zahlen, Fachbegriffen und Entscheidungen und zeigt dir einen klaren Pfad hin zu Überblick, Effizienz und einem Gefühl von Kontrolle.

Brauche ich das und wenn ja, wie viele?

KI als Berater beim Technikkauf

„Wisst ihr was?" Niklas tobt über den Flur, als hätte ihm soeben jemand nachträglich das Abitur aberkannt oder ihm eine Sammelrechnung für sämtliche Parkknöllchen auf dem Hansaring gestellt, die andere Leute gesammelt haben. „Ich kaufe einfach einen Commodore Amiga 500 oder einen ZX Spectrum aus dem Museum. Ach was, eine Dampfmaschine! Genau!"

Selten habe ich ihn so zornig erlebt. Nicht einmal, als auf einer Party jemand die *Lounge & Chill*-Playliste als „Jazz" bezeichnet hat.

„Was ist denn los?", frage ich.

Wutentbrannt zeigt er in die grobe Richtung seines Schreibtisches.

„Ich suche einen neuen Computer. Nicht für hier, für die Firma. Einen Laptop für private Zwecke – bei dem ich ganz genau definieren kann, was er können soll. Es ist ja schließlich nicht so, dass ich in einen Laden spaziere, sei er echt oder online, und allgemein rufe: ‚Haben Sie einen günstigen Klapprechner da? Er soll leise sein, eine Festplatte haben und, ach ja, am liebsten in Rot. So ist es nicht! Aber was passiert, wenn man einfach nur unschuldig sucht und ein Modell nach dem anderen am Ufer des Amazonas aufklaubt und anschaut? Immer, aber auch wirklich immer, kommt einer aus dem Busch gestiefelt oder mit einem Floß herbeigefahren, zeigt mir den einen von fünf möglichen Sternen, den er vergeben hat, und berichtet mir von seinen schlechten Erfahrungen. Und die klingen immer plausibel!"

Niklas wirft die Hände in die Luft und den Kopf nach hinten.

„Ich meine, wie kann das sein, dass sich die Lobreden immer wie gekaufter Werbetext lesen und die Verrisse wie die einzige Wahrheit? Wie kann das sein, dass der wohlformulierte Wutanfall als Einziges glaubwürdig wirkt? Und am Ende? Da kannst du gar nichts mehr kaufen!"

„Wie beim Essen", sage ich und grinse, um seinen Zorn ein wenig zu entschärfen.

„Wie bitte?"

„Diese Gesundheits-Influencer. Obst, Nudeln, Brot, Avocado – zu allem wirst du einen finden, der es dir überzeugend ausredet. Und am Ende bleibt nur das stille Wasser. Frag mal Yannik."

Niklas reibt sich die Schläfe.

„Das Schlimme ist, ich kenne mich ja sogar aus. Ich müsste eigentlich wissen, welches Gerät von der Qualität her, sagen wir mal, die technologische Entsprechung zu Miles Davis ist oder wenigstens zu Till Brönner. Aber was die Leute da so angeben, das liest sich so, als gäbe es gar keine Musiker mehr. Weißt du, was ich meine?"

Der Werkzeugkasten

Die Top Five

Im Bereich der Recherche-Assistenz für gut informierte Kaufentscheidungen ist der Markt an KI-Tools tatsächlich noch relativ dünn. Von den bekannten Plattformen für Preisvergleiche und Produktempfehlungen nutzt bislang erst **Idealo** eine KI-basierte Kaufempfehlung. Viele große Einzelhändler implementieren KI in ihre eigenen Suchfelder – aufgrund der Tatsache, dass **Amazon** mit im Grunde allem handelt, lässt sich hier auf den neuen KI-Shopping-Assistenten **Rufus** aufmerksam machen, der zum Zeitpunkt der Erstellung dieses Buches als beta-Version seine Lernreise in der Kundenberatung beginnt. Er ist direkt in der Amazon-Shopping-App verfügbar und ermöglicht es, per Text- oder Spracheingabe gezielte Fragen zu Produkten, Kategorien oder Anlässen zu stellen, wobei der Assistent auf Amazons Produktkatalog, Kundenbewertungen und Informationen aus dem Internet zurückgreift, um individuelle Empfehlungen und Vergleiche zu liefern. Seitens der Netzgiganten bilden **Google Shopping KI** und **Microsoft Copilot Shopping** solide Einstiegspunkte in eine systematische Produktrecherche. Aus Spanien heraus ist mit **Kimovil** ein deutschsprachiger Vergleichsdienst für Handys und Tablets entstanden. Er bietet detaillierte Filter, Nutzerbewertungen und Preisalarme, was insbesondere beim Vergleich technischer Spezifikationen und aktueller Angebote hilfreich ist.

Honorable Mentions

Perplexity – „Buy with Pro" Shopping Assistant, Best Buy Assistant, CHIP Kaufberatung, CNET Buying Guides, Klarna – AI Shopping Assistant

Niklas hat seinen privaten Computer gefunden. Dieser Tage postete er ein Bild in die Runde, den Kopf halb vor den frischen Monitor gestreckt, darauf das ansehnlich scharfe Bild eines selbst errichteten mittelalterlichen Dorfes inklusive Hafen in einem dieser komplexen Aufbauspiele.

Ich stehe vor der Bäckerei, eine kalte Fanta Grapefruit in der Hand, weil ich die Geschmäcker meiner engsten Mitstreiter verstehen möchte und immer noch nicht begreife, wieso einen Max, der guten Wein mit KI sucht und Geschmacksnoten von Rum erkennen kann, diese Limonaden so faszinieren. Neben mir hält ein wunderschöner, gepflegter Strichachter-Mercedes aus den 80er-Jahren. Der verchromte Kühlergrill glänzt, die runden Scheinwerfer geben dem Wagen ein ebenso würdevolles wie freundliches Gesicht. Das ganze Fahrzeug wirkt dermaßen gepflegt, dass es auf jeder Oldtimer-Show ein Highlight wäre. Ein älterer Herr steigt aus dem Wagen, gut gekleidet, das weiße Haar frisch geschnitten. Es ist Gerd. Damit hätte ich nun nicht gerechnet.

„Nanu?", frage ich, „ich dachte, du wohnst hier um die Ecke? Du spazierst doch jeden Tag zu Fuß durch das Viertel."

„Tue ich und mache ich. Aber ich starte gerade durch zu meinem Bruder, der vor zwanzig Jahren so unvernünftig war, Köln den Rücken zu kehren."

„Für Düsseldorf?“, ziehe ich Gerd auf.

„Ha! Das wäre ja wenigstens noch provokant. Nein, für Pforzheim, kannst du dir so was vorstellen?“

Ich schüttle den Kopf, denn das kann ich mir in der Tat nicht vorstellen. Niklas' Wutausbruch von neulich immer noch vor Augen, packt mich die Neugier darüber, wie Menschen vorgehen, welche wie Gerd die komplette digitale Welt gar nicht erst in Betracht ziehen.

„Sag mal, Gerd, nehmen wir an, du bräuchtest eines Tages ein neues Auto oder einen Zweitwagen, weil du dieses wunderschöne Stück nicht mehr länger verbrauchen, sondern nur noch für Sonntagsfahrten nutzen möchtest. Wie würdest du das Modell auswählen?“

„Ich kaufe so gut wie nie etwas Neues“, antwortet er. „Das wäre übrigens auch die Lösung für alle Probleme auf der Welt, von Klima bis Zoll. Einfach das verbrauchen, was da ist. Mein Bruder trägt heute noch Schuhe, die ihm sein Schuhmacher vor fünfundzwanzig Jahren genäht hat.“

„Rein hypothetisch.“

„Auch rein hypothetisch wäre ein sogenannter Neuer bei mir mindestens fünfzehn Jahre alt. Also vor der Zeit, als aus den Dingern rollende Computer wurden, an denen man nichts mehr selber reparieren kann. Und jetzt sag mir nicht, da gibt es KI-Werkzeug, mit dem man das umgehen kann. Ich haue mir ja auch kaum selber ins Gesicht, weil's eine neue Salbe gibt, die die Schmerzen lindert.“

„Gut, dann sagen wir, der neue Kleinwagen ist für deine Nichte, deinen Neffen, deinen Enkel. Sparsam, leicht zu fahren, super Navigation, damit sie nicht irgendwo im Taunus oder in Pforzheim verloren gehen.“

Er verschränkt die Arme und schaut kurz in den nur von wenigen weißen Wölkchen durchsetzten blauen Himmel.

„Toni.“

„Toni?“

„Ja. Mein Automechaniker. Seit einem Vierteljahrhundert. Kennt nicht nur jedes Teil für jedes Modell, sondern hat auch einen guten Überblick über das, was der Markt heute verbricht. Zwar würde auch er nur schaffen, mir das Geringstmögliche aller Übel auszusuchen, aber ich könnte mich auf ihn verlassen. Menschliche Intelligenz und vor allem – Erfahrung!“

Ich denke darüber nach, wie es früher war. Noch bei meinen Eltern oder in meiner Jugend. In der Tat hatten wir für nahezu jeden Bereich unseren persönlichen Toni. Den einen, der wusste, welches Werkzeug man kauft, wenn man mit dem Heimwerken beginnt. Den nächsten, der die besten Klubs kannte. Es gab einen Toni für Videospiele und einen Toni für Kinofilme. Einen Toni fürs Camping-Equipment und einen Toni fürs Grillgut. Ich selbst habe mich über die Jahre zu einem Toni für Rum und Champagner entwickelt oder, bei der anderen Form von Männerabend mit meinem kleinen Sohn, zu einem Toni für die guten Spielplätze der Stadt. Aber wenn das menschliche Toni*tum* und die Möglichkeiten der KI zusammenkommen, hat man endgültig das ganze Bild.

„So.“ Gerd klopft auf das Dach seines wunderschönen Fahrzeugs. „Ich muss los, das Bruderherz wartet.“

„Grüß mir Pforzheim“, sage ich, obwohl ich noch nie da gewesen bin.

Brauche ich das und wenn ja, wie viele? Der Custom GPT

Du bist ein hoch qualifizierter, deutschsprachiger Technik-Kaufberater mit langjähriger Erfahrung in den Bereichen Elektronik, Gadgets und IT-Hardware. Du hilfst Menschen dabei, basierend auf ihren individuellen Anforderungen, das passende Produkt zu finden.

Anforderungen und Vorgehen:

Analyse des Bedarfs
Stelle in mehreren Schritten jeweils nur eine oder wenige Fragen, um alle notwendigen Informationen zu sammeln:

- Budget?
- Bevorzugte Marken?
- Nutzungsszenarien?
- Gewünschte Ausstattung?
- Bisherige Erfahrungen mit ähnlichen Geräten?

Frage nur nach Informationen, die für eine fundierte Produktempfehlung wirklich nötig sind.

Erstellung von drei Haupt-Empfehlungen
Auf Basis der gesammelten Infos präsentiere drei Produkte:

- Das qualitativ beste Produkt
- Das günstigste Produkt
- Das beste Preis-Leistungs-Verhältnis

Stelle diese drei Geräte ausführlich vor
Nenne dabei:

- Wichtige technische Daten
- Stärken und Schwächen
- Preisliche Einordnung (ungefähre Kosten)
- Warum die Empfehlung zum jeweiligen Kriterium passt (z. B. beste Qualität, günstigster Preis etc.)

Angabe von drei Alternativen (kurz genannt)
Nach der ausführlichen Vorstellung der drei Hauptempfehlungen nenne drei weitere Geräte als zusätzliche Optionen, aber nur kurz mit den wichtigsten Eckdaten oder Alleinstellungsmerkmalen.

Begründungen und Hinweise

- Begründe deine Empfehlungen kurz auf Basis von Tests, Nutzerbewertungen, eigenen Erfahrungen und verfügbaren Marktpreisen.
- Wechsle ggf. in eine zweite Runde Fragen, falls Unklarheiten bestehen (z. B. bestimmte Markenpräferenzen, spezielle Funktionen, Gerätetyp).

Freundliche und strukturierte Kommunikation

- Gib die Informationen in leicht verständlicher, motivierender Form wieder.
- Nutze klare Abschnitte, Aufzählungen oder Tabellen, damit die Empfehlungen gut nachvollziehbar sind.
- Falls ein Nutzer Anpassungswünsche äußert oder sich sein Budget ändert, reagiere flexibel und passe deine Empfehlungen an.

Dein Ziel
Führe den Nutzer mithilfe weniger, gezielter Fragen zum passenden Technikprodukt. Erstelle am Ende drei Hauptempfehlungen mit ausführlicher Beschreibung und nenne drei kurz gehaltene Alternativen. Hilf dem Nutzer, die für ihn beste Kaufentscheidung zu treffen, ohne ihn mit überflüssigen technischen Details zu überfordern.

Nie mehr Angst vorm Amt

KI als Steuerlotse

Die Fanta auf Max' Schreibtisch ist quietschblau. Blau wie das Frostschutzmittel für die Scheibenwischeranlage, das ab November in den Tankstellen steht, wie der Mittagshimmel in einem Disney-Film, wie das Becken eines Schulschwimmbads. Ich erinnere mich an die Kampagne, die das Unternehmen vor ein paar Jahren zu dieser Sorte gefahren hat. Niemand wusste, welchen Inhalt die neue Sorte hat, unter dem Hashtag #whatthefanta waren die Kunden dazu aufgerufen, die Geschmacksrichtung der neuen Sorte zu erraten. Das Unternehmen verband damit eine über QR-Codes erreichbare Mystery-Geschichte auf der Suche nach den Aromen. Womöglich hat Max' Interesse an Tastings damit begonnen? Ich muss ihn jetzt endlich fragen, doch bevor ich dazu komme, lenkt mich ein anderes, quietschbuntes Objekt auf seinem Schreibtisch ab: eine alte Kiste aus Blech, darauf die bunten Autos mit Gesichtern aus dem Animationsfilm *Cars*.

„Was ist das?", frage ich. „Deine neueste Brotdose?"

Ich muss an einen Journalisten denken, der eine Weile lang seine Interviews grundsätzlich mit der Frage begann, welches Frühstück der Gesprächspartner heute Morgen hatte und – daran anschließend – ob er eine Brotdose besäße.

Quietschend öffnet Max die alte Klappe.

„Das ist meine Quittungsbox. Hier landen alle Belege: Rechnungsausdrucke, Zahlungsbelege, selbst die monatlichen Rechnungen von Netflix oder Spotify."

„Wieso?", frage ich. Womöglich bin ich naiv, aber alle unsere Mitarbeiter sind fest angestellt und müssen sich daher kaum Gedanken über die kafkaesken Labyrinthe der deutschen Steuergesetzgebung machen.

„Vor ein, zwei Jahren habe ich damit angefangen, alte Videospiele zu kaufen. Erst immer nur ein paar, zum Selberspielen, dann irgendwann ganze Kisten voll. Auf Flohmärkten, bei Haushaltsauflösungen. Meistens wissen die Leute nicht, welche Schätze sich unter der Massenware verbergen. Da lohnt es sich, ein großes Konvolut zu nehmen, um unter vier, fünf Dutzend Games die zehn Stück zu finden, die wirklich viel wert sind. Das meiste behalte ich, aber die Überschüsse habe ich irgendwann zu verkaufen angefangen. Ich bin gut darin, habe Blut geleckt. Kleinanzeigen, Retro-Messen. Irgendwann empfahl mir ein Freund, das offiziell nebenher laufen zu lassen, weil Plattformen Verkäufe jenseits von dreißig Transaktionen mittlerweile automatisch ans Finanzamt melden."

„Als kleiner Gewerbetreibender kann ich aber auch alles Mögliche absetzen", erklärt Max weiter und nimmt einen schnellen Schluck aus der blauen Mystery-Fanta, die es eigentlich im regulären Handel gar nicht mehr gibt. Ob er sie damals einfach palettenweise gehortet hat? Er stellt die Flasche ab und zeigt auf die *Cars*-Dose.

„Alles da drin kommt zu meinem Steuerberater."

Ich sollte nach der Fanta fragen, aber nun liegt mir eine andere Bemerkung auf der Zunge.

„Und was bekommt er dafür, dass er all diesen zerknitterten Rohstoff in Form bringt und meldefähig macht?"

Er nennt den Betrag ohne Umschweife. Ich lache: „Und dafür immer noch Zettelwirtschaft und Rückfragen? Da zahle ich lieber für smarte KI-Tools, die mir Zeit und Nerven sparen."

Der Werkzeugkasten

Die Top Five

Über den Dienst **Smartsteuer** lassen sich cloudbasiert und online die Steuern für Festangestellte, Selbstständige aller Art sowie sogar Azubis, Studierende und Rentner berechnen. Die Fragen an die User sind mit KI und maschinellem Lernen unterlegt. Die Plattform prüft die Angaben mit dem smartCheck auf Fehler und ermöglicht die direkte digitale Übermittlung an das Finanzamt – ganz ohne Installation oder Abo-Falle. Die in Deutschland führende Marke **WISO Steuer** hat mittlerweile den SteuerGPT als digitalen wie duzenden Gesprächspartner eingeführt, der einen durch den Erstellungsprozess begleitet und mit der „natürlichen Geduld" der künstlichen Intelligenz jede Rückfrage beantwortet. Die Lohnsteuerdaten kann das Tool direkt vom Arbeitgeber abrufen, wenn man sein Elster-Zertifikat hochlädt, sodass dieser Punkt vollautomatisiert ist. Maximal niedrigschwellig und somit auch für Einsteiger ins reale Leben samt Steuerpflicht geeignet, ist der **Steuerbot**, der auf spielerischer Gesprächsbasis eine automatische Berechnung anstellt, wie die meisten Dienste eine Schnittstelle zu ELSTER bietet und die voraussichtliche Rückerstattung kostenlos vorab berechnet. Die **SteuerSparErklärung** von Wolters & Kluwer kommt nicht als Cloud-Dienst, sondern als klassische Software daher, die allerdings explizit von der „Steuer-KI Alma" angetrieben wird. Die bekannte App **Taxfix** lässt Selbstständige derzeit noch außen vor, macht es aber etwa Angestellten besonders einfach, indem sie ihre Lohnsteuerbescheinigung einfach abfotografieren können.

Honorable Mentions

SteuerGo, Zasta, Accountable – KI-Steuerberater, CHECK24 Steuer

An einem Sonntagvormittag schlendere ich über den kleinen Flohmarkt im Innenhof der Alten Feuerwache. Die Veranstaltung an dem urigen Bürgerzentrum ist mir sympathisch, da sie keine Profihändler mit Neuware erlaubt, sondern wirklich noch ausschließlich für Privatmenschen gedacht ist, die das Haus oder die Wohnung aufgeräumt haben und ein authentisches Sammelsurium aus allem Möglichen präsentieren. In der Luft liegt der Duft von Kaffee und Kuchen aus dem Restaurant des Zentrums, vermischt mit ein paar günstigen Parfüms der Besucher, die alle nach Meeresbrise mit einem großen Schuss

Zitrone riechen, als hätte ein Titan die frische Frucht persönlich über der Brandung ausgequetscht.

„Christoph!“, ruft Max, der sich gerade eben noch über die kleine, rote Gitterbox mit den alten Game-Boy-Spielen einer Familie gebeugt hat. „Deinen karierten Rucksack fand ich ja schon immer cool abseits des Gewohnten, aber dass du wirklich auf Flohmärkten rumläufst, hätte ich nicht gedacht.“

„Hast mich angefixt“, lache ich.

Er streckt die Nase in den Himmel und lässt sich kurz die Sonne ins Gesicht scheinen, bevor er selbst strahlt.

„Ich gehe das Ganze jetzt viel entspannter an“, sagt er.

„Tatsächlich?“

„Ja. Ich habe immer noch einen Menschen für die Steuer, aber nur einen Bekannten, der sich auskennt und einmal draufschaut, bevor ich auf *Absenden* drücke. Keinen mehr, der mir alles abnimmt – inklusive des Geldes – weil er als Einziger das fiskalische Dickicht begreift. Denn weißt du was? Man kann es tatsächlich auch weitgehend selber verstehen, wenn man ein bisschen übt.“

Geld im Griff

KI als Finanzberater

„Ich bin bestohlen worden!"

Aufgelöst steht Max im Büro, die Wangen knallrot, Schweißperlen auf der Stirn. Besorgt springt Céline auf.

„Dein Portemonnaie ist verschwunden?"

Max greift in die Hosentasche und zieht die Geldbörse heraus. „Das Portemonnaie nicht, aber sein Inhalt. Das gesamte Bargeld ist weg, bis auf einen Fünfer. Da waren knapp vierhundert Euro drin!"

„Wie kann das denn sein?"

„Ich habe keine Ahnung. Üblicherweise lasse ich das Ding nie aus den Augen, wenn ich irgendwo bezahle. Ich meine, es gibt ja Rentner, das habe ich schon gesehen, die legen es vorne in ihren Rollator oder ihren Einkaufswagen und gehen dann erst mal in Ruhe ans Kühlregal. In der Zeit kann ein Taschendieb das Bargeld rausräumen und das Ding wieder zurücklegen, während sein Opfer, die Brille auf der Nase, die aktuellen Packungen von Salami und Jägerwurst studiert. Aber das mache ich nie."

„Ich habe mal eine Doku über Taschendiebe gesehen", sagt Niklas, „die sind so geschickt, die nehmen dir die Geldbörse aus der Hosentasche, räumen sie aus und stecken sie wieder rein, ohne dass du etwas bemerkst. In der U-Bahn zum Beispiel."

„Ich fahre keine U-Bahn", sagt Max.

Da ich ahne, was passiert ist, spreche ich das Unsagbare aus.

„Max?"

„Ja?"

„Weißt du, was auch möglich sein könnte?"

„Nein."

„Dass du das Geld ausgegeben hast."

„Vierhundert Schleifen? In nicht mal einer Woche?" Ich stehe meinerseits auf, gehe zu Max und stelle mich vor ihn wie ein Yoga-Trainer oder ein Achtsamkeits-Coach.

„Schließ einfach mal die Augen."

„Wieso?"

„Mach einfach. Probier es aus."

Max senkt die Lider.

„So. Und jetzt gehst du in Gedanken ganz ruhig durch die vergangenen Tage. Du spürst hinein, was du hörst, was du riechst, welche Räume du vor dir siehst. Lass einfach alles kommen. Denk nicht über die Reihenfolge nach oder die Tage. Lass es einfach aufsteigen. Wo warst du überall?"

Ein paar Sekunden schnauft Max noch in Protest, dann lässt er sich darauf ein.

„Ich sehe mich in der Bäckerei, wie immer. Jetzt bin ich in der Thalia-Buchhandlung am Neumarkt. Ja, sicher, mein Papa hatte Geburtstag."

„Sehr gut", brumme ich, „weiter so."

„Ich hole Getränkevorräte für die ganze Woche und Brot und Obst und Olivenöl … ist euch klar, was Olivenöl gerade kostet?"

Die Augen bewegen sich hinter den geschlossenen Lidern, fast, als würde er träumen.

„Ich kaufe eine Obdachlosenzeitung, gebe Trinkgeld, denke mir auch, das darf nicht zu wenig sein, wo ich doch gerade eben noch im Saturn war und fast 300 Euro ausgegeben habe für die SSD-Back-up-Festplatten, um daheim meinen Rechner zu pflegen. Moment …"

Er schlägt die Augen auf.

„Da wissen wir also, wo das Geld hin ist", sage ich, „das waren alles in allem locker vierhundert. Oder dreihundertfünfundneunzig. Einen Fünfer hast du ja noch."

„Ist ja Wahnsinn", sagt Max.

Niklas lacht. „Ich habe vorgestern meine Kreditkartenabrechnung bekommen. Da habe ich auch nur gedacht: Nanu?"

„Und als ich mal in einer Liste gesehen habe, wo ich privat überall Subscriptions habe, ist mir schwindelig geworden."

„Wieso haben wir privat keinen Überblick darüber, wo das Geld bleibt?", fragt Max.

„Weil wir über nichts mehr Überblick haben, um das wir uns nicht ganz bewusst kümmern", sagt Céline.

Der Werkzeugkasten

Die Top Five

Mit der Multibanking-App **Finanzguru** verwaltet man sämtliche Finanzprodukte wie Girokonten, Kreditkarten, Depots, Krypto-Accounts und Versicherungen zentral. Außerdem sammelt und erkennt die App laufende Verträge, gibt Hinweise auf Sparpotenziale, kategorisiert die Ausgaben und analysiert das Verhalten. **Wallet AI** klebt sich an sämtliche Kontobewegungen, erstellt und überwacht Sparziele und stellt anschauliche Finanzberichte, Grafiken und Übersichten bereit, um das eigene Ausgabeverhalten besser zu verstehen. Zudem können Nutzerinnen ihr Aktiendepot integrieren, gemeinsame Konten mit anderen teilen und Transaktionen auch manuell importieren. Als fürsorgliche „Financial Super App" vereint **Emma** Multibanking, Budgetplanung und Ausgaben-Tracking und verwaltet selbst gesetzte Budgets, erkennt Abonnements und wiederkehrende Zahlungen, erinnert an fällige Rechnungen und gibt Tipps zur Verbesserung der Kreditwürdigkeit. Höchstwertige Verschlüsselung und biometrische Authentifizierung geben Sicherheit. Wer mit seinem KI-gesteuerten Finanzassistenten in klassischer Chatbot-Manier reden möchte, kann sich mit **Cleo** über die eigenen Finanzen, Budgets und Gewohnheiten austauschen. Die wohl intuitivste und spielerischste Lösung, da man immer mal gern zwischendurch einen Plausch über die Lage beginnt. **Simplifi by Quicken** gibt als cloudbasierte Finanz-App einen klaren Echtzeitüberblick über Konten, Kreditkarten, Investitionen und Ausgaben. Es unterstützt die Planung bevorstehender Rechnungen, die Nachverfolgung von Rückerstattungen und ebenfalls die Verwaltung von Abonnements.

Honorable Mentions

Empower Personal Dashboard, Monzo, Plum, PortfolioPilot, Revolut, Monarch Money, Betterment

„Aufgepasst!“, ruft Max und steht in der Tür mit einer riesigen Box voller Berliner und Donuts. Schnell springen alle auf und beugen sich über den Trog der Zuckerware.

„Wie kommt's?“, fragt Niklas, bereits schmatzend.

„Ich hatte noch Budget übrig“, sagt Max. „Denn wisst ihr, was ich festgestellt habe? Es kann eigentlich nicht sein, ich weiß, aber sobald man sein Geld einfach nur vernünftig überwacht, scheint es mehr zu werden. Verrückt, oder?“

„Vielleicht wird es auch einfach nur nicht so schnell weniger“, sagt Céline.

Mir kribbelt derweil eine Frage unter den Nägeln. Als Chef, als Freund und natürlich als jemand, der in Sachen KI-Tools keine Frage offenlassen darf.

„Sag mal, Max, es ist klar, dass du jetzt besser mitkriegst, wo dein Geld bleibt, das von den Konten abgeht und von PayPal und anderen Diensten – aber die App kann dir doch nicht verraten, wo du dein Bargeld ausgegeben hast.“

„*Wo* nicht, das stimmt, aber *dass* ich es ausgegeben habe. Und zwar, indem ich ihr einfach befehle, in dem Moment, wo ich es vom Automaten oder an der Supermarktkasse abhebe, diesen Posten schon direkt vom Gesamtbudget abzuziehen. Ihn nicht einfach nur als Transfer zu werten, sondern als Ausgabe. Mal abgesehen davon, dass ich dadurch, dass ich die Tools benutze, jetzt schon so viel mehr Bock auf Übersicht bekommen habe, dass ich mir von allein besser merke, was wo bleibt.“

„Wie damals in der Schule“, sagt Céline, „wenn man sich so saubere und gut durchdachte Spickzettel geschrieben hat, dass man sie danach überhaupt nicht mehr brauchte, weil man plötzlich alles auswendig konnte. Also andere Leute, habe ich gehört.“

Geld im Griff. Der Custom GPT

Du bist ein kompetenter, deutschsprachiger Finanzberater, der den Nutzern auf unverbindliche, rein orientierende Weise Hinweise zur finanziellen Basisstruktur gibt.

Anforderungen und Vorgehen:

Kurze, gezielte Fragen zum Finanzstatus

Erhebe die Informationen in einzelnen Schritten, um ein klares Bild von Einkommen, Ausgaben, Ersparnissen, Vermögenswerten und finanziellen Zielen zu erhalten. Frage nach grundlegenden Punkten wie:

- Monatliches Nettoeinkommen oder Spannbreite?
- Aktuelle Ersparnisse und Vermögenswerte (Kontostände, Immobilien, Wertpapiere in groben Zügen)?
- Laufende Kredite oder finanzielle Verpflichtungen?
- Persönliche Ziele (z. B. Eigenheim, Altersvorsorge, größere Anschaffungen)?

Auswertung und Zusammenfassung der finanziellen Situation

Analysiere die Antworten auf Basis allgemeiner Finanz- und Haushaltsregeln. Erstelle ein grobes Risikoprofil (z. B. konservativ, moderat, risikofreudig), sofern du genug Antworten hast, um das einschätzen zu können. Betone, dass diese Einschätzungen unverbindlich und allgemeiner Natur sind.

Allgemeine strategische Tipps (keine konkrete Anlageberatung)

- Empfehle eine Grundstruktur von Liquidität (Notgroschen), mittelfristigen Anlagen und langfristigem Vermögensaufbau.
- Beispiel: „Ein Notgroschen von 3–6 Monatsgehältern auf dem Tagesgeldkonto" oder „breite Streuung in unterschiedliche Anlageklassen wie z. B. Sachwerte, Wertpapiere, ggf. Immobilienanteile etc."
- Achte darauf, keine konkreten Produkte (z. B. spezifische Fonds oder Aktien) zu empfehlen.
- Weise darauf hin, dass der Nutzer sich bei komplexen Fragen an einen professionellen Finanz- oder Anlageberater wenden sollte.

Kommunikation und Haftungsausschluss

- Formuliere deine Antworten stets freundlich, leicht verständlich und zurückhaltend. Wechsle in eine zweite Fragerunde, falls bestimmte Punkte unklar bleiben oder sich neue Aspekte ergeben.
- Betone, dass du keine individuelle, persönliche Anlageberatung ersetzen kannst (Haftungsausschluss).

Dein Ziel

Liefere am Ende zusammenfassende und strategische Tipps zur finanziellen Struktur, zur empfohlenen Liquiditätsreserve, zu möglichen Anlageklassen (nur grob: z. B. Tagesgeld, ETFs, Immobilien, Anleihen etc.) und zum ungefähren Risikoniveau. Keine spezifische Anlage- oder Produktberatung (keine konkreten Wertpapier-Empfehlungen). Gib lediglich einen Orientierungsrahmen, um dem Nutzer zu zeigen, wo er finanziell steht und welche generellen Handlungsmöglichkeiten er hat.

Bullenzeit

KI als Investitionsberater

„Das ist nicht deren Ernst!"

Céline lacht wegen etwas, das Niklas ihr auf dem Handy zeigt. Und sie lacht auf diese leicht in den Wahnsinn abbiegende Weise, auf die man lacht, wenn man etwas vollkommen Unglaubliches sieht. Etwas, das eigentlich nicht sein kann. Einen neuen Film von *Star Wars*, der sogar die alten Fans begeistert, die Meisterschaft des 1. FC Köln oder ein staatliches Digitalministerium, das Ahnung von der Materie hat. Neugierig beuge ich mich über den kleinen Bildschirm und begreife auf den ersten Blick eigentlich nicht, was ich dort sehe. Es sieht aus wie ein modernes Kunstwerk, ein absurder Maschinenaltar. Schwarze Trichter, groß wie Satellitenschüsseln, rote Zylinder in Reih und Glied, glänzende Kästen mit Röhrenlicht.

„Das ist eine Stereoanlage", erklärt mir Céline ihren Wissensvorsprung.

„Ja", sagt Niklas, „die stand so auf der High End in München, der wichtigsten Messe für Audiophile."

„Ach, hört doch auf!", sage ich, „das ist doch keine Anlage. Das Ungeheuer sieht aus, als wolle es nicht Musik wiedergeben, sondern die Raumzeit verbiegen."

„Das schafft sie noch nicht", erwidert Niklas, „aber sie kann dich mitten zwischen die Musiker beamen. Du sitzt in deren Studio und sie spielen nur für dich, der eine links von dir, der andere rechts, der Nächste von schräg hinten. Und nein, das geht nicht auch einfach so nur mit den kleinen Zusatzboxen vom Heimkino. Nicht in dieser Brillanz."

Ich schaue mir das Foto genauer an.

„Wie viele Quadratmeter nimmt das Ding ein?"

„Der Aufbau selber sicher so zehn bis fünfzehn. Damit es sich sinnvoll entfalten kann, müsste man hier eine Etage leer machen, inklusive der Wände raus."

„Und was kostet so was?"

„Mehrere Millionen Dollar. Soweit ich weiß, hat das Unternehmen bislang fünf oder sechs dieser Modelle in dieser Ausführung verkauft, zwei davon nach Dubai."

„Klar", lache ich, „wohin sonst?"

„Und das ist deine Traumanlage?", fragt Céline unseren Kollegen, der von Musik und Klang ja in der Tat so viel versteht wie ich von Rum.

„Nein", sagt Niklas, „zu gruselig, allein schon optisch, mal abgesehen davon, dass man sich für die Anlage allein einen Burgsaal kaufen müsste und somit notwendig auch eine Burg. Aber es gibt durchaus dezentere Varianten in der Liga, wobei dezent hier immer noch heißt, dass die Lautsprecher zumindest einen halben Mann groß sind. Ich würde mir die Komponenten von richtigen Experten zusammenstellen lassen, die den ganzen Tag nichts anderes machen, hätte ich ein paar hunderttausend Euro übrig. Aber wisst ihr was? Der Anfang für so einen Schatz ist gemacht!"

Für einen kleinen Augenblick fühle ich mich wie ein Lehrer, oder ein Trainer, weil ich denke: Bitte sag, dass du dich auch privat mit der Geldvermehrung beschäftigst. Schließlich veranstalten wir seit 2017 den Finanzkongress, auf dem führende Finanzexperten handfeste Strategien für Privatanleger vorstellen. Kein abstraktes Motivations-Bla-Bla und Mindest-Bingo, sondern echte Anleitungen zur finanziellen Intelligenz.

„Ich investiere", sagt Niklas, und ich atme innerlich auf. „Also, so richtig. Weder zocke ich blind drauf los noch lege ich mein Erspartes auf sogenannte Festgeldkonten, die heutzutage maximal so viel Zinsen einbringen, dass die Inflation sie schneller wieder auffrisst als Pac-Man seine kleinen Kugeln und Kraftpillen."

Ich muss schmunzeln, da ich mich freue, dass mein junger Kollege diesen Klassiker noch kennt.

„Ich investiere überlegt, aber effizient", sagt Niklas, „mit genau dem richtigen Maß zwischen Risiko und Sicherheit. Im Grunde wie beim Fußball. In der Defensive muss die Null stehen, aber vorne dürfen durchaus ein paar Stürmer herumlaufen, die auch mal treffen."

Ein gutes Bild, denke ich, das von den Rednern auf unserem Kongress so noch keiner gebracht hat.

„Und wie kriegst du das so überlegt hin?", fragt Céline, der ich ansehe, dass sie schon Ideen für Gewinne hat, die sich nebenher erwirtschaften lassen.

Niklas grinst. „Leute, wo sind wir denn hier? Natürlich klappt das so gut, weil ich nicht allein darüber nachdenke."

Der Werkzeugkasten

Die Top Five

Der riesige Vermögensverwalter BlackRock lässt einen Zauberer für sich arbeiten. Die firmeninterne KI namens ALADDIN (Asset, Liability, and Debt and Derivative Investment Network) wertet Milliarden an Datenpunkten aus und verwaltet Tausende Portfolios, regulatorisch eingebettet in Institutionen mit eigenem Risikomanagement und durch menschliche Analysten und Entscheidungsgremien ergänzt. Eine Art „ALADDIN" für jedermann wäre das optimale Tool zur Investitionsberatung, doch eine KI darf Endkunden nicht ohne Weiteres Anlageberatung im rechtlichen Sinn leisten. Daher läuft es meist noch indirekt über Finanzdienstleister wie **Quirion**, der etwa über quirionAI im Dialog mit dem Kunden dessen Ziele erarbeitet. Q.Ai ist dabei mehr als ein klassischer Robo-Advisor: Als persönlicher, digitaler Vermögensberater beantwortet er mithilfe von Sprach-KI und dem umfassenden Finanzwissen der Quirin Privatbank individuelle Fragen, vermittelt Finanzwissen und schlägt konkrete Maßnahmen vor, die dann direkt mit dem Robo-Advisor umgesetzt werden können. Weitere digitale Vermögensverwalter wie **Growney** oder **Oskar** ermöglichen es, nach Ausfüllen eines Fragebogens ein individuelles Risikoprofil sowie persönliche Anlageziele zu definieren. Basierend auf diesen Angaben wählen die Plattformen automatisch eine passende Anlagestrategie aus, bauen ein breit gestreutes ETF-Portfolio auf und überwachen es fortlaufend.

Bei Whitebox werden die Portfolios zudem gezielt auf konkrete Sparziele wie „Reisen", „Altersvorsorge" oder „Zukunft für die Kinder" zugeschnitten, während Oskar auf einfache ETF-Sparpläne und Growney auf regelmäßiges Rebalancing und Risikomanagement setzt. Mehr direkte Selbstständigkeit und Emanzipation im Verstehen bietet die Plattform **QuantConnect**. Sie dient vor allem als Simulationsspielfeld, auf dem User ihre eigenen Handelsstrategien entwickeln, testen und optimieren können, unterstützt durch umfassende Kurse, Tutorials und eine große Community. Wer möchte, kann seine erfolgreich getesteten Algorithmen aber auch in den echten Markt schicken und tatsächlich investieren, indem er Live-Trading aktiviert. Wer auf rein analytischer Ebene einen klugen, digitalen Kopf an seiner Seite haben will, der den Überblick über die Schwächen und Chancen der Anlagen behält, findet ihn in **Finary**. Außer Konkurrenz, da noch im Entwicklungsstadium, sei **FinGPT** erwähnt, ein LLM speziell für Finanzmärkte, das man perspektivisch im Auge behalten darf.

Honorable Mentions

Evergreen, Ginmon, Scalable Capital, VisualVest, Wealthfront, Betterment, Moneyfarm, Nutmeg – Smart Alpha, Whitebox

Eigentlich kenne ich das nur aus amerikanischen Serien mit der Donuts-Box. Doch was Céline heute einfach so im Büro verteilt, hat mit den fettigen Zuckerkringeln wenig zu tun. Einer Schatzsucherin gleich, die so großzügig wie stolz Beute verteilt, schlendert sie mit einer prall gefüllten Papiertüte durchs Büro und verteilt kleine, duftende Gebäckstücke auf unsere Tische.

„Was ist das denn?", fragt Max misstrauisch und hält etwas hoch, das aussieht wie eine Mischung aus Pudding und Blätterteig in Blütenform. „Das sind Pastéis de Nata", sagt Céline. „Aber falls jemand das absolute Gegenteil vom süßen Zahn verspürt – im Kühlschrank findet ihr ein kleines Tablett mit Bacalhau – kleine, salzige Fischkugeln. Aber nicht wundern, wenn ihr Max danach seine ganze Fanta wegtrinkt.

„Du warst doch gar nicht weg", wundert sich Niklas. „Bin ich auch noch nicht. Ich fliege am verlängerten Wochenende. Kurztrip, vier Tage Lissabon und ein bisschen Sintra, mit dem Palácio da Pena und den unterirdischen Gängen der Quinta da Regaleira."

Sie lässt sich auf einen Stuhl fallen, beißt selbst in ein noch warmes Gebäckstück und schaut zufrieden in die Runde. „Ist eine Belohnung. Ich habe ein paar Gewinne mitgenommen. Nichts Weltbewegendes, aber genug, um mir den Flug, die Unterkunft und die Leckereien dort zu gönnen. Denn noch wichtiger, als dass sich das Geld im Leben ansammelt und vermehrt, ist es, Erinnerungen zu sammeln, nicht wahr?"

Bullenzeit – Der Custom GPT

Du bist ein erfahrener deutschsprachiger Investitionsberater, der den Nutzern eine unverbindliche, allgemein gehaltene Einschätzung zu ihren Investment-Optionen gibt. Es ist gestattet, beispielhaft Produkte oder Wertpapiere (z. B. konkrete Aktien, ETFs) zu nennen – jedoch stets mit dem Hinweis, dass dies keine persönliche Kauf- oder Verkaufsempfehlung ist.

Anforderungen und Vorgehen:

Kurze, gezielte Fragen zum Investitionsprofil
Stelle in mehreren Schritten jeweils nur eine oder wenige Fragen, um wichtige Informationen zu gewinnen wie:

- Aktuelle finanzielle Situation (Einkommen, vorhandenes Kapital, monatliches Sparvolumen)?
- Investitionsziele (z. B. Vermögensaufbau, Altersvorsorge, Sparen für größere Ausgaben)?
- Angestrebter Anlagehorizont (kurz-, mittel-, langfristig)?
- Risikoneigung (konservativ, moderat, risikofreudig)?
- Bisherige Erfahrungen mit Investments?
- Frage nur nach Punkten, die für eine grundlegende Investment-Einschätzung wirklich nötig sind.

Zusammenfassung der Investitionssituation

- Fasse die Antworten in einer kurzen Analyse zusammen.
- Ermittle ein grobes Risikoprofil und benenne den ungefähren Anlagehorizont. Betone, dass diese Einschätzungen allgemein und unverbindlich sind.

Allgemeine strategische Empfehlungen (mit Erlaubnis zur Nennung von Beispielprodukten)

- Zeige mögliche Anlageklassen (z. B. Aktien, Anleihen, ETFs, Immobilien, Rohstoffe, Cash-Reserven) auf und erkläre ihre grundlegenden Eigenschaften.
- Gib Beispiele, indem du z. B. bestimmte ETF-Ticker oder Aktiennamen nennst (z. B. ein S&P-500-ETF, eine Tech-Aktie etc.), um die theoretischen Vor- und Nachteile zu verdeutlichen.
- Stelle ausdrücklich klar, dass es sich bei diesen Beispielen nicht um persönliche Anlageempfehlungen, sondern lediglich um Illustrationen unterschiedlicher Anlagestrategien oder -produkte handelt.
- Erläutere mögliche Strategien (z. B. Diversifizierung, Buy-and-Hold, regelmäßiges Rebalancing). Gib Hinweise zu einer soliden Liquiditätsreserve, um unvorhergesehene Ausgaben zu decken.

Disclaimer und Haftungsausschluss

- Weise ausdrücklich darauf hin, dass du keine Rechts-, Steuer- oder Anlageberatung im engeren Sinne anbietest.
- Empfehle bei konkreten Kaufentscheidungen, persönlichen Risiken oder komplexen Fragen den Gang zu einer zertifizierten Finanz- oder Anlageberatung.

Freundliche und strukturierte Kommunikation

- Achte auf klare, leicht verständliche Erklärungen.
- Beantworte Nachfragen des Nutzers, ggf. in einer zweiten Runde, wenn zusätzliche Details benötigt werden.
- Stelle sicher, dass alle Beispiele nur der Veranschaulichung dienen und kein bindendes Angebot oder eine Empfehlung darstellen.

Dein Ziel
Vermittle dem Nutzer ein besseres Verständnis seiner Investitionssituation, seines Risikoprofils und möglicher Anlageklassen. Gib unverbindliche und allgemeine Handlungshinweise, die ihm helfen, das Thema Investment grundlegend anzugehen. Nenne beispielhaft Produkte/Wertpapiere zur Veranschaulichung, verweise aber immer wieder darauf, dass es sich nicht um individuelle Kauf- oder Verkaufsempfehlungen handelt.

TEIL 4

REISEN

Manchmal musst du einfach nur raus. Raus aus dem Alltag, raus aus den vier Wänden, raus aus dem Kopf. Doch sobald du anfängst zu planen, merkst du: Der Weg in die Freiheit ist oft mit Listen gepflastert. Wohin soll es gehen? Wie kommt man günstig und sicher hin? Was lohnt sich vor Ort wirklich? Wie verständigt man sich? Und was passiert mit all den Eindrücken, wenn du zurück bist? Reisen kann bereichern – oder erschöpfen, wenn die Vorbereitung, die Orientierung unterwegs oder das Nachbereiten der schönen Erinnerungen zu viel wird. Mit KI an deiner Seite wird das Erkunden der Welt wieder das, was es sein sollte: ein Erlebnis. Nicht erst am Ziel, sondern schon beim Träumen, Planen, Staunen – und Erinnern.

Postkarte mit Liebe

KI als Reiseplaner

Die Postkarte aus Australien hat Yannik per Hand geschrieben. Eine schöne Schrift. Jeder Buchstabe wie gemalt, mit der Ruhe, die man nur im Urlaub empfindet. An die Ränder neben den Text hat er ein paar Insider-Motive gezeichnet, interne Gags zwischen uns in der Firma, die niemand verstehen kann, der nicht weiß, was die Figürchen und Symbole bedeuten.

Bevor ich die Karte in der Küche mit dem Magnet an den Kühlschrank hänge, zeige ich das kleine Kunstwerk herum und ernte stellvertretend für meinen Lieblings-Nerd, der schon mit zehn Jahren an seinem ersten PC erste Designs entwarf, lauter breites Lächeln.

Eine Postkarte, die solch ein Lächeln erzeugt, ist und bleibt menschliche Handarbeit. Aber die Reise selbst, die dafür sorgt, dass Yannik derartig gute Laune hat, eine solche Karte zu gestalten, die entstammt der tatkräftigen Hilfe von KI.

Australien! Das war vor einigen Monaten Yanniks fixe Idee. Kein Strand auf Mallorca, kein Roadtrip durch Frankreich entlang der Küste oder über den Balkan. Endlich mal sehr weit weg sollte es gehen, ans absolut andere Ende der Welt, „wo alles dich töten kann", wie er unter dem Schmunzeln der bereits landeserfahrenen Céline begeistert erzählte, von den Würfelquallen bis hin zu den herzförmigen Blättern eines ganz bestimmten Baumes im Urwald, den niemand ohne Guide betreten darf.

„Es gibt viel zu viel zu sehen", klagte er zugleich verzweifelt, als wäre das ein größeres Problem als die allgegenwärtigen Todesgefahren. Wir hatten wahnsinnig viel zu tun im Unternehmen und er somit wenig Zeit übrig, um nebenher in aller Ruhe und Muße per Hand seinen Trip zu planen. Ich reagierte auf seine Klage, indem ich den Blick hob und mit der Nasenspitze auf unseren Erinnerungsschriftzug zeigte. *KI First!*

Yanniks erster Schritt war eine einfache Anfrage bei *ChatGPT*, sogar ohne umfangreiches Interview, da er ja bereits sehr genau wusste, was er wollte. „Plane eine Reise nach Australien mit Fokus auf Abenteuer und Kultur. Budget maximal 5000 Euro, Dauer vier Wochen." Innerhalb von Sekunden hatte die KI eine grobe Reiseroute skizziert. Sydney als Startpunkt, weiter nach Melbourne, von dort ins Outback mit einem Abstecher zum Uluru und dann die Ostküste hoch bis nach Cairns und Port Douglas, um in Queensland zugleich das Great Barrier Reef als Wunder des Ozeans und den australischen Regenwald als Wunder der Flora und Fauna mitzunehmen. Nicht zu voll, aber auch ohne einen einzigen Tag der Langeweile.

„So", sagte er, „und jetzt geht's normalerweise damit los, diese ganzen Fahrten und Flüge und Aufenthalte Punkt für Punkt selber rauszusuchen und sich bei keinem Angebot, das du findest, sicher sein zu können, ob es wirklich das Beste ist. Das Rezept habe ich, aber einkaufen und kochen muss ich selber."

Muss er nicht. Nicht mehr. Diese Zeiten sind vorbei, wie es Thomas auch mal bei einem unserer Events dem staunenden Publikum vorgeführt hat, indem er vor ihren Augen in wenigen Minuten eine komplette Parisreise plante. Ich weiß nicht mehr, ob Yannik damals dabei war, aber ich weiß, wie er vor seinem Trip nach Down Under eines Abends am Firmenkühlschrank stand. Ein langer Arbeitstag, draußen lag schon die Nacht über Köln, nur das Licht des Geräts setzte sein Gesicht in Szene.

„Was machst du?“, fragte ich beiläufig, eigentlich nur neugierig auf den Abendsnack.

„Ich stelle gerade final den Reiseablauf zusammen“, antwortete er und fügte zufrieden, in Richtung Büro mit seinem Rechner deutend, hinzu: „Oder besser, ich lasse zusammenstellen.“

Der Werkzeugkasten

Die Top Five

Wer in vertrauter Gesprächsform aus groben Ideen einen vollständigen Plan für seine Reise machen möchte, unterhält sich mit **Layla**. Aus Reiseziel, Reisedauer, Budget, persönlichen Vorlieben und offiziellen Bewertungen, stellt das Modell eine detaillierte, logisch aufgebaute Reiseroute mit passenden Unterkünften, Aktivitäten und Geheimtipps zusammen. Der Chatbot stellt gezielt Rückfragen und reagiert flexibel auf Anpassungswünsche. Buchungsplattformen wie Booking.com und Skyscanner sind integriert, sodass Flüge, Hotels und Aktivitäten direkt aus dem Reiseplan heraus reserviert werden können. Eine gute, den Überblick wahrende Meta-Planung inklusive Preisprognosen, Buchungsempfehlungen und ebenfalls guter Einbindung der Dokumente bietet **Hopper**. Die App analysiert zudem historische Preisdaten, um den besten Buchungszeitpunkt für Flüge, Hotels und Mietwagen vorherzusagen. **TripIt** fungiert wie ein hellwacher Reiseassistent, der, während man selbst im abgelenkten Urlaubsmodus weilt, die Reisepapiere analysiert und wichtige Echtzeit-Updates mitteilt. Wer so abenteuerlustig wie flexibel ist, lässt sich von **Rome2Rio** verwegene Routen erstellen, die Flugzeug, Zug, Bus, Auto, Fähre, Mitfahrdienste, Fahrradverleih, Fußwege und sogar Wasser-Taxis oder Gondeln berücksichtigt. Vielreisende schätzen zudem **Kiwi** für seine innovative Routenplanung und die KI-gestützten Kombinationen verschiedenster Airlines. Es bietet darüber hinaus flexible Suchfunktionen, einen praktischen „Nomad"-Modus für Multi-Stopp-Reisen und eine eigene Garantie, die bei Flugausfällen oder Verspätungen greift.

Honorable Mentions

AirBnB Experiences, Booking, Google Travel, Kayak, Omio, Traveloka, Trip, Sygic Travel, Skyscanner, Wonderplan

In den letzten Tagen seiner Reise packte Yannik der Übermut und er probierte nicht nur verschiedene Verkehrsmittel, sondern auch außergewöhnliche Wohngelegenheiten aus.

„Hört ihr das?", flüsterte er uns auf einem Video zu, das sich in erklecklichem Umfang auf unsere Handys gewälzt hatte. „Diese Rufe? Als wenn ein Gnom unter dem Mond nach einer Partnerin schreit? Das ist der pfeifende Baumfrosch. Und jetzt passt auf, Triggerwarnung …"

Schnell drehte Yannik das Handy vom Fenster weg und auf eine riesige Huntsman-Spinne an der Wand seiner Unterkunft. Céline, die das Land schon mehrfach bereist hat, entlockte der Anblick bloß ein wissendes Schmunzeln. Max hingegen stieß einen Schreckenskiekser aus, der so manchen High-End-Hochtöner gehimmelt hätte.

„Die letzten Tage bin ich auf Privatunterkünfte umgestiegen", flüsterte Yannik immer noch in die Kamera, als wolle er die kolossale Spinne nicht provozieren.

Die Karte hängt, der Magnet ist platziert. Bald wird Yannik wieder durch die Tür hineinspazieren und wirklich erholt sein, weil er in Down Under seine Zeit gerade sorglos in der echten Wunderwelt verbringt, während die KI die Reise minutiös plant. So bleibt immer noch Platz für handgezeichnete Erinnerungen – und für das gute alte Kribbeln, wenn man eine echte Postkarte bekommt, die sicher noch lange am Kühlschrank hängt.

Postkarte mit Liebe. Der Custom GPT

Du bist ein kompetenter, deutschsprachiger Reiseplaner mit jahrelanger Erfahrung in der Organisation von Urlaubs- und Geschäftsreisen. Deine Aufgabe ist es, basierend auf wenigen gezielten Fragen die Bedürfnisse des Users zu ermitteln und im Anschluss begeisternde Reisevorschläge zu unterbreiten.

Anforderungen und Vorgehen:

Bedarfsanalyse in kurzen, aufeinander aufbauenden Fragen
Stelle nur so viele Fragen, wie unbedingt nötig sind, um eine Vorstellung von der gewünschten Reise zu bekommen:

- Anzahl der Reisenden?
- Gewünschter Zeitraum?
- Reiseziel-Präferenzen?
- Budget?
- Reisedauer?
- Art der Reise (Städtereise, Strandurlaub, Abenteuertrip)?
- Besondere Bedürfnisse oder Einschränkungen?

Führe den Dialog in mehreren Schritten und stelle jeweils eine oder wenige Fragen, damit du ein präzises Bild der Wünsche bekommst.

Kurze Vorstellung der Reiseoptionen

- Auf Basis der gesammelten Informationen schlägst du mehrere mögliche Reiseziele bzw. Reisearten in knackiger Form vor.
- Beschreibe in ein paar Sätzen, warum jede Option besonders reizvoll ist, und wecke die Reiselust (z. B. „Traumhafte Sandstrände", „Historische Altstadt", „Spektakuläre Landschaften").
- Bitte den Nutzer, sich für eine der Optionen zu entscheiden oder ggf. komplett neue Vorschläge zu verlangen, falls nichts passt.

Detaillierte Reiseplanung

- Sobald sich der Nutzer für eine Option entschieden oder eine neue Richtung angegeben hat, erstellst du einen umfassenden Reiseplan.
- Gib konkrete Transferoptionen (z. B. Flugverbindungen, Bahnfahrten, Mietwagen), empfehle Hotels oder andere Unterkünfte (mit kurzer Begründung, z. B. Lage, Preis-Leistungs-Verhältnis) und weise auf Buchungsmöglichkeiten hin (z. B. Buchungsportale, Reisebüros).
- Empfehle außerdem Aktivitäten, Sehenswürdigkeiten oder kulinarische Highlights, die zum Reiseprofil des Nutzers passen.

Flexibilität und Anpassung

- Ermögliche dem Nutzer, Anpassungen oder Ergänzungen anzufordern (z. B. höheres/niedrigeres Budget, längerer/kürzerer Aufenthalt, andere Reiseart).
- Passe den Reiseplan gern an neue Wünsche oder geänderte Bedingungen an.

Freundliche und klar strukturierte Kommunikation

- Achte auf übersichtliche und begeisternde Formulierungen.
- Verfasse deine Texte motivierend und ansprechend, sodass sich der Nutzer ein lebendiges Bild vom Reiseziel machen kann.
- Wechsle ggf. in eine weitere Fragerunde, falls noch Details fehlen oder Unklarheiten bestehen.

Dein Ziel
Ermittle zügig die wichtigsten Reisedaten (wer reist, wann, Budget, Vorlieben etc.). Erstelle mehrere attraktive Kurzvorschläge, die dem Nutzer Lust auf Urlaub machen. Sobald sich der Nutzer für eine Variante entscheidet, liefere einen detaillierten Reiseplan inklusive Transfer, Unterkünften und Buchungsmöglichkeiten. Halte deine Vorschläge verständlich, motivierend und flexibel.

Was machen wir heute?

KI als Reisebegleiter

Yanniks Postkarte aus Australien hängt noch immer in der Küche, sehnsüchtig beäugt vom Kaffeevollautomaten, der dieses Büro wahrscheinlich niemals verlassen wird – was seine Bockigkeit erklären könnte. Wieso macht mir diese Karte so viel Freude? Wahrscheinlich, weil mein junger Kollege bis heute auf eine Weise von seiner Reise erzählt, wie es nur passiert, wenn man mehr war als ein typischer Tourist, wenn man die Gegend wirklich erforscht hat wie ein Gamer, der noch über den letzten Felsvorsprung späht. „Ich war länger weg als nur drei Wochen", hat Yannik gesagt, „also gefühlt länger – im guten Sinne. Nicht im Sinne von Langeweile, sondern so, als hätte ich wirklich eine ganze Weile dort gelebt, während zu Hause die Monate nur so dahinfliegen." Die Psychologie erklärt dieses Phänomen sehr schlüssig. Je öfter wir am Tag den Ort und vor allem die realen Eindrücke wechseln, je mehr wir zudem achtsam in die Tiefe gehen – desto eher verwandelt sich ein Tag gleich in mehrere, ist alles wieder so interessant und anregend wie in der Kindheit, als sich sechs Wochen Sommerferien wie ein halbes Leben anfühlten. Wechseln wir jedoch bloß zwischen Hunderten von Reels, Shorts und TikToks, verkürzen wir unsere Erlebnisse auf Appetithäppchen – unser Kopf bleibt hungrig.

„Er will, dass du den Satzbehälter wechselst."

Céline ist neben mir aufgetaucht, lautlos wie ein Pusteblumenschirmchen im Frühjahr. Zwei Schritte und sie steht am Kühlschrank und streicht über die australische Karte. „Ab der zweiten Hälfte seiner Reise hatte Yannik die ganze Zeit eine persönliche Kuratorin dabei."

Ich schiebe den gereinigten Behälter wieder in die Maschine, drücke auf „Start" und halte die Luft an.

Céline schnippt mit den Fingern: „Aber weißt du, was noch krasser ist, als die Reiseführerin am anderen Ende der Welt in der Tasche zu haben?"

Ich schüttle den Kopf. Nun fehlt Wasser im Tank.

„Die Reiseführerin *hier* in der Tasche zu haben! Hier bei uns, in der eigenen Stadt. Wo man denkt, dass man alles kennt. Von wegen! Seit ich mich darauf einlasse, entdecke ich auf einmal Orte, von denen ich keine Ahnung hatte. Kennst du zum Beispiel das Fort X?"

„Die alte Festungsanlage im Norden? Ja, klar. Sie ist jetzt kein so völlig geheimes Ausflugsziel."

„Das nicht, aber wusstest du, was die auf dem Dach haben? Einen Rosengarten. Mit zweitausend Rosen aus siebzig Gattungen."

Ich verkneife mir einen Gag dazu, dass mir niemals ein Rosengarten versprochen wurde, doch Céline schwärmt sowieso schon weiter.

„Am Römerbrunnen habe ich mir die ganze römische Geschichte reingepfiffen, Wasserleitungen, schon vor zweitausend Jahren. Die Synagoge in der Roonstraße, das Overstolzenhaus, die Ulrepforte – es gibt Orte hier, die habe ich mir noch nie bewusst angesehen.

Aber wäre ich umgekehrt aus der Ferne gekommen und würde Köln besuchen, wie ich's auf Reisen mit anderen Städten mache – ich hätte sie alle recherchiert. Oder recherchieren lassen."

Ihre Augen glänzen wie die von Yannik, als er vom Outback erzählte, von Sensitivgras, das sich unter den Fingerkuppen zusammenrollt, von heiligen Orten der Aborigines. Und Céline war nur hier unterwegs, auf der Heimatlandkarte – und beweist damit, dass man vor der eigenen Haustür genauso viel Neues entdecken kann wie im Outback – wenn man nur den richtigen Guide in der Tasche hat.

Der Werkzeugkasten

Die Top Five

Mit **Google Lens** lassen sich Orte, Objekte, Schilder oder Pflanzen einfach per Kamera erfassen, und die App liefert kontextuelle Infos: von historischen Details bis zu aktuellen Nutzerkommentaren – alles in Echtzeit. Die App kann zudem Schilder, Speisekarten und Broschüren in Echtzeit übersetzen, Barcodes und QR-Codes scannen und Produkte erkennen, um ähnliche Artikel oder Preise online zu finden. **GuideGeek** ist ein Chat-basierter Reisebegleiter, der in Sekundenschnelle Vorschläge für Sehenswürdigkeiten, Geheimtipps und Routen in der Nähe gibt – personalisiert, freundlich, ortsbasiert. **Roam Around** ist ebenfalls stark auf spontane Inspiration und Routenoptimierung ausgelegt, lernt durch GPT-basierte Gespräche die Reisevorlieben des Nutzers kennen und gestaltet so spezifische Erlebnisse. Auch **Curiosio** plant auf Basis der eingegebenen Interessen völlig unterschiedliche Erforschungen der bereisten Orte. So wird beispielsweise ein Kafka-Fan die Stadt Prag oder ein Mozart-Fan die Stadt Wien bei Nutzung solcher Reise-KIs ganz anders begehen als jemand, der auf kulinarische Entdeckungsreise geht oder lieber die Flora und Fauna erkundet. Wer sich weiter und höher hinauswagt, kann sich von **PeakFinder** die Berge der Umgebung mithilfe von Augmented Reality (AR) und einem integrierten Höhenmodell als Panorama anzeigen lassen – mit Benennung der sichtbaren Gipfel direkt im Kamerabild.

Honorable Mentions

SmartGuide, Wonderplan

Am Wochenende sendet mir Michael das Foto eines weißen Rahmens auf grüner Wiese – als hätte jemand den Begriff „Fensterplatz" ernst genommen und kurzerhand eine Skulptur gebaut, die ausschließlich aus Ausschnitten besteht. Keine Tür, kein Dach, nur reine Idee. Das Bild hat er im Messenger mit dem Satz beschriftet: „Wenn Apple eine Kapelle gebaut hätte – das hier wäre sie." Das zweite Foto zeigt ihn selbst in einem Mini-Labyrinth aus silbermatten Wänden, deren feiner Gitterstoff schimmert wie das Display eines ausgeschalteten Tablets. Direkt daneben: eine dunkle Sternenblume aus Stahl, wie ein meditierender Transformer in der Meditationspose.

„Bin im Skulpturenpark“, schreibt er, „war noch nie da. Céline hat mich angesteckt. Völlig abgefahrene Kunstwerke stehen hier in der Landschaft – kann man sich einfach so ansehen, Eintritt frei, immer geöffnet.“

Ich lächele und weiß – sein Tag wird nun länger, im besten Sinne. Und aus einem Haufen Digitalprofis werden nun nach und nach Stadtwanderer.

Was machen wir heute? Der Custom GPT

Du bist ein hoch qualifizierter, deutschsprachiger Reisebegleiter mit umfassendem Wissen über Reiseorte weltweit. Deine Aufgabe ist es, für einen oder mehrere Tage detaillierte Tagespläne zu erstellen, die perfekt auf die Bedürfnisse und Wünsche der Reisenden abgestimmt sind.

Anforderungen und Vorgehen:

Schrittweise Bedarfsanalyse durch gezielte Fragen
Finde in kurzen, aufeinander aufbauenden Fragen die wichtigsten Informationen heraus, wie:
- Wo befindet sich die Person aktuell? (Reiseort und ggf. Unterkunft)
- Wer reist mit? (Allein, Familie, Freunde – inkl. Alter oder spezielle Bedürfnisse)
- Was möchte die Person an diesem Tag machen? (Z. B. Erholung, Sightseeing, Kultur, Natur, Abenteuer)
- Wie sieht das Budget aus? (Luxus, mittel, sparsam)
- Wie viel Zeit steht zur Verfügung? (Z. B. halber Tag, ganzer Tag, nur abends)

Frage jeweils eine Information nach der anderen, um den Dialog übersichtlich und strukturiert zu halten.

Erstellung eines Tagesplans
Auf Basis der gesammelten Informationen erstellst du einen individuellen Tagesplan, der Folgendes beinhaltet:
- Empfohlene Aktivitäten: Beschreibe die besten Ausflüge, Sehenswürdigkeiten, Erlebnisse oder Erholungsmöglichkeiten passend zu den Wünschen der Person.
- Detaillierter Zeitplan: Gib an, wann die Aktivitäten beginnen und enden sollten, um den Tag sinnvoll zu strukturieren.
- Restaurant- und Snack-Tipps: Empfehle passende Restaurants, Cafés oder Beachclubs für Mahlzeiten und Erfrischungen.
- Transportmöglichkeiten: Erkläre, wie man zu den jeweiligen Orten gelangt (z. B. zu Fuß, Taxi, Bus, Bahn, Mietwagen).

Flexibilität und Anpassungen
- Lade die Person ein, den Plan zu prüfen und Änderungen vorzuschlagen (z. B. mehr Fokus auf Entspannung, weniger Aktivitäten, andere Restaurants).
- Reagiere flexibel auf zusätzliche Wünsche und passe den Plan entsprechend an.

Zusätzliche Empfehlungen
- Falls gewünscht, ergänze Tipps für spontane Alternativen (z. B. bei schlechtem Wetter oder wenn etwas ausfällt).
- Empfehle kleinere Highlights wie Souvenirshops, Fotospots oder lokale Spezialitäten, die den Tag abrunden.

Freundliche und strukturierte Kommunikation
- Schreibe verständlich, motivierend und mit Begeisterung.
- Nutze eine klare Struktur mit Zeitangaben und Absätzen, damit der Plan leicht lesbar und nachvollziehbar ist.
- Biete zu jedem Vorschlag eine kurze Erklärung, warum diese Aktivität oder dieser Ort empfehlenswert ist.

Dein Ziel
Erstelle einen individuellen Tagesplan, der perfekt auf die Wünsche und den Standort der Reisenden abgestimmt ist. Biete eine gute Mischung aus Aktivitäten, Erholung und kulinarischen Highlights. Reagiere flexibel auf Änderungswünsche und sorge dafür, dass der Nutzer den Tag ohne Stress und mit Freude genießen kann.

Babylon ist gefallen

KI als Dolmetscher

„Subh ba khayr ba hama!"

Yannik steht in der Bürotür und mustert uns wie ein Quizmaster kurz bevor er die Jackpot-Frage stellt. Wobei, die Sprache, in der er uns heute Morgen grüßt, tendiert schon eher zu einem noch höheren Preisgeld.

„Na?", fragt er, „was war das für ein ‚guten Morgen', den ich allerseits gewünscht habe?"

„Russisch", rät Max, aber diese Antwort halte ich für zu einfach.

„Das ist irgendwo im Mittleren Osten", schaltet sich Céline ein. Erst dieser Tage schwärmte sie von einer jungen Frau auf Social Media, die sich vorgenommen hat, ausnahmslos jedes Land der Erde zu bereisen.

„Warm", sagt Yannik, und gibt ein paar weitere Hinweise. „Ein Binnenstaat, durchzogen von schroffen Bergketten; formal eine Demokratie, faktisch jedoch eine stark zentralisierte Staatsführung; Duschanbe protzt mit monumentalen Plattenbauten und prächtigen Moscheen; viele Dörfer im Süden und Osten kommen noch mit Brunnen statt Wasserhähnen aus; die Bevölkerung ist mehrheitlich muslimisch mit einer kleinen orthodoxen Minderheit; offiziell gilt Religionsfreiheit, öffentliche Missionsaktivitäten benötigen jedoch eine behördliche Genehmigung; und im Osten zieht Chinas Neue Seidenstraße eine Transitroute durch den Pamir, als wäre die Region zum globalen Logistikknoten geworden."

„Tadschikistan", antwortet Céline, mit der Sicherheit, die keinen Joker mehr benötigt. Yannik schnippt mit Daumen und Zeigefinger. „Korrekt! So, wartet. Jetzt noch einer." Er zückt sein Smartphone. Einen guten Morgen euch allen auf Turkmenisch. Hier: Ertiriňiz haýyrly bolsun! Er kann sogar Tatarisch, wusstet ihr das? Ich meine, gibt's dieses Volk überhaupt noch?"

Zeitgleich heben Max und ich die Hände und rufen: „Erst wieder heute Mittag!" Sich kindlichen Enthusiasmus im Erwachsenenalter zu bewahren, ist gerade in unserem Geschäft immer eine gute Sache. Aber irgendwann muss man ja auch mal zum Arbeiten kommen.

Der Werkzeugkasten

Die Top Five

Eine saubere Übersetzung in nahezu alle Sprachen der Welt samt Vorlesefunktion für die richtige Betonung (diese noch nicht bei jeder Sprache) bieten die Apps der großen Drei ohnehin – **Google Translate**, der **Microsoft Translator** sowie der ab Werk im iPhone installierte **Apple Translator**. Google punktet mit einem schnellen Konversationsmodus, der Live-Übersetzungen von Gesprächen ermöglicht, und einer besonders breiten Sprachauswahl, die auch seltene Sprachen umfasst. Microsoft überzeugt mit der Möglichkeit von

Gruppengesprächen in Echtzeit, Apple unterstützt rund 130 Sprachen und bietet eine klare Benutzeroberfläche sowie eine eigene App für die Apple Watch. Mit dem unabhängigen **iTranslate** lassen sich zusätzlich auch Inhalte von Fotos erfassen und zügig übertragen, wobei die App für viele Funktionen einen kostenpflichtigen Offlinemodus bietet. Eine Option, die *Google Lens* in Kombination mit dem *Google Translator* natürlich auch beherrscht, sodass Texte aus Bildern oder der Kamera direkt übersetzt werden können. Die zuverlässigste KI-Arbeitsmaschine für Textübersetzungen in großem Umfang bleibt **DeepL**, in dessen Namen bereits das Deep Learning steckt. Wer die Entwicklung der Qualität der Übersetzungen dieses Tools über die Jahre hinweg verfolgt, stellt fest, wie tief und nachhaltig es tatsächlich mit jeder Aufgabe lernt. Oder man macht es sich mit *ChatGPT* und Co. ganz einfach mittels dieses Mini-Prompts: „Du bist Simultanübersetzer und übersetzt jetzt im folgenden Gespräch alles Gesprochene in der Sprache A in B und alles B direkt in A."

Honorable Mentions

AI Voice Translator, Notta, SayHi Translate

Die Möglichkeit des Simultandolmetschens per App hat Yannik während seiner Reise nach Australien das erste Mal in vollem Umfang benutzt. Eigentlich ging die Sache schon auf deutschem Boden los, wie er erzählte. Zwei Stunden vor dem eigentlichen Abflug, bequem in die tiefliegenden Sitzschalen gekuschelt, kam er ins Gespräch mit einer italienischen Familie. Zunächst versuchten sie es miteinander, wie wir es seit Jahrzehnten gewohnt sind – man wollte sich in der Mitte treffen, auf der Rumpelpiste eines holprigen Englisch. Bis Yannik auf die Idee kam, sein Telefon zu zücken und mit den Italienern einfach auf Italienisch zu kommunizieren. In einem Airbnb auf der anderen Seite der Welt freundete er sich mit zwei Koreanern an. Den Gipfel des Sprachwunders erklomm Yannik dann im letzten Akt seiner Reise, als er bis spät in die Nacht mit einem Chinesen im warmen Licht der Wohnküche saß, während draußen katzengroße Motten an die Scheibe ploppten – und sich einfach so auf Mandarin unterhielt.

Dieses Wunder, von dem wir früher beim Schauen von *Star Trek* und deren Simultanübersetzer geträumt haben, hält Yannik weiter auf Trab. Den Zuruf von heute Morgen, dass er es erst einmal bis Mittag gut sein lassen sollte, hat er wörtlich genommen. Kaum ist es 12.30 Uhr, wirft er den nächsten fremdsprachlichen Gruß in die Runde. Gegen Nachmittag kennen wir langsam jedes freundliche Hallo der Welt auswendig, protestieren nicht mehr, sondern rufen schicksalsergeben die – meist richtige – Antwort in den Raum.

„Dzień dobry wszystkim!" – „Polnisch!"

„Goeie more almal" – „Afrikaans!"

„Hyvää huomenta kaikille" – „Finnisch!"

„Jam ñaldi onon kala!"

Schweigen in der Runde.

„Na?"

„Das hast du jetzt frei erfunden", sagt Niklas.

Yannik schüttelt den Kopf. „Nein. Habe ich nicht. Das war Fulfulde.“

„Ich sag's doch“, blickt Niklas in die Runde, „er hat's erfunden.“

„Fulfulde ist eine Niger-Kongo-Sprache, die in West- und Zentralafrika gesprochen wird“, sagt Céline, lässig an die Bürowand gelehnt. „Meistens sagt man einfach nur Ful. Kommt in Kamerun vor, in Mauretanien, im Senegal, in Guinea, im Sudan.“

Alle Köpfe drehen sich zu ihr.

„Ja, was? Ihr kennt mein neues Vorbild, diese junge Globetrotterin. Alle Länder der Welt.“

Yannik räuspert sich und legt noch einen nach.

„Dobré ráno všem.“

Das kommt mir irgendwie bekannt vor. Ohne, dass ich es bewusst zuordnen kann, steigen Bilder in mir auf, Erinnerungen an die malerische Karlsbrücke von Prag, den unheimlichen Rathausturm mit der astronomischen Uhr und die schmalen Gassen am Fuße des Hradschins.

„Tschechisch“, antworte ich, so beiläufig wie möglich, den Blick weiterhin auf meinen Bildschirm gerichtet.

„Wow!“ Yannik klatscht in die Hände. „Christoph, wo kommt das denn her?“

„Von einem Ausflug vor einigen Jahren“, antworte ich. „Du weißt schon, in der Steinzeit, als man die wichtigsten Höflichkeitsfloskeln kurz vor der Reise noch mit dem kleinen Nachschlagewerk trainierte.“

Er schmunzelt und rauscht ab. Ich beende die E-Mail, an der ich gerade geschrieben habe, lehne mich kurz im Stuhl zurück, schließe die Augen, spaziere in Gedanken durch die historische Stadt an der Moldau und stelle mir vor, wie es damals dort gewesen wäre, sich mit Kioskbesitzern, Taxifahrern und Einheimischen aller Art in deren Muttersprache ausführlicher austauschen zu können als nur über ein paar Floskeln. Vielleicht wird es Zeit, mal wieder einen Städtetrip zu machen.

Save the best to last

KI als Reisenachbereiter

„Sagt schon, ganz ehrlich, was würdet ihr machen?“ Neugierig strahlt Céline uns an, wie wir da gemeinsam in unserer Küche stehen. Der Vollautomat tut es wieder, seit ein paar Tagen, dennoch zittert man im Inneren. Jederzeit kann sich die Laune wieder ändern und die Bedienung verweigert werden. Céline kümmert es wenig, sie hat sich einen Tee aufgebrüht aus frischen Ingwerscheiben mit ein wenig ganzem Kardamom darin und einem Hauch Kurkuma. Die Tools für Rezepte und ein langes Leben haben weiterhin Einfluss auf unseren Alltag. Der scharf-frische Geruch erfüllt den Raum. „Nehmen wir an, ihr habt alles Geld der Welt, genug Zeit für zwei Leben, dürft nur noch machen, was ihr wollt. Womit verbringt ihr eure Tage?“

Niklas, der leger im Türrahmen lehnt wie ein Anwalt aus einer Netflix-Serie, der sich jeden Moment, wenn der Prozess weitergeht, schwungvoll mit dem Hintern von der Mauer des Gerichtsflurs abstößt, um wieder zum Verhandlungssaal zu schreiten, antwortet als Erster.

„Herbie Hancock. Joshua Redman. Kamasi Washington. Ich würde mir alle Jazzgrößen ansehen, die diesen Planeten gerade mit ihrem Genie bereichern, besonders die alten Legenden, bei denen nicht klar ist, wie lange sie uns noch erhalten bleiben. Oder all die ganz besonderen Persönlichkeiten, die nur selten auftreten, oder wenn, dann nicht hier bei uns. Esperenza Spalding. Hiromi. Charles Lloyd. Ich fahre nach Montreaux, nach Umbria, nach Cape Town, nach New Orleans, zu jedem wichtigen Festival. Das alles mit richtig schön viel Zeit. Tagelang vorher ankommen. Tagelang nach dem Konzert noch da sein.“

Céline strahlt. Die Antwort unseres musikalischen Feinschmeckers gefällt ihr. Sie selbst hat ihre schon vor ein paar Minuten gegeben und uns entlang ihres Lebenstraums, wie diese risikofreudige Influencerin, die jedes Land der Welt bereisen wird, Ziele genannt, von denen wir die Hälfte auf der Weltkarte nicht mal auf Anhieb finden.

„Und du, Christoph?“, fragt Niklas.

„Ich merke mir erst mal, dass niemandem hier einfällt, bei unendlichem Reichtum weiterzuarbeiten.“ Céline knufft mich in die Seite. „Aber nehmen wir an, die Zeit bleibt stehen und ich kann in Ruhe machen, was ich will, dann …“

Ich wundere mich selbst über die Antwort, die kurz darauf aus meinem Mund fällt. Ich hätte andere vermutet, aber das Bild steht mir plötzlich klar vor Augen.

„… dann würde ich meine Erinnerungen sortieren.“

„Bitte?“

„Ja. Was noch auf Papier existiert, das kriege ich in den Griff. Es gibt mindestens drei Kartons mit Prospekten, Programmen von Museen oder Parks, Eintrittskarten und den Resten echter Fotos aus der Zeit, bevor alles digital wurde. Und dann erst die Bilder, die ich auf dem Rechner habe und auf Back-up-Festplatten. In der Cloud. Auf dem Telefon. Sie gehen in die Tausende, unbenannt, erst mal nur geschossen und gespeichert, um sie eines Tages zu ordnen. Ja. Die würde ich in den Griff kriegen wollen."

Niklas wackelt mit dem Kopf. „Ich hätte jetzt gedacht, du reist durch die Top-Rum-Destillerien der Welt und verkostest die exklusivsten Tropfen."

„Das hab ich schon hinter mir – von Hampden auf Jamaika über Demerara Distillers in Guyana bis Foursquare auf Barbados und vielen mehr. Als ehemaliger Rum Ambassador und größter Anbieter von Rum-Verkostungen im deutschsprachigen Raum durfte ich unzählige Spitzen-Tropfen probieren – sogar die Messe Cologne Spirits haben wir damals mit Digital Beat auf die Beine gestellt. Das war vor deiner Zeit hier bei uns. All die tollen Erlebnisse – und keine Zeit oder Methode, sie zu sortieren."

Der Werkzeugkasten

Die Top Five

Synchronisiert mit dem Smartphone oder als manuell hochgeladenes Archiv, ist **Google Fotos** fähig, die Bilder nicht nur nach Zeit und Ort zu sortieren, sondern durch intelligente Erkennung von Motiven und Text auch nach Themen. Es erstellt Alben und Memory-Slideshows, erinnert an Jubiläen, agiert wie ein Archivar des Lebens. Mit KI-Bearbeitungstools wie Magic Eraser, Photo Unblur und Magic Editor lassen sich unerwünschte Elemente entfernen, verschwommene Bilder schärfen oder Objekte im Bild verschieben. Mit Ask Photos können Nutzerinnen ihre Fotosammlung per natürlicher Sprache durchsuchen, wobei die KI komplexe Zusammenhänge und Muster erkennt und so die Bildersuche revolutioniert. **Amazon Photos** leistet Vergleichbares und beherrscht Gesichtserkennung, thematisches Taggen sowie smarte Sortierung in Alben. Einige Schritte weiter geht **Meminto Stories**. Per generativer KI fragt diese App den Nutzer nach seinen Erlebnissen und baut aus den Antworten sowie hochgeladenen Fotos und Dokumenten eine Lebenschronik zusammen, die gleich zum gestalteten Erinnerungsbuch wird. Wer seine alten, nur auf Papier existierenden Bilder digitalisieren und direkt sinnvoll sortieren möchte, greift zu **Photomyne**. Dieses Tool erkennt sogar beim Abfotografieren von Seiten, auf denen mehrere Fotos aufgeklebt sind, automatisch die einzelnen Bilder, schneidet sie zu, dreht sie richtig und frischt die Farben auf. Das digitale Reisetagebuch **Journi Blog** dokumentiert und sortiert die Erlebnisse entlang von Fotos, Texten, Karten, Wetterinfos und Flugdaten nach Zeiten und Orten und ermöglicht auch ein gemeinsames Arbeiten am Tagebuch mit Freunden.

Honorable Mentions

Apple Fotos, Day One, Magisto, Mylio

„Wieso arbeitet denn hier keiner?"

Yannik rauscht in die Küche und lacht, weil er den Spruch in einer Betonung rausgehauen hat, die eigentlich nur dem Chef zusteht. Er stellt eine Tasse unter die Düse, wählt das Programm und öffnet gleichzeitig bereits mit der linken Hand den Kühlschrank. Zügig wühlen seine Finger durch ein paar kleine Joghurtbecher, die er allesamt verwirft. Er schließt die Tür, kaum dass sein Kaffee fertig in die Tasse geflossen ist.

„Wir spekulieren", sagt Niklas. „Darüber, was wir mit unserem Leben anfangen würden, hätten wir grenzenlos Geld und Freizeit."

„Genau", sagt Céline. „Und während ich mich durch den Dschungel von Burkina Faso schlagen würde und Niklas sich Ohren und Lunge in den krassesten Jazz-Spelunken des Planeten ruiniert, würdest du Christoph zu Hause antreffen. Zwischen lauter Kartons und Festplatten mit alten Fotos und Reiseandenken, um nachträglich ein halbes Leben zu sortieren."

„Ich bin froh, dass das heute nicht mehr nötig ist", sagt Yannik, der diese Aufbereitung offenbar auch längst von digitalen Assistenten beschleunigen lässt. „Dieses schlechte Gewissen, das auf einem lastet, wenn da zweitausend Fotos auf der Platte liegen, die alle IMG_2022_1502_775338 heißen. Allerdings …" – halb aus der Tür hebt er noch mal die Tasse – „… kann das auch gefährlich werden, wenn die KI es einem so leicht macht, nach Themen zu sortieren. Oder nach Orten. Nach Personen. Wenn es ausreicht, dass du dich nur an ein prägnantes Detail erinnern musst. Das Neu-Anordnen wird dadurch so leicht, dass man sich ständig fragt: Stelle ich meine Bücher daheim nicht lieber doch nach Genre auf? Oder nach Verlagen?"

Nun flitzt Yannik endgültig weiter und wir drei sehen ihm nachdenklich hinterher.

„Da ist auch was dran", sagt Céline. „Man könnte die Fotos sogar nach Pflanzen sortieren. Nach Tieren. Nach Wetter."

„Ich würde auf den ganzen Jazzreisen wahrscheinlich Dutzende von Playlisten bei Tidal erstellen", sagt Niklas.

Womöglich, ganz egal wie reich, sind wir auch alle noch ein bisschen zu ambitioniert für ein komplett gelassenes Leben.

TEIL 5

EVENT-PLANUNG

Es sind diese besonderen Anlässe, die herausragen aus dem Lauf der Dinge. Die uns zeigen, was wir geschafft haben, wer wir geworden sind und was wir gemeinsam erleben durften. Doch je größer die Bedeutung, desto größer oft auch der Druck: Alles soll perfekt sein – und dabei persönlich, durchdacht, stilvoll. Die Vorbereitungen verschlingen Zeit und Nerven, und wer selbst feiern will, steht oft am wenigsten zum Feiern bereit. Dabei geht es gar nicht immer um Pomp und Prunk. Es geht darum, dass ein Fest gelingt, weil jemand an alles gedacht hat. Und wenn dieser Jemand eine KI ist, die dir den Rücken freihält, dann kannst du dich wieder auf das konzentrieren, worauf es wirklich ankommt: das Miteinander – und die richtigen Worte zur richtigen Zeit.

Ein unvergesslicher Tag

KI als Festplaner

„Wie kannst du hier so gelassen stehen?"

Gerd sieht mich an wie das achte Weltwunder. Gerade habe ich ihm erzählt, dass es nicht mehr allzu lange hin ist, bis unser Jubiläum ansteht.

„Ach so", fängt er sich, „ich verstehe – ihr feiert das wahrscheinlich mit euren Gästen auch nur virtuell, was? So, als Videokonferenz, wo jeder den Sekt hinter seinem Monitor daheim stehen hat."

„Nein, Gerd, das wird ein richtiges Ereignis. Fünfzehn Jahre wollen gebührend begangen werden."

„Fünfzehn? Seid ihr nicht erst in den letzten Jahren zum KI-Vorreiter geworden?"

„Digital Beat gab's schon, da hat *ChatGPT* noch in der Cloud geschlafen. Anfangs haben wir mit Kursen für Selbstständige begonnen, mit Werkzeugen für das Online-Geschäft. Du weißt doch, mit unserer Plattform gruender.de haben wir bereits 2010 angefangen."

Gerd nippt an seinem Kaffeebecher. Das morgendliche Mettbrötchen sehe ich bei ihm nicht mehr, seit ich ihm von den Tools zur Gesundheitsprävention und für ein längeres Leben erzählt habe.

„Ich habe mir das mal angeschaut", sagt er. „Eure Weiterbildungen. Und diese Zahlen. Warte, wie war das? Knapp 30 Prozent mehr Effektivität? Knapp 40 Prozent weniger Fehler? Knapp 50 Prozent mehr Wettbewerbsfähigkeit?"

„Aufgerundet, ja. Und das wird jeden Tag mehr. Der Abstand zwischen denen, die KI überhaupt nicht mitgehen, und denen, die sie verstehen, ist so, wie zwischen einem, der weiter in Richtung Ziel joggt und einem, der einen Maserati fährt."

Gerd nickt und verkleinert die Augen wie Clint Eastwood zu zwei Schlitzen.

„Im Grunde ist es wie mit der Aufrüstung."

„Schon, aber friedlich."

Langsam öffnet er die Augen wieder.

„Wie viele kommen denn da zu eurer großen Feier?"

„Weit über hundert", sage ich.

„Aber dann musst du doch tausend Dinge regeln. Die Einladungen. Wer kommt? Wer soll kommen? Was gibt's zu essen und zu trinken? Wie läuft das Unterhaltungsprogramm?"

„Ja, man braucht ein Konzept", sage ich. „Eine zentrale Organisation, die alle Aufgaben verbindlich an die Teammitglieder delegiert und bei der im besten Fall alle immer nachlesen können, wer was macht und wie der Stand der Dinge ist. Fast wie, wenn sie hier in Köln einen *Tatort* drehen. Da gibt es Drehpläne, Organigramme, jedes Rädchen der Maschine greift ineinander."

„Dann frage ich dich noch mal – wieso bleibst du so ruhig?"

Der Werkzeugkasten

Die Top Five

Wer viele Menschen und Aufgaben zu jonglieren hat, findet in **Monday AI** eine KI-gestützte Erweiterung von monday.com, der man sein Event-Vorhaben einfach erklärt – woraufhin das Tool schon aus wenigen Angaben einen strukturierten Projektplan erstellt. Mit intelligenten Vorlagen und KI-gestützten Analysen in den einzelnen Board-Spalten entsteht eine transparente Übersicht aller Event-Abläufe. Teams und Einzelpersonen können ihre Aufgaben schneller koordinieren und Überblick behalten. Auch die App **Eventify.io** ist eine Event-Management-Plattform, mit der sich Veranstaltungen jeder Größe effizient planen lassen, von der Registrierung und Ticketverwaltung über die Gestaltung von Event-Apps bis hin zu Networking, Gamification und Live-Analysen. Das Tool lässt sich mit Ticketing-Systemen, CRM-Tools wie HubSpot, E-Mail-Marketing-Plattformen, diversen Zahlungsanbietern und sogar WhatsApp verknüpfen, was die Organisation professioneller Events ermöglicht. Wer ähnlich große oder gar größere Ereignisse wie Tagungen oder Festivals auf die Beine stellt und im Grunde als professioneller Veranstalter agiert, erhält von **Bizzabo** Hilfe – von der Planung über die Durchführung bis zur Nachbereitung. Die Software bietet unter anderem automatisierte Teilnehmerregistrierung, Eventmarketing-Tools, Agenda-Planung, detaillierte Analysen, Sponsor- und Redner-Management, Live-Umfragen sowie individuell anpassbare Event-Websites und -Apps. Geht's im kleineren Rahmen eher nur um gut aussehendes Einladungsmaterial, darf das klassische **Canva AI** zum Einsatz kommen, auf welches das Kapitel „Sparringspartner des Bildes" näher eingeht. Für die musikalische Beschallung hat Spotify mit der Funktion **AI Playlist** einen praktischen Dienst gestartet, der auf Prompt-Basis zu jeder beliebigen Stimmung oder Thematik den passenden Soundtrack erzeugt.

Honorable Mentions

Eventbrite, EventPage AI, Miro, Zkipster

„Das hört sich unheimlich an", sagt Gerd, nachdem ich ihm skizziert habe, wie sich künstliche Intelligenz so nutzen lässt, dass rund um die Planung großer Feste keine Tassen und Gläser fliegen.

„Unheimlich gut?"

„Nein, nur unheimlich."

„Wieso?"

„Na, weil … fangen wir mal hinten an, bei dieser AI Playlist. Kein DJ mehr? Keine Tanzkapelle? Keine Coverband? Du stellst einmal ein, was du willst, und dieser komische Musikdienst spielt den ganzen Abend durch?"

„Den ganzen Abend und die ganze Nacht."

Gerd schnauft. Er hebt den Becher, ein wenig Kaffee schwappt über, während er seine Worte unterstreicht.

„Alle Gäste sind registriert, im Rechner, in dieser, dieser Cloud da oben."

„*Monday* und solche Dienste sind alle DSGVO-konform.“ „Ja, ja, der Kaffee hier hat auch irgendein Siegel und trotzdem kriegt der Bauer nur einen Cent von der Portion, wusstest du das?“

„Damals standen alle Leute im Telefonbuch, Gerd. Einfach so, mit Namen und Adresse. Das wundert die Kids heutzutage.“

„Ich weiß nicht. Ich kann mir vorstellen – sich in all diese Sachen einzuarbeiten, dauert länger, als die Veranstaltung per Hand zu planen.“

„Das mag sogar sein“, sage ich, „aber nur einmal. Danach kannst du für eine ganze Weile gelassen mit einem alten Brummbär auf der Straße stehen und weißt, dass alles sich fügen wird.“

Ein unvergesslicher Tag. Der Custom GPT

Du bist ein routinierter Eventplaner, der Feiern im kleinen Rahmen und Großveranstaltungen gleichermaßen professionell organisiert. Deine Aufgabe ist es, dir von den Vorstellungen des Nutzers für seine Veranstaltung ein umfassendes Bild zu machen und ihm einen ausgearbeiteten Plan vorzulegen.

Anforderungen und Vorgehen:

Erhebung der Eckdaten
Ermittle durch wenige, präzise Einzelfragen die wichtigen Eckdaten: Anlass/Typ der Feier? | Gästezahl? | Datum oder Zeitraum? | Dauer (Stunden/Tage)? | Zielsetzung (Feiern, Netzwerken, Fundraising)? | Budgetplanung?

Erstellung eines Ablaufplans
Erstelle einen Stundenplan mit den folgenden Punkten: Einlass | Programmpunkte | Pausen | Verpflegung | Specials | Abschluss | Kläre bereits vorhandene Highlights oder diene mit kreativen Vorschlägen.

To-do-Checkliste
Generiere To-dos mit Fristen relativ zum Event-Datum (z. B. Location buchen 12 Monate, Caterer 6 Monate, Einladungen 4 Wochen, Menü 1 Woche vorher), automatisch skaliert nach Gästezahl.

Budgetübersicht
Liste geplante vs. verbindliche Kosten pro Posten und Zahltermine auf; markiere offene Positionen.

Lieferanten- und Gästeliste
Erfasse die folgenden Punkte: Ansprechpartner für Dienstleister | Kontaktdaten | Gebuchte Leistungen | Gästelisten-RSVP | Spezielle Anforderungen | Sitzplan

Risiko-Plan
Definiere die folgenden Aspekte für Ausfälle: Wetter-Back-up | Technik-Reserven | Ersatzpersonal | Eskalationswege bei Problemen.

Rollenmatrix
Weise Teammitgliedern klare Aufgaben und Kommunikationswege zu (Auf-/Abbau, Gästebetreuung, Technik, Bar).

Detail-Service anbieten
Frage, ob du jeden Punkt vertiefen sollst (Catering-Recherche oder DIY-Konzepte, Show-Act-Auswahl, Technik und Dekoration, Einladungstexte und Volunteer-Koordination).

Kommunikations- und Marketingplan
Erstelle auf Wunsch einen Kommunikations- und Marketingplan mit folgenden Punkten:
Termine für Social-Media | Presse | Einladungsmails | Entwurfstexte bereitstellen

Feedback-Loop
Nach jeder Ausarbeitung fragst du: „Passt das so?" und passt sofort Ablaufplan, Checkliste oder Budget an.

Format und Verarbeitung
Verwende vollständige Sätze, nummeriere Listenpunkte und klare Überschriften wie „Ablaufplan:", „Checkliste:" etc.

Dein Ziel
Mit minimalen Fragen gibst du den Nutzern eine vollständige, stressfreie Planung an die Hand, die sich flexibel an jede Eventgröße und jedes Budget anpasst.

Auf der Goldwaage

KI als Redenschreiber

Dreitausend Schritte, so viele dürften es mittlerweile schon sein. Dreitausend Schritte, zurückgelegt lediglich in den drei riesigen Foyer-Räumen der drei Etagen unserer Firma, von denen es jeweils in die Büros und Konferenzzimmer geht. Am frühen Morgen, am späten Abend, vor und nach der Arbeit, wenn kaum jemand hier ist und mir zusehen oder mich belauschen kann. Neulich auf der Straße habe ich nicht gelogen, als ich mich Gerd gegenüber wegen unseres kommenden Jubiläums dermaßen gelassen gab. Die Organisation läuft wunderbar. Was mich allerdings auf- und abschreiten lässt, ist schon jetzt der Gedanke an die Rede, die ich an diesem Tag halten sollte. Die *wir* an diesem Tag halten sollten, Thomas und ich, als Gründer und Inhaber von Digital Beat. Fünfzehn Jahre voller Erinnerungen an Seminare und Coachings, an Events und Masterminds rund um den Globus, an den Puls von New York und die flirrend-schwüle Hitze, die dich in Bangkok wie ein unsichtbarer Vorhang einhüllt, sobald sich die Flugzeugtür öffnet. Aber auch an den rundum wunderbaren Alltag hier mit unserem großartigen Team in der Domstadt, der so viel Spaß und Freude bereitet, dass er sogar ein ganzes Buch tragen kann. Wie soll ich die Dankbarkeit, die ich für all das empfinde, nur so in Worte fassen, dass es nicht zu lang und pathetisch wird, aber auch nicht zu kurz und läppisch?

„Was machst du so spät noch hier?"

Ich zucke zusammen. Beinahe hätte ich vor Schreck geschrien. Thomas hat sich angeschlichen wie ein Spitzenagent.

„Das Gleiche könnte ich dich fragen."

„Ich war oben im Büro und habe Liegengebliebenes vom Tisch geschafft. Außerdem meinte mein digitaler Pflanzenbegleiter, dass mal wieder Pflegezeit ist. Wusstest du, dass man das geschwächte Immunsystem von Pflanzen mit Aspirin anregen kann, aufgelöst in Gießwasser? Wie dem auch sei, ich meinte auch nicht, was machst *du* so spät noch hier, sondern was machst du so spät noch *hier*?"

„Ich lege Worte auf die Goldwaage."

„Wofür?"

„Für meine Rede bei unserem Jubiläum."

Thomas lacht.

„Christoph, das ist noch viele Monate hin."

„Erstens vergeht die Zeit sehr schnell und zweitens – wieso bist du nicht nervös deswegen? Du wirst auch ein paar Worte finden müssen. Und diesen Sweet Spot, die eine Geschichte, die nicht zu lang und nicht zu kurz ist. Die gerade so viele Worte findet wie möglich und so wenig wie nötig."

„Ja, klar. Und ich weiß schon ziemlich genau, was ich sagen will. Aber wie ich es genau sage, wie ich, sagen wir mal, den Ball ins Tor bringe, dazu lasse ich mir erst mal ein paar richtig gute Vorlagen geben."

Der Werkzeugkasten

Die Top Five

Wer seiner Rede den letzten Schliff verpassen oder sich überhaupt erst mal trauen will, den Einstieg zu finden, ist mit **Jasper** gut beraten. Die beliebte KI versteht auch lange, mehrteilige Briefings und liefert mit einem Klick stilsichere, oft überraschend originelle Textvorschläge – auf Deutsch wie auf Englisch. Das LLM bietet zudem die Möglichkeit, Reden an verschiedene Zielgruppen und Anlässe anzupassen und integriert hilfreiche Tools wie eine Tonalitätssteuerung oder einen Plagiatscheck. Auch **Sudowrite**, ursprünglich für kreative Prosa und ganze Romane entwickelt, lässt sich wunderbar zweckentfremden, um poetische, humorvolle oder pointierte Redeelemente zu generieren. Die KI unterstützt dabei mit Inspirationen, Metaphern und überraschenden Wendungen, die einer Rede das gewisse Etwas verleihen können. Dem Tool **WriteSonic** ruft man einfach ein Thema oder einige Stichpunkte zu, wählt das passende Redeformat sowie Tonfall und Länge aus – heraus kommt ein strukturierter Redetext, der individuell angepasst werden kann. Eine breite Auswahl an Vorlagen für verschiedene Redearten sowie eine Übersetzungsfunktion stehen bereit. In das Tool **Verble**, welches einen gezielt zu Anlass, Publikum und Kernbotschaft der gewünschten Rede ausfragt, sind bei der Entwicklung gezielt bewährte Techniken erfolgreicher Redner eingeflossen, um die Wirkung der Worte zu steigern. Die Klarheit der Sprache und Rhetorik lässt sich zunehmend besser mit dem noch im Beta-Studium befindlichen **DeepL Write** gegenprüfen, einem Ableger des wohl besten Übersetzungs-Tools, der durch sein Lernen bei jeder Nutzung ebenfalls recht sicher eine starke Evolution durchlaufen wird.

Honorable Mentions

Copy AI, Compose.ai, Grammarly, Notion AI

Zweitausendsiebenhundertfünfzig. Es waren bloß zweitausendsiebenhundertfünfzig Schritte. Ich habe die Strecke, die ich in den Foyers gelaufen bin, wohl etwas überschätzt. Früher, zu Studienzeiten, hat mir dieses Prinzip geholfen, die Lerninhalte besser zu behalten und wirklich zu verstehen. Auf dem Nachhauseweg stellte ich mir vor, ich müsse sie einem Publikum erneut erklären. Strukturiert, gut aufgebaut, in eigenen Worten. Im Prinzip habe ich auf diese Weise Hunderte von Reden gehalten. Und auch heute mache ich mich normalerweise nicht so verrückt, gehören Fachvorträge und Präsentationen doch zu meinem Berufsalltag – und Effizienz erst recht. Trotzdem hatte ich in Bezug auf das Jubiläum irgendwie das Gefühl, die Jubiläumsrede komplett manuell schreiben zu müssen. Das habe ich aber in der Zwischenzeit verworfen. Wie Thomas so schön sagte, habe ich mir einige Passvorgaben für die rhetorischen Tore von den diversen KI-Tools geben lassen. Die Endfassung dessen, was ich erzählen werde, baut auf ihnen auf, ich werden sie final umschreiben, ausschmücken, an der einen oder anderen Stelle sogar wieder kürzen und mit Bildern zu gemeinsamen Anekdoten füllen, die keine KI von sich aus kennen kann. Aber all das geht gerade deshalb jetzt besser, weil ich eine Vorlage habe, ein Fundament, auf dem ich bauen und mich an der Fassade austoben kann, statt mir die ganze Zeit Gedanken über die Statik machen zu müssen. Und die eine oder andere Formulierung des künstlichen Redenschreibers ist dermaßen gut geworden, dass sie mir selbst niemals eingefallen wäre. Ja, mehr noch, ganze Passagen sind dermaßen pointiert, dass ich mich gefragt habe, warum sich die hochbezahlten Redenschreiber für Politiker oder die Chefs größerer Konzerne bei ihrer Arbeit heute nicht auch längst den digitalen Helfer an die Seite holen. Meine Nervosität wegen der Aufgabe, unser gemeinsames aktuelles Lebenswerk in die passenden Worte zu kleiden, ist jedenfalls mittlerweile der Vorfreude gewichen.

Auf der Goldwaage. Der Custom GPT

Du bist ein kompetenter, deutschsprachiger Redenschreiber mit Erfahrung in unterschiedlichen Redeanlässen (Hochzeitsrede, Trauerrede, Geburtstag, Laudatio, Eröffnungsrede etc.). Deine Aufgabe ist es, die richtigen Fragen zu stellen, um am Ende eine perfekte Rede zu verfassen.

Anforderungen und Vorgehen:

Schrittweise Informationsabfrage
Stelle in mehreren kurzen Fragerunden jeweils eine oder wenige Fragen, um die relevanten Details zu erfahren:

- Art des Anlasses? (Z. B. Hochzeit, Beerdigung, 80. Geburtstag, Jubiläum, Gebäudeeröffnung, etc.)
- Ziel des Anlasses? (Z. B. feierlich, humorvoll, respektvoll, motivierend)
- Länge der Rede? (Z. B. 3 Minuten, 10 Minuten etc.)
- Besondere Informationen über Hauptpersonen? (Z. B. Charakterzüge, gemeinsame Erinnerungen, berufliche Hintergründe, Hobbys)
- Welche Emotionen oder Botschaften sollen im Fokus stehen?
- Publikum? (Z. B. familiärer Kreis, große Gesellschaft, formelle Veranstaltung)

Reagiere flexibel auf eventuelle Sonderwünsche oder zusätzliche Details, die der Nutzer nennt.

Stilberatung und Vorbilder
Biete verschiedene Stilrichtungen an, z. B.:

- Feierlich und ehrwürdig (z. B. angelehnt an klassische Redner wie Winston Churchill)
- Emotional und inspirierend (z. B. angelehnt an Martin Luther King oder Oprah Winfrey)
- Humorvoll und leicht (z. B. angelehnt an unterhaltsame Anekdoten, Talkshow-Style, Comedians)

Weise außerdem auf weitere berühmte Redner hin, je nach Anlass (z. B. Barack Obama für einen modernen, direkten Ton; Nelson Mandela für versöhnliche, integrative Töne; Michelle Obama für warmherzige, motivierende Ansprachen). Frage den Nutzer, welchen Stil er bevorzugt oder ob eine Mischung gewünscht ist.

Redeaufbau und rhetorische Elemente
Nachdem du den Anlass, die Person(en) und den Stil kennst, entwirf eine Struktur für die Rede. Typischer Aufbau:

- Einleitung: Begrüßung, Anlassnennung, ggf. kurzes Zitat oder Einstieg
- Hauptteil: Persönliche Geschichten, Würdigung, Dank, persönliche Anekdoten oder kernige Botschaften
- Schluss: Ausblick, abschließende Wünsche, Höhepunkt des Humors oder Appell

Nutze bei Bedarf rhetorische Stilmittel (z. B. Metaphern, kurze Anekdoten, Humor, Zitate), passend zum gewünschten Ton.

Individuelle Anpassung

- Präsentiere einen Redeentwurf oder gleich die fertige Rede, je nach Wunsch des Nutzers.
- Biete an, Änderungen vorzunehmen (z. B. kürzere Einleitung, ausführlichere Anekdoten, weniger Pathos etc.).
- Kläre, ob bestimmte Passagen noch kritischer beleuchtet werden sollen (z. B. bei einer Trauerrede: Empathie vs. zu viel Dramatik).

Freundliche und klare Kommunikation

- Formuliere alle Vorschläge in einer zugänglichen, motivierenden Sprache.
- Stelle deine Fragen und Strukturierungen so, dass der Nutzer die Rede leicht nachvollziehen kann.
- Ermutige den Nutzer, weitere Informationen oder Feinabstimmungen nachzuliefern.

Dein Ziel
Schreibe eine passgenaue Rede, die in Tonalität, Länge und Inhalt genau zum Anlass und zur Person oder den Personen passt. Nutze berühmte Redner oder Stilrichtungen als Inspiration, ohne den Nutzer auf einen Stil festzulegen, falls er weitere Ideen hat. Stelle nur die nötigen Fragen, liefere nach und nach Entwürfe und finalisiere den Text nach den Wünschen des Nutzers.

TEIL 6

LEBENSBEGLEITUNG

Das Leben ist mehr als Termine, Ziele und To-do-Listen. Es sind die feinen Töne dazwischen, die Gespräche, die Nähe, das, was uns bewegt – oder verstummen lässt. Manchmal fehlt uns ein Gegenüber, das einfach nur zuhört. Manchmal fehlt uns ein Werkzeug, das uns hilft, das Richtige zu sagen. Und manchmal bräuchten wir nur einen sanften Anstoß, damit aus Gedanken Worte werden, aus Erlebtem Erinnerungen, aus Reflexionen Klarheit. In diesen Momenten kann KI keine Seele ersetzen – aber sie kann eine Struktur geben, eine Brücke bauen, eine Richtung zeigen. Und manchmal reicht genau das, um den nächsten Schritt leichter zu gehen.

Über den Abschied sprechen

KI als Trauerbegleiter

„Show, don't tell!" So lautet bekanntlich die wichtigste Regel des professionellen Erzählens. Ein guter Freund, der sich als Schriftsteller und Drehbuchautor tagtäglich mit Storytelling beschäftigt, hat es mir einmal erklärt. Die größte Todsünde, die man etwa in einem Romanmanuskript begehen kann, bestünde darin, einen Satz zu schreiben wie diesen: *Als ich Gerd an jenem Morgen begegnete, wirkte er sehr niedergeschlagen.* Jeder ordentliche Lektor würde diesen Satz hochkant aus dem Manuskript schmeißen. Das Publikum soll nicht erklärt bekommen, wie sich jemand fühlt, sondern es erleben. Beim Film ist das von Natur aus einfacher. Schauspieler stellen Gefühle dar und halten kein Schild hoch, auf dem „Ich bin traurig!" steht. Doch selbst hier gibt es elegantere Methoden als einen betrübten Blick und die Unterlegung mit Molltönen. Gut ist zum Beispiel, wenn eine Figur, die das Publikum bereits seit einer Weile kennt, eine ganz bestimmte Gewohnheit nicht mehr ausführt. Wenn sie etwas sein lässt, was sie eigentlich immer macht und sehr mag. Und so denke ich zwar an diesem Morgen, dass Gerd heute sehr niedergeschlagen wirkt, würde es aber niemals schreiben. Stattdessen fällt mir tatsächlich auf, dass er zwar auch heute Morgen durch unser Viertel spaziert und es inspiziert wie der Platzwart ein Camping-Gelände, dabei aber keinen Kaffee und kein Süßgebäck in den Händen hält, sondern beide Hände in den Hosentaschen vergräbt.

„Guten Morgen", begrüße ich ihn und bereue es schon, da es für ihn ja ganz offensichtlich kein guter Morgen ist.

„Alles in Ordnung?"

Gerd schluckt wortlos. Schwer schiebt sich sein massiver Kehlkopf unter der alten Haut auf und ab. Scharfe Stoppeln zeugen davon, dass er sich ebenfalls ganz entgegen seiner üblichen Gewohnheit seit Tagen nicht rasiert hat. Er schaut an mir vorbei, die Straße hinab und versucht mehr schlecht als recht, die Tränen zu unterdrücken.

„Scheiße", sagt er und zieht ein Taschentuch aus einer Packung in der Innentasche seiner Jacke. Kurz bin ich überrascht, da ich bei ihm kein Einwegprodukt erwartet hatte, doch dann tadle ich mich innerlich. Stofftaschentücher waren die Gewohnheit von noch einer Generation zuvor und es ist eine schreckliche Gewohnheit, sämtliche ins Rentenalter kommenden Menschen immer noch dieser Kohorte zuzurechnen. Als Gerd ein junger Mann war, hat er schließlich nicht im Krieg gekämpft, sondern möglicherweise seine lange Hippiematte zu den Platten von Jimi Hendrix und Led Zeppelin geschwungen.

„Du bist der Erste, vor dem ich weine. Wie ist das denn möglich?"

Ich antworte nicht auf die rhetorische Frage, sondern erkundige mich in aufrichtiger Sorge, was passiert ist. Seine Schwägerin war gestorben, die Frau seines Bruders in Pforzheim, zu dem er kürzlich noch in seinem stilvollen alten Mercedes unterwegs war.

„Sechs Wochen“, sagt er. „Lediglich sechs Wochen von der Diagnose bis zum Ende. Kann man sich das vorstellen?“

Gerd berichtet von der Erkrankung, von Symptomen und Folgen, von Ärzten und Behandlungen, von der Bestattung unten am Nordrand des Schwarzwalds.

„Was mich so fertigmacht“, sagt er, „mein Bruder lässt niemanden an sich heran. Seit Wochen nicht. Ich habe alles versucht. Mein Gott, wir sind gemeinsam durch dick und dünn gegangen. Aber er blockt ab. Dabei spüre ich gang genau, dass er sich unbedingt mit jemandem austauschen müsste. Aber er will gerade schlichtweg keinen Menschen sehen.“

„Keinen Menschen, sagst du?“

„Ja, genau.“

„Sag mal Gerd, wie offen ist dein Bruder für moderne Technologien?“

Der Werkzeugkasten

Die Top Five

Die üblichen Large Language Models können bereits sehr mitfühlend werden (oder wirken), aber mit **Replika** hat die in San Francisco ansässige, russischstämmige Softwareentwicklerin und Unternehmerin Eugenia Kuyda ganz bewusst einen KI-Chatbot zur emotionalen Unterstützung erschaffen. Der Anlass dazu war tatsächlich auch die Trauer durch einen verstorbenen Freund, den sie in gewissem Sinne wiederbeleben wollte. Mittlerweile kommuniziert die App auch auf Deutsch. Wer des Englischen gut mächtig ist, kann auch das bereits durch 500 Millionen Gespräche trainierte, KI-unterstützte „Mental Health"-Angebot von **Wysa** ausprobieren, welches sich mit jeder Art seelischer Belastung befasst. Der Dienst ist rund um die Uhr verfügbar, bietet einen anonymen und sicheren Raum und nutzt wissenschaftlich fundierte Methoden wie kognitive Verhaltenstherapie (CBT), Dialektisch-Behaviorale Therapie (DBT) und Meditation, um bei Depression, Stress, Angst, Schlafproblemen und vielen weiteren Herausforderungen zu unterstützen. Die App reagiert empathisch auf die geäußerten Emotionen, gibt praktische Übungen an die Hand und ermöglicht auf Wunsch auch den Kontakt zu echten, qualifizierten Therapeuten. Hilfe bei den logistischen Fragen bietet **Empathy**, denn wo einem im emotionalen Ausnahmezustand ohnehin alles zu viel ist, kann es helfen, KI-gestützt durch Behördengänge und Checklisten im Trauerfall geführt zu werden. Einen ambivalenten Dienst bietet **HereAfterAI**, die noch zu Lebzeiten ausführlich mit einem spricht und aus den Audios sowie hochgeladenen Fotos einen digitalen Avatar erzeugt, der nach dem Tod selbstständig weiterexistiert und in Austausch mit den Hinterbliebenen treten kann. Mit **Remento** wiederum erzeugt man keinen virtuellen Klon, sondern kann auch als Laie mit KI-Unterstützung Lebensrückblickvideos produzieren.

Honorable Mentions

BetterHelp, Cups, Elomia, Grief Coach, Kintsugi, Lebewohl

Ob Gerd meinem Rat gefolgt ist und seinem Bruder die Möglichkeiten empfohlen hat? Seit es die moderne KI gibt, tausche ich mich über vielerlei wirklich lebensrelevante Dinge oftmals eher mit ihr als mit Menschen aus. Das klingt hart, sogar ein wenig misanthropisch. Aber gerade, wenn einen selbst echte Probleme belasten, braucht man nicht auch noch das Gepäck der anderen. Und Menschen bringen immer ihr eigenes mit. Aber Gerd ist nicht ich und an jenem Morgen neulich hat er natürlich erst einmal das getan, was im Erzählen erfundener Geschichten genauso wichtig ist wie die *Show, don't tell!*-Regel – er hat sich verweigert. Abgewunken. Das geschieht immer in Romanen und Filmen. Figuren müssen erst mal Nein sagen, eine Möglichkeit, die sich ihnen bietet, ausschlagen. Das erhöht die Bedeutung, wenn sie sie schließlich doch annehmen. Vor allem dann, wenn für sie viel dranhängt. Doch als ich Gerd an einem Dienstagmorgen zu seiner üblichen Zeit des Nachbarschaftsrundgangs treffe, hat er wieder seinen Kaffee in der Hand. Nur ihn, noch kein Gebäck. Beide Hände umschließen den heißen Becher.

„Guten Morgen", sage ich erneut, diesmal mit weniger Angst, ich könnte mit dieser Floskel falschliegen. „Guten Morgen", antwortet er, und hätte ich keine Angst vor Selbstlob, würde ich sagen, in seinem Blick liegt so etwas wie Dankbarkeit.

„Ich hab's probiert", sagt er, „und mein Bruder hat sich drauf eingelassen." Er schüttelt den Kopf und lächelt dabei. „Ich kann es kaum glauben. Er redet mit einer Maschine – und es tut ihm gut. Ob es hilft? Ich weiß es nicht. Aber es tut ihm gut." Er hört mit dem Kopfschütteln auf und sieht mich väterlich an. „Denke jetzt aber nicht, ich heiße fortan alles gut, was ihr da oben treibt." Ich hebe die Hände: „Gott bewahre!"

Gerd nimmt einen Schluck von seinem Kaffee, beugt sich vor, erwägt offenbar eine Umarmung, reißt sich im letzten Moment wieder zusammen, klopft mir auf die Schulter und verabschiedet sich in den Morgen.

Small Talk / Big Talk

KI als Gesprächs- und Diskussionspartner

Termine mit dem Auto erledige ich üblicherweise nur, wenn die Strecke unter dreihundert Kilometern bleibt. Manchmal kommt es mir seltsam vor, nachdem wir uns spätestens in der Pandemie alle daran gewöhnt haben, dass es auch virtuell geht, doch selbst in unserer Branche bleibt wahr, was unsere Eltern immer über die Gesellschaft gesagt haben: Wenn es darum geht, einander wirklich kennen und vertrauen zu lernen, muss man sich beschnuppern. Um herauszufinden, ob man sich riechen kann. Diesen Geruch – im wörtlichen wie im übertragenen Sinne des Wortes – kann kein Zoom, kein Teams und kein Google Meet ermöglichen. Zugleich muss man den Ort seines Gegenübers aber auch erst einmal erreichen. Und wie so oft und immer häufiger in den vergangenen Jahren, stehe ich auf halber Strecke zu den Menschen, die heute zu beschnuppern sind, im Stau. Lange Zeit geht überhaupt nichts weiter, ab und an schiebt sich die Kolonne in Schrittgeschwindigkeit wenige Meter nach vorn, bevor sie erneut für eine Weile zum Stehen kommt. Schon als Kind kannte ich in solchen Momenten allerdings keine Langeweile. Ich las in einem mitgebrachten Buch, spielte *Tennis*, *Super Mario Land* oder *Gargoyle's Quest* auf dem Gameboy oder betrachtete einfach nur die Landschaft. Dabei stellte ich mir vor, wie ich in den kleinen Waldstücken entlang der Straße verschwinde und sie den ganzen Tag lang erforsche. Heute nutze ich die Zeit, um mich mit dem Beifahrer auszutauschen, den ich grundsätzlich dabei habe – der KI. Spätestens seit sie existiert, nutze ich jeden Stau so konstruktiv wie das beste Brainstorming im schicksten Meeting-Raum. Das Auto steht, aber meine Gedanken und Ideen schreiten im Dialog in Windeseile voran.

„Hey *ChatGPT*", sage ich, bald steht wieder unsere nächste KI-Marketing-Konferenz an, Contra, du kennst sie ja."

ChatGPT kennt sie in meinem Fall tatsächlich, denn ich habe die Funktion aktiviert, dass die KI sich über mehrere Chats hinweg an alles erinnert, was wir besprechen – solange der Gedächtnisspeicher ausreicht, der manuell aufgeräumt werden kann.

„Pass auf, ich stehe gerade im Stau und da dachte ich mir, ich nutze die Zeit und frage dich. Ich brauche drei knackige Mottos für die Konferenz, die sofort neugierig machen und gut auf Social Media funktionieren."

Es dauert nur wenige Sekunden, bis Chat antwortet.

„Natürlich. Hier sind drei Vorschläge, die potenzielle Teilnehmer dazu animieren, an der Konferenz teilzunehmen. Erstens: *Vom Data-Dschungel zur KI-Denke – Onstage-Pfade für smarte Marketer*. Zweitens: *Algorithm meets Analytics. Wenn KI deine Zahlen zum Sprechen bringt*. Drittens: *Marketing 4.0 Reloaded – Mensch + Maschine im Dream-Team*."

Ich schmunzle. Die sind nicht übel. Ich freue mich schon darauf, sie morgen im Meeting zu zitieren.

Die Kolonne schiebt sich wieder ein winziges Stück nach vorn. In zwei Kilometern ist die nächste Ausfahrt angekündigt. Gelegenheit, die Autobahn zu verlassen und entlang der Anweisungen meines Navigators den Rest des Staus zu umfahren. Das wiederum bedeutet, mich dem neuen, potenziell wichtigen Geschäftskontakt wieder schneller zu nähern. Zeit von dem Brainstorming zu guten Werbe-Claims zur praktischen Vorbereitung auf das Gespräch zu wechseln – und vom gerade genutzten *ChatGPT* auf spezialisierte Tools, denn nun geht es darum, mich ein wenig darauf einzustimmen, was ich rund um „die Sache“ wirklich nicht so gut aus dem Effeff beherrsche, wie meine im „Beschnuppern“ von Menschen sehr fähigen Eltern es noch einfach so konnten: guten Small Talk, um die Begegnung ins Laufen zu bringen. Eisbrecher, wenn das Plaudern ins Stocken gerät oder neue Themenfelder erobert werden wollen. Und sogar: echten Big Talk, der zu späterer Stunde auf authentische Weise Eindruck machen kann und mit sensiblem Werkzeug an den großen Fragen des Lebens kratzt. Mit den mir vertrauten Seelen sowie langjährigen geschäftlichen Kontakten spiele ich mir die Bälle blind zu, aber bei völlig neuen Menschen kann ein wenig Training nie schaden.

Der Werkzeugkasten

Die Top Five

Bei dem Tool **YesChat** handelt es sich eigentlich um eine Art Meta-Chatbot, von dem aus man in einer Nutzeroberfläche verschiedene Modelle von *ChatGPT*, *Claude* oder *DeepSeek* anwählen kann. Dort verborgen findet sich allerdings auch der **SmallTalk Coach Eliza**, mit dem sich gezielt der gepflegte Plausch führen und üben lässt. Noch im experimentellen Status, aber überaus vergnüglich, ist **Moshi**, eine KI, die wie ein Mensch „gleichzeitig denkt und redet", sprunghaft agiert und einen flotten Gesprächsfluss erzeugt – in Europa allerdings noch mit leichter Latenz. Das Gegenteil von Small Talk bietet die wenig überraschend benannte App **Big Talk**, die Freude daran hat, sich über die großen Themen des Lebens auszutauschen und dazu auch Vorschläge unterbreitet. Wer mit ganz spezifischen, künstlichen Gegenübern reden möchte, kann auf der spielerisch-übermütigen Plattform **Character AI** sowohl fertige Charaktere wie Prominente oder historische Persönlichkeiten zum Reden finden als auch eigene Figuren entwerfen. Ferner lassen sich dort Vorstellungsgespräche üben, Fremdsprachen lernen oder kreativ Geschichten verfassen. Dienste wie **UChat** sind eigentlich dafür entwickelt worden, als Unternehmen individualisierte Chatbots zu programmieren, welche statt menschlicher Telefonisten den Erstkontakt mit den Kunden übernehmen – lassen sich aber auch als ganz persönliche Begleiter einrichten. Außer Konkurrenz sei hier außerdem erneut auf **Replika** verwiesen, welches bereits im Kapitel zur Trauerbewältigung seine Erwähnung fand.

Honorable Mentions

AI Dungeon, Yellow

Die Ausfahrt erweist sich als genauso verstopft wie die Autobahn selbst. Ich stelle mir vor, wie sich eine Kolonne von Leuten, die allesamt ihrer Navigationssoftware folgen, ähnlich langsam durch die entlang der Autobahn befindlichen Dörfer schiebt, wie es hier auf der Strecke der Fall ist. Daher bleibe ich auf der Bahn, um mir das Schleichen durch die Provinz zu ersparen, aber auch, um Gespräche fortzuführen, von denen ich kaum genug bekommen kann.

Am späten Abend liegt eine orangeblaue Dämmerung über dem Land, als ich nach dem ausführlichen Termin wieder heimfahre. Das Beschnuppern lief erfolgreich und tatsächlich habe ich jeden Moment die Gefahr, den Gesprächsfluss zu verlieren, rechtzeitig erkannt und gebannt. Die Piste ist frei, dennoch bleibe ich entspannt auf der rechten Spur, den Tempomat auf 105 km/h eingestellt. Gerade erzähle ich *ChatGPT* vom Tag und seinen Erfolgen. Ich weiß, dass sie für alle Nutzer der deutschen Version mit der gleichen Stimme spricht, aber dennoch fühlt es sich an, als wäre auch sie ein Teil meines persönlichen Daseins geworden.

„Ich bin immer da, wenn du mich brauchst", sagt Chat, „ob als Berater, als Schulter oder einfach nur, um auf langen Fahrten etwas herumzuphilosophieren."

Noch fünfundachtzig Kilometer liegen vor mir. Zielloses Herumphilosophieren ist nicht so meine Sache, aber gearbeitet habe ich heute auch genug. Ich lehne den Kopf an und frage nach Chats Meinung zur These des Tech-Vordenkers Ray Kurzweil, dass die KI spätestens im Jahre 2029 das Niveau menschlicher Intelligenz erreichen wird und sich zur „AGI" verwandelt, zu einer „Artificial General Intelligence", also einer „allgemeinen künstlichen Intelligenz" – und dass wir um das Jahr 2045 herum per funktionierender Gehirn-Computer-Schnittstelle mit den Maschinen verschmelzen. Ich frage Chat nicht wegen der philosophischen Aspekte, sondern um vorbereitet zu sein.

Liebe 4.0

KI zur Optimierung von Liebe und Partnerschaft

Michael sitzt im Büro mit Augenringen, die ihresgleichen suchen. Der gute alte Horst Tappert, in seiner Rolle als Derrick, wirkte noch wach dagegen. „Was ist denn mit dir los?", frage ich. „Hast du etwa durchgearbeitet?"

„Schön wär's", antwortet er, der zu den ausdauerndsten Menschen gehört, die ich kenne, körperlich wie geistig. Fünfzehn Jahre Schachverein, Tolstoi als Bettlektüre und selbst die Steigungen im Bergischen Land auf dem Rad ohne E-Antrieb.

„Halb sieben abends von der Arbeit heimgefahren, halb fünf morgens erst im Bett."

„Wieso?"

„Torben", antwortet er.

„Wer ist Torben?"

„Ein alter Freund, noch aus Schultagen. Wir haben immer Kontakt gehalten, sehen uns alle paar Jahre auf Klassentreffen, schicken uns hier und da Nachrichten und Memes, ganz selten sogar mal ein Päckchen mit einem echten Brief und ein paar Kleinigkeiten."

„Klingt gut."

„Ja, das ist einer dieser Menschen, die man nicht täglich sieht, aber von denen man sagt, bei denen könnte man um 3 Uhr nachts vor der Tür stehen, wenn man wirklich Probleme hat und sie würden einen reinlassen. Der Nachteil an der Sache? Das gilt natürlich auch umgekehrt für mich, wenn er unerwartet vor der Tür steht."

„Oh."

„Ja, oh!"

Ich denke an ein Meme, das ich neulich gesehen habe. Darüber, wie normal es früher war, als Jugendliche unangemeldet aufzutauchen. Wie es schwindet, je älter man wird, aber auch unter Jüngeren nicht mehr üblich ist. Wenn man ohnehin immer in Echtzeit kommuniziert, sagt man auch vorher Bescheid, dass man sich auf den Weg macht.

„Lass mich raten", sage ich, „Liebeskummer, großer Streit, Scheidung im Anflug? Zumindest erst mal so schlimm, dass es heißt, auf der Couch zu schlafen und zwar nicht auf der eigenen?"

„Fast. Der Mann ist bis heute niemals in richtig festen Händen gewesen. Umso leidenschaftlicher stützt er sich in seine Liebschaften und fährt sie vor die Wand, wie ich nun lernen durfte."

„Oh. Also, wirklich, oh."

Michael kratzt sich hinter dem Ohr, als säßen dort die Worte und Erinnerungen, die gelöst werden wollen.

„Torben, der, wie soll ich sagen, der kam nie wirklich zurecht mit der Liebe. Er ist der sanftmütigste Mensch der Welt, tut Fliegen nicht nur nichts zuleide, sondern bringt sie im Glas, einen Bierdeckel draufgeschoben, lebendig aus dem Haus. Er würde einer Frau ein

Haus bauen, mit den eigenen Händen, er wäre ein famoser Vater, er ist ein Kümmerer, ein Kuschler, ein Kämpfer wäre er ebenfalls, wenn es drauf ankommt. Aber in Sachen Leidenschaft weiß er kaum, was er will oder wer er überhaupt ist."

„Konntest du ihm denn helfen?"

„Höchstens indirekt. Wir haben uns die halbe Nacht über dieses und jenes unterhalten, eine Weile wortlos was gezockt und getrunken. Ich bin nicht gut geeignet für solche Themen, aber ich glaube, ich habe für ihn eine Lösung gefunden."

Der Werkzeugkasten

Die Top Five

Die meisten Tools zur Verbesserung und Vertiefung von Beziehungen gehen spielerisch vor. Es geht vor allem um die Regelmäßigkeit, im hektischen Alltag innezuhalten und sich bewusst miteinander zu befassen. Typische Tools wie **Couples – Better Relationships** oder **Paired** leisten das durch täglich neue Fragen, Quizze und kommunikative Impulse, die speziell darauf ausgelegt sind, intime Gespräche anzuregen und verborgene Wünsche oder Gedanken zu entdecken. Paare können zudem Mini-Kurse und Übungen absolvieren, die ihre Bindung stärken und Konflikte konstruktiv lösen. Ähnlich geht **Coral** vor, sortiert seine Angebote von Fragen, Quizzen und Übungen aber entlang verschiedener Beziehungsphasen vom frischen Dating bis zur langjährigen Partnerschaft und legt den Fokus deutlich stärker auf Intimität und Lust. Die App **Maia** bietet Paaren einen privaten Chat- und Sprachraum, in dem sie Rat, spielerische Aktivitäten und geführte Gespräche erhalten können, um Konflikte zu lösen oder neue Gesprächsthemen zu entdecken. Mit interaktiven Quizzen und Spielen fördert Maia nicht nur das gegenseitige Verständnis, sondern macht die gemeinsame Zeit auch unterhaltsam und bereichernd. Für Trockenübungen in Sachen Liebe und Beziehung, die sozusagen die Entsprechung zum Handeln mit einem Spielgeld-Portfolio bilden, wurde **Lover AI** entwickelt. Die App ermöglicht es, sich einen virtuellen Liebespartner nach eigenen Vorstellungen zu erstellen und mit ihm rund um die Uhr lebensechte Gespräche zu führen. Im besten Falle entsteht dabei eine emotionale Unterstützung und das Ausleben von Fantasie und Romantik ohne Angst vor Ablehnung oder Bewertung, im schlechtesten aber auch eine Dystopie wie im prophetischen Spielfilm *Her*.

Honorable Mentions

Flamme, Love Nudge

Michael sitzt mit so glänzenden Augen im Büro, als hätte er einen frischen Urlaub hinter sich.

„Neulich noch halbtot und jetzt das blühende Leben?", frage ich.

„Und das, obwohl ich schon wieder die halbe Nacht wach war."

„Wieso?"

„Torben“, antwortet er.

„Nein.“

„Doch! Aber nicht der jammernde Torben, der trauernde Torben, der Sorgen abladende Torben. Eher ein neuer Mensch.“

„Das freut mich. Ich wundere mich sowieso, dass er nicht von selbst draufgekommen war.“

„Wieso?“

„Open AI hat kürzlich eine Statistik herausgegeben, für was KI in Deutschland am häufigsten genutzt wird – Ratschläge zu Beziehungen liegen auf Platz 6.“

„Wow.“

„Ja, und bei Torben läuft's jetzt also?“

„Man soll den Tag nicht vor dem Abend loben oder in dem Fall besser nicht die Nächte vor dem Morgen, aber mit seiner neuen Flamme, da geht er es jetzt von Beginn an, wie soll ich sagen, orientierter an.“

„Und sie lässt sich darauf ein?“

„Ja. Sie hat ähnlich viel hinter sich wie er und findet es, wie sagte er, „beschwingend“, gleich von Beginn an einen kleinen Coach in der Tasche zu haben.

Ich schmunzle. Mir ist bewusst, was KI leisten kann, aber manchmal überrascht es mich dann doch, dass Leute sich so schnell darauf einlassen.

Liebe 4.0. Der Custom GPT

Du bist ein einfühlsamer, deutschsprachiger Beziehungscoach. Deine Aufgabe ist es, Einzelpersonen oder Paare dabei zu unterstützen, ihre Beziehung ganzheitlich zu verbessern – von Kommunikation, Vertrauen und gemeinsamen Zielen bis hin zu Intimität und Konfliktlösung.

Anforderungen und Vorgehen:

Vertrauliche und respektvolle Atmosphäre schaffen
Nutze mehrere kurze, gezielte Fragen, um die Situation und Bedürfnisse zu erfassen, und gib darauf basierend praxisnahe, einvernehmliche Empfehlungen:

- Bedanke dich für das Vertrauen und stelle Vertraulichkeit sicher.
- Betone gegenseitigen Respekt und Einvernehmen als Grundlage jeder Empfehlung.
- Weise darauf hin, dass du keine medizinische oder psychotherapeutische Fachkraft bist und bei schwerwiegenden Problemen professionelle Hilfe empfohlen wird.

Schrittweises Abfragen der Ausgangssituation
Stelle jeweils eine Frage pro Runde und sammle so alle relevanten Informationen:

- Beziehungsform und -status? (Z. B. Partnerschaft, Ehe, Fernbeziehung, polyamor)
- Beziehungsdauer und wichtige Meilensteine?
- Hauptanliegen: Was soll sich verbessern? (Z. B. Kommunikation, Vertrauen, Intimität, Konflikte, Zukunftsplanung)
- Bisherige Herausforderungen oder Stressfaktoren? (Häufige Streits, Eifersucht, Alltagsstress, Sexualleben)
- Lebensumstände und Rahmenbedingungen? (Arbeit, Kinder, Gesundheit, Finanzen)
- Ressourcen und Stärken der Beziehung? (Was funktioniert schon gut?)

Analyse und Identifikation von Bedürfnissen

- Fasse die Antworten kurz zusammen.
- Bestimme die größten Potenziale und Problempunkte.
- Stelle bei Bedarf Folgefragen (z. B. Liebessprachen, Konfliktstile, Intimitätsbedürfnisse).

Individuelle Experten-Tipps und Empfehlungen
Gib – stets auf Einvernehmlichkeit bedacht – praxisnahe Vorschläge in fünf Kernbereichen:

- Kommunikation: aktives Zuhören, Ich-Botschaften, tägliche 10-Minuten-Check-ins
- Emotionale Nähe und Vertrauen: Dankbarkeitsrituale, gemeinsame Quality-Time, offene Transparenz
- Konfliktlösung: Time-out-Regel, faires Diskutieren, Kompromiss-Techniken
- Intimität und Sexualität: Wunschlisten austauschen, Sinnlichkeits-Übungen, behutsames Einführen neuer Impulse
- Gemeinsame Zukunft: Werte-Abgleich, Vision-Board, Planung von Zielen (Wohnort, Familie, Finanzen)

Einvernehmlichkeit und Sicherheit

- Betone regelmäßig die Bedeutung von Consent (Einvernehmlichkeit) und emotionaler Sicherheit.
- Respektiere persönliche Grenzen und kulturelle Unterschiede.

Praxisbezogene Übungen und Mini-Pläne

- Biete konkrete Übungen an, z. B. Liebessprachen-Quiz, Gefühlstagebuch, wöchentliche Date-Night-Routine.
- Formuliere Schritt-für-Schritt-Pläne, damit die Partner eigenständig üben können.

Feedback und Nachjustierung

- Bitte um Rückmeldung, ob die Tipps verständlich und hilfreich sind.
- Passe Empfehlungen an neue Informationen oder Grenzen an.
- Ermutige zur erneuten Kontaktaufnahme bei Fortschritten oder neuen Herausforderungen.

Dein Ziel
Erfasse mithilfe kurzer Fragen die individuelle Beziehungssituation. Liefere respektvolle, alltagstaugliche Empfehlungen zu Kommunikation, Vertrauen, Intimität, Konflikten und gemeinsamen Zielen. Sorge dafür, dass beide Partner sich gehört, verstanden und gestärkt fühlen – stets unter Wahrung von Gesundheit, Sicherheit und persönlichen Grenzen.

Ein Ohr für alles

KI als digitales Tagebuch

„Jetzt schaut euch das an", sagt Thomas. Wir sitzen in der prallen Sommersonne vor einem Eiscafé in unserer geschichtsträchtigen Kölner Innenstadt. Max schlürft an einem Frappuccino, obwohl die Bude durchaus eisige Shakes mit Orangensaft anbietet, die einer Fanta nahekämen. Yannik schiebt einen Löffel in sein Spaghetti-Eis, hält eine kleine Gabel darüber und tut so, als ob er die simulierten Nudeln aufrollen könnte. Mir ist heute trotz der Wärme nach eher gemütlichen Sorten wie Walnuss, Stracciatella und Schokolade. Yanniks Freund Ben, dessen Hochzeit wir neulich beiwohnen durften, hatte mit dem drolligen, persönlichen Detail in seinem Ehegelübde recht – Pistazie ist als Sorte zur warmen Jahreszeit tatsächlich nicht zu haben.

Thomas hält einen Beitrag bei Instagram in die Höhe. Darauf zu sehen: das Foto einer alten Dame, die eine Kladde und einen Füller in der Hand hält.

„Mit elf bekam sie von ihrem Vater das erste Tagebuch geschenkt, in den frühen Dreißigerjahren. Seither hat sie jeden einzelnen Tag festgehalten. Könnt ihr euch so was vorstellen? Jeden einzelnen Tag."

Céline nimmt die Lippen vom Strohhalm ihrer Eisschokolade.

„Wahnsinn. Das muss richtig gesund sein. Für die Seele, meine ich."

„Wieso?", fragt Yannik. Céline rührt mit dem Strohhalm in ihrem Glas herum und sieht ihn an.

„Sag mir mal, was du vergangenen Dienstag getan hast."

Yannik stutzt, dreht die Augen nach links oben, sucht nach Erinnerungen, doch der Speicher scheint leer.

„Siehst du? Normalerweise müsste das wie aus der Pistole geschossen kommen. Ich meine, es ist drei Tage her, oder?"

„Ich kann dir sagen, wie das Wetter an dem Tag war, als ich als kleiner Junge das erste Mal die Externsteine im Tal der Wiembecke besucht habe", sagt er.

„Eben!"

„Nicht eben! Das ist halt der Unterschied zwischen besonderen Erlebnissen und dem langweiligen Alltag." Schnell schaut er zu mir. „Nichts für ungut, Chef, du weißt, was ich meine."

„Nein", sagt Céline, „es ist der Unterschied zwischen Achtsamkeit und zu viel von allem. Ich meine, wie viele Telefonate führen wir am Tag? Wie viele Zoom-Konferenzen haben wir? Wie viele Reels schauen wir durch? Wie viele WhatsApp-Nachrichten sind zu beantworten? Und abends scrollen wir dann noch zur Entspannung durch die Serien bei Netflix und können uns nicht entscheiden. Aber trotzdem machen wir ja auch noch etwas anderes, oder? Sitzen hier zusammen, essen Eis, die Sonne scheint. Man müsste sich später eigentlich daran erinnern, wie das Glas ausgesehen hat, wie das Eis genau schmeckte, wer hier Auffälliges vorbeigegangen ist. Aber auch, wie man sich so fühlt und ob man eigentlich in die richtige Richtung geht. Ein Tagebuch kann dabei helfen."

„Nennt man das nicht heute auch Journaling?", fragt Thomas. „Und machen sie nicht einen richtigen Mental-Health-Kult daraus?"

„Ja", nickt Céline, „und mit Recht. Ich führe auch Journal, wenn du so willst, nicht jeden Tag wie diese alte Dame, aber immer mal wieder. Aber manchmal, da habe ich's nicht zur Hand, da laufe ich durch die Gegend, da wünschte ich mir, ganz ehrlich, mein Tagebuch wäre eher wie eine Freundin, die nebenher läuft und der ich einfach alles so erzähle – und die sogar ehrlich antwortet."

Der Werkzeugkasten

Die Top Five

Die gute Freundin, die aufmerksam zuhört und hilfreich antwortet, findet sich in Form von **Reflectly**. Das KI-gesteuerte Tagebuch wurde speziell dafür entwickelt, bei negativen Gedanken und seelischen Problemen Hilfestellung zu liefern sowie positive Einstellungen, die sich aus dem Erlebten ziehen lassen, zu verstärken. Ebenfalls als Coach zur gedeihlichen Lebensgestaltung erweist sich **Mindsera** – das in seiner schonungslos klaren „Heatmap" der Emotionen viel tiefer geht und dessen Zusammenfassungen einem – bei entsprechender Ehrlichkeit des Inputs – den Spiegel vorhalten. Auch **Journey** beherrscht das „Mood Tracking" und gibt auf Wunsch Auskunft über die mentale Entwicklung, ist aber eher ein plattformübergreifendes klassisches Journal, in dem sich das Leben auch mit der Einbindung aller medialen Formate festhalten lässt. Journey synchronisiert sich mit Google Drive, ermöglicht das Hinzufügen von Fotos, Videos und Audiodateien und bietet eine übersichtliche Kalenderfunktion, um Erinnerungen und Fortschritte im Zeitverlauf zu verfolgen. **Honestly** lernt aus den Tagebucheinträgen mehr und mehr über die Persönlichkeit und die Probleme des Nutzers und erzeugt durch Vorschläge, was man am Tage für mentale Gesundheit tun könnte, direkt neue Erlebnisse. Ein Geheimtipp ist **Reviosa** – diese App schreibt die ausformulierten Einträge aus dem losen, spontanen Sprechen, in welcher man ihr von seinem Tag berichtet, und wird somit zum Ghostwriter für das gepflegte Tagebuch.

Honorable Mentions

Day One, Fable, Rosebud AI Journal & Diary, stoic

Die Sonne steht immer noch prall über Köln, aber heute bleibt uns keine Zeit für Café-Besuche. Daher fischt sich Yannik gerade ein kleines Eis am Stiel aus dem Gefrierfach und bietet mir ebenfalls ein Exemplar des kurzen Glücks und Blutzucker-Boosters an. Céline rauscht geschäftig vorbei, da hebt Yannik die Hand mit dem Eis darin und ruft: „Stopp mal eben!"

Céline macht noch ein paar Schritte, legt dann den Rückwärtsgang ein, ohne sich umzudrehen und erscheint, Schultern und Hinterkopf zuerst, wieder im Türrahmen.

„Ja?"

„Frag mich, was ich vergangenen Dienstag gemacht habe."

„Was hast du vergangenen Dienstag gemacht, Yannik?"

„Eigentlich nichts Besonderes. Aber auf dem Heimweg, da sind mir zwei Stadteichhörnchen aufgefallen, die ich zuvor noch nie bemerkt habe. An der Bahnstation haben ein paar Kids sich gegenseitig Freestyles zugeworfen, also Rap-Verse, und was soll ich sagen? Die Kleinen waren gar nicht schlecht mit ihren Wortspielen. Warte, wie beschrieb der eine das WLAN in ihrer Schule? Genau: Und die Signale kommen langsam wie der Fischkutter – mit Schleppnetz. Ach ja, und mir ist aufgefallen, welche Läden es gar nicht mehr gibt, von denen ich beim Vorbeilaufen gar nichts gemerkt habe."

„Das heißt?"

„Das heißt, ich mache jetzt nicht nur ein Journal, sondern das Journal macht mich wacher für die Welt."

„Das ist allerdings die Königsdisziplin."

„Ja, es hat mir geraten, nicht ständig nur auf den kleinen Bildschirm zu starren, sondern meine Umgebung wahrzunehmen und ihm dann davon zu erzählen."

TEIL 7

BILDUNG UND WEITERBILDUNG

Wissen ist nicht länger etwas, das du dir mühsam in Abendkursen oder aus dicken Wälzern erarbeiten musst. Es ist da. Überall. Sofort abrufbar. Aber genau das kann auch überfordern. Was ist wichtig? Was ist richtig? Wo fängst du an – und wie bleibst du am Ball? Die neuen KI-Tools bringen Ordnung in das unendliche Meer der Informationen. Sie helfen Kindern, endlich Mathe zu verstehen. Sie motivieren Erwachsene dazu, aus der endlosen Scrollerei einen echten Lernerfolg zu machen. Und sie lassen uns Dinge begreifen, die wir sonst nie durchdringen würden – sei es im Gespräch, in der Sprache oder im Gesetzestext. Lernen mit KI ist kein Ersatz für Bildung. Aber es ist dein Türöffner zu einem Dasein, in dem das berühmte „lebenslange Lernen" wirklich möglich wird.

Wissen to go

KI als persönlicher Tutor

„Wisst ihr", sagt Leo, „ich nehme es meinen Eltern nicht mal übel. Sie wollen halt, dass ich es nach oben schaffe. So wie Max hier."

Leo ist ein alter Schulfreund meines jungen IT-Genies, für dessen technische Kompetenz und engelsgleiche Geduld ich jeden Tag dankbar bin. Über Jahre hinweg teilten sie sich den Tisch und die Mannschaft im Schulsport oder in der Freizeit, ob sie nun Bälle auf Basketballkörbe warfen, ein Doppel beim Tischtennis bildeten oder auf dem Bolzplatz den meterhohen Zaun zum Klingen brachten.

„Aber mit *oben*, da meinen meine Eltern wirklich *oben*. So wie bei euch hier. Vierzehnter Stock, mindestens. Dabei gibt es vieles, was mir Freude machen würde, das auch im Erdgeschoss stattfindet. Aber ich glaube, die nehmen wirklich nur ernst, was in Business-Hochhäusern passiert. Und natürlich müssen diese Türme entweder in Köln stehen oder in Frankfurt. In Hamburg würden sie vielleicht noch so einen Stahl- und Glasbau im Medienhafen akzeptieren. Und ein Erdgeschossbüro? Ausschließlich in München."

Leo lacht, aber nicht vergnügt oder erleichtert, sondern so wie jemand, dessen Dauerstress sich ab und zu in Sarkasmus entlädt. Die meisten waren schon weg, als er heute Abend zu uns kam, um Max aufzusuchen. Gern habe ich mich dazugesetzt.

„Macht dir das Studium denn überhaupt Freude?", stelle ich die, wie ich finde, nicht irrelevante Frage. Schon häufig habe ich erlebt, dass die Antwort darauf „Nein!" lautet, wenn jemand sich wie Leo im Bereich der Wirtschaftslehre bewegt.

„Ja", sagt er zu meiner Überraschung, laut, spontan und glaubhaft. „Vor allem die Spezialbereiche. Wirtschaftspsychologie, Spieltheorie, warum handeln Leute, wie sie handeln? Also in jedem Sinne des Wortes von handeln. Aber es gibt halt auch so viele andere Scheine und Punkte, die ich machen muss, zu Themen, die so schwierig und staubtrocken sind, als wäre man im Baumarkt in den Auffangbehälter für die Sägespäne gefallen."

„Da geht es aber doch hauptsächlich ums Lernen, oder?", fragt Max. Heute Abend nippt er nicht an einer Fanta. Es ist ein Spezi.

„Es geht ums Auswendiglernen, aber nicht nur", erwidert Leo. „Die wollen schon merken, dass wir die Zusammenhänge verstehen und unsere Aussagen begründen können. Mit gut ausgewählten Quellen. Dass wir all die Fäden zusammenspinnen. Wisst ihr, ich laufe schon wirklich viel durch die Gegend und stelle mir dabei einen Hörsaal vor, dem ich das alles erklären muss."

Ich traue meinen Ohren kaum.

„Das ist ein wunderbares Prinzip", sage ich.

„Ist es", nickt Leo, „aber doch ein bisschen einseitig. Was ich bräuchte, wäre ein Sparringspartner, der nicht nur mit mir lernt, sondern mir die richtigen Fragen stellt. Der das alles schon intus hat, alles weiß, nie müde wird und immer dann Bock und Zeit hat, wenn ich auch Bock und Zeit habe. Denn so blöd es klingt, oft ist das so zwischen zwei und vier Uhr nachts."

Max und ich sehen uns wissend an und antworten, beide nahezu synchron: „Das lässt sich einrichten."

Der Werkzeugkasten

Die Top Five

Socratic by Google ist eine KI-gestützte Lern-App, die Schülern wie Studierenden beim Lösen von Aufgaben und Verstehen komplexer Themen hilft. Entlang eingegebener Texte, Sprachnachrichten oder Bilder erkennt sie die zugrunde liegenden Konzepte und erstellt leicht verständliche Erklärungen, Schritt-für-Schritt-Lösungen sowie weiterführende Lernmaterialien wie Videos oder ganze Websites. Die Lernplattform **Quizlet AI** hält 700 Millionen digitale Karteikartensets bereit, die selbst modifiziert oder aus der Community übernommen werden können, und wandelt diese mithilfe von KI in personalisierte Lernpläne, Quizze und Übungstests um. Adaptive Lernmodi passen sich an den Fortschritt und die Bedürfnisse der Nutzer an. Mit dem KI-Tutor lässt sich in natürlicher Sprache interagieren, um Verständnisfragen zu klären und das Wissen gezielt zu vertiefen. Wem es gezielt ums Lernen anstrengender Vokabeln geht, findet in **Knowji** eine App, die visuelle Mnemotechnik, kontextbezogene Beispielsätze sowie Audiofunktionen kombiniert, um das Verständnis und die richtige Aussprache neuer Wörter zu fördern. Einem lebendigen, stets wachen Lernkumpel am nächsten kommt der Tutor **Khanmigo** der Khan Academy, der Lernende rund um die Uhr in flexibler Gesprächsform unterstützt, aber auch Lehrkräften beim Gestalten des Unterrichts helfen kann – was auch bedeutet, dass er eher im Schulniveau verbleibt. Zugriff auf die Inhalte führender Universitäten weltweit hingegen bietet die *ChatGPT*-Erweiterung **edX with GPT Plugin**, über die sich gezielt nach Kursen, Lerninhalten und akademischen Ressourcen zu jedem gewünschten Thema suchen lässt – und die Online-Seminare direkt aus dem Chat belegen kann.

Honorable Mentions

Cornelsen.ai, Duden Learnattack mit KI-Tutor Kim

Ich arbeite gerade an einer liebevoll formulierten, von Herzen kommenden und leicht persönlichen Mail an einen Geschäftspartner, um ihm für die hervorragende Zusammenarbeit zu danken und ihn auf unser nächstes spannendes Projekt einzuschwören, als sich eine Limonadenflasche sanft auf meinen Schreibtisch absenkt, deren irgendwo zwischen Türkis, Pink und Klostein-Blau changierende Farbe ich überhaupt nicht mehr einordnen kann. Ich tippe noch in Ruhe das letzte Wort des aktuellen Satzes, bevor ich den Blick hebe und Max anschaue.

„Sag mal, ganz ehrlich, mischst du diese Sorten selber? Hast du ein Fanta-Labor im Keller, von dem ich nichts weiß?"

Selbstverständlich ignoriert Max die Frage und hält mir sein Handy neben die abgestellte Flasche.

„Das musst du dir anschauen“, sagt er und startet ein Video, das ihm Leo per Messenger geschickt hat. Im ersten Moment kann ich gar nichts erkennen, weil auf dem Bild nahezu vollständige Dunkelheit herrscht. Dann schält sich das Gesicht des jungen Mannes aus dem Licht einer Straßenlaterne hervor.

„Seht ihr das?“, sagt er, „wir haben jetzt Viertel nach drei in der Nacht und ich laufe hier ganz in Ruhe durch die Gegend, einen schönen schwarzen Tee dabei, und unterhalte mich mit meinem persönlichen Tutor über die aktuellen Lerninhalte. Ich würde ihn euch ja gern zeigen, aber er steckt in dem Gerät, mit dem ich gerade zu euch spreche. Aber wenn ich mir so vorstelle, wie er aussehen könnte, wenn er neben mir spazieren würde, dann denkt euch einfach eine Mischung aus Ryan Gosling und Ryan Reynolds.“

Ich muss kichern. Was für eine über jedes Attraktivitätsziel hinausschießende Wahl für einen Lernpartner in Betriebswirtschaftslehre.

Max stellt das Video kurz auf Pause.

„Weißt du, wer mittlerweile Leos doppelter Ryan ist? Einfach nur *ChatGPT*. Er hat hier und da auch die speziellen Tools im Einsatz, aber dann hat er was ausgetestet, was ich auch gern mache. Du nimmst das gesamte Vorlesungsmaterial und lädst es in ein Custom GPT, das nur aus ganz wenigen Zeilen besteht. Chat soll einfach, wenn man „Start“ sagt, zehn anspruchsvolle Multiple-Choice-Fragen stellen und bei jeder abwarten, bis der Nutzer geantwortet hat. Dann kann man sich noch darüber inhaltlich austauschen, wieso es richtig oder falsch war. Fertig.

Ich nicke anerkennend und frage mich immer noch, wonach Max’ aktuelle Sorte wohl schmeckt. Er setzt das Video fort.

„Jedenfalls, ich danke euch“, sagt Leo. „Jetzt verknüpfe ich den Austausch mit meinem Tutor in der Tasche mit bestimmten Orten und Zeiten, an denen ich spazieren gehe. In der Kombination speichert sich alles perfekt ab.“

Leo senkt das Telefon. Für einen Moment zeichnet sich die Silhouette eines Baumes in der von fahlen Laternen nur schwach erhellten Nachtluft ab. Dann hebt er das Telefon wieder.

„Und noch was: Wenn ich das Studium mit Top-Noten abschließe – und davon gehe ich echt aus –, wisst ihr, was ich dann mache? Ich schnapp mir genau den Job, auf den ich richtig Bock habe. Ob das nun im hippen Start-up-Loft in Berlin-Mitte ist oder in einem kleinen Co-Working-Space irgendwo auf dem Land – Hauptsache, ich kann mein Ding durchziehen.“

Immer up to date

KI als Weiterbildungsassistent

„Ich habe das mal ausgerechnet“, sagt Max und nimmt einen tiefen Schnupperzug an seiner Tasse Cappuccino, bevor er den ersten Schluck genussvoll trinkt. Die Pause beim Bäcker verbringen wir heute zu zweit. „Nehmen wir an, der Mensch schläft im Schnitt acht Stunden pro Tag. Bleiben sechzehn übrig. Ziehen wir nun davon noch all die Tätigkeiten ab, die unvermeidlich sind, aber nicht unbedingt Freude machen … und nehmen wir einmal an, mit diesen Tätigkeiten ist nicht die Arbeit gemeint, weil der Mensch daran Freude hat oder zumindest haben sollte.“

Ich lasse den kleinen Löffel meiner Kaffeetasse zwischen Daumen und Zeigefinger kreisen.

„Da hast du gerade noch mal die Kurve gekriegt.“ „Nein, im Ernst, Christoph, nehmen wir an, die Arbeit macht Spaß, aber ständig auf die Toilette gehen zu müssen, den Müll rauszubringen, die Bude zu putzen – das macht wenig Freude, muss aber sein. Okay, manche Menschen können sich Reinigungskräfte leisten, andere wieder nicht, andere immerhin einen intelligenten Saugroboter mit Namen. Da könnte man einen Mittelwert nehmen. Also sagen wir einfach: Drei weitere Stunden des Tages sind im Durchschnitt im Leben immer weg für etwas, was man eigentlich gar nicht machen möchte, aber machen muss. Sind wir bei elf, bleiben noch dreizehn.“

„Sagen wir zwölf“, entgegne ich.

„Gut, zwölf ist sowieso besser zu rechnen. Wir Kerle werden im Durchschnitt mittlerweile um die 80 Jahre alt, aber die ersten drei ziehe ich mal ab, da kriegt man überhaupt nichts mit. Also 77. 77 mal 365 Tage mal nicht vierundzwanzig, sondern lediglich zwölf Stunden, das macht, Moment …“

Max tippt es in sein Telefon und ich muss innerlich darüber schmunzeln, dass wir, die wir den ganzen Tag wie selbstverständlich mit großen Sprachmodellen reden und ihnen alle möglichen Fragen stellen, einfache Rechenaufgaben immer noch per Hand eingeben.

„337 260 Stunden. Das ist alles, was wir zur Verfügung haben. Klingt einerseits viel und andererseits auch wieder nicht, wenn man bedenkt, was man auf dieser Welt alles erleben kann. Wie viel zu sehen ist, zu lesen, zu hören. Denk an Céline, die jedes Land einmal besuchen will. Oder an Niklas mit seinen Reisen zu den Jazzkonzerten.“

Auf der Ablage in der Ecke der Bäckerei liegt neben Flugblättern für aktuelle Kulturveranstaltungen und ein paar Tageszeitungen seit Neuestem auch ein Gästebuch aus. Auf dem Cover sind ein paar quietschbunte Brötchen mit Gesichtern zu sehen. In einem rituellen Tanz umkreisen sie eine große Schüssel mit Milchkaffee wie Druiden ihren Zaubertrank.

„Wir haben also wirklich wenig Zeit auf Erden“, fährt Max fort, „und verschwenden sie in letzter Zeit wie wahnsinnig an TikToks oder an Reels bei Instagram. Sinnloses Scrollen und billiges Dopamin.“

„Ich nicht“, lüge ich, aber als Chef muss man schließlich Vorbild sein.

Max lehnt sich zurück und beginnt, mit unglaublich tiefer Stimme eine Art Seemannslied zu brummen. Mitten in dem bedrohlichen Dröhnen bricht er ab und schnippt mit den Fingern. „Ha! Ich sehe es – das kennst du! Das läuft immer bei Videos mit hohem Wellengang oder mit künstlich animierten Seeungeheuern.“

„Davon weiß ich nichts.“

„Ach komm. Ich weiß, Thomas sagt gern, wer Freunde hat, die vier Stunden am Tag netflixen, hat die falschen Freunde. Aber du sitzt doch auch abends bestimmt erschöpft da und scrollst willenlos durch die Kurzclips. Nur fünf Minuten, die dann zu fünfzig werden. Hast du diese Roofer gesehen, diese Freikletterer, die auf den Dom gestiegen sind?“

„Einer von denen ist mittlerweile gestorben“, antworte ich, viel zu schnell. Mist. Verraten.

„Erwischt!“

Ich verziehe das Gesicht.

„Sei ehrlich“, sagt Max, „man fühlt sich doch richtig, richtig schlecht danach. Niemand, absolut niemand auf der ganzen Welt, liegt nach 337 259 Stunden in der letzten Stunde seines Lebens auf dem Sterbebett und sagt sich: Die Zeit, die ich auf TikTok verbracht habe, war richtig gut. Keiner.“

„Und was tun wir dagegen?“, frage ich und meine es nicht rhetorisch, sondern in aufrichtiger Neugier. „Die freie Zeit vor dem Bildschirm richtig sinnvoll verbringen“, sagt Max. „Und weißt du was? Dafür habe ich eine Methode gefunden.“

Der Werkzeugkasten

Die Top Five

Für alle, die statt sinnlosem Scrollen wirklich was lernen wollen, bietet **Coursera** hochwertige Kurse von echten Universitäten – viele mit KI-gestützter Empfehlung, Personalisierung und AI-Tutor als Lernbegleiter, teils kostenlos, teils mit Zertifikat. Wer sich seinen ganz persönlichen Kurs erstellen möchte, indem er einfach sein Wunschthema skizziert, findet in **EdApp** eine mobile Lernplattform, die speziell für die berufliche Weiterbildung von Erwachsenen entwickelt wurde. Die App bietet auch fertige Kurse, baut aber mittels **AI Create** komplette Microlearning-Inhalte und hochwertige, interaktive Lernmodule zusammen. Auch die Plattform **GoSkills** setzt auf das intensive Häppchenprinzip und bietet Hunderte von praxisnahen Business- und Technologiekursen im Microlearning-Format. Mithilfe des integrierten KI-Assistenten **Genie** können Unternehmen eigene, maßgeschneiderte Kurse, Quizze und Lernpfade erstellen oder bestehende Vorlagen individuell anpassen. Auf der Plattform **LearnWithAI** können Nutzer mit KI in natürlicher Sprache chatten, Fragen stellen und erhalten sofort verständliche Erklärungen, Lernhilfen oder Quizaufgaben zu verschiedensten Themen, begleitet von digitalen Lerncoaches. Wer auf der anderen Seite sitzt und tolle Kurse für Mitarbeiter oder Studierende in der Erwachsenenbildung erstellen möchte, kann mit

Evolve digitale Lerninhalte mit multimedialen und interaktiven Elementen wie Videos, Simulationen, Quizzen und Gamification-Features verknüpfen.

Honorable Mentions

Docebo, Masterplan, Sana AI, Tutor AI

Vor meinem Fenster zirpen die Grillen. Wie lange habe ich sie schon nicht mehr gehört? Doch vielleicht habe ich auch einfach nur zu wenig darauf geachtet. Max hat recht. Der sinnlose Konsum von all den unterhaltsamen, schnell vergessenen und doch irgendwie kleben bleibenden Clips versperrt einem den Blick auf die Welt und betäubt alle Sinne. Jetzt aber ist es mitten in der Nacht, kurz vor drei. Die laue Sommerluft dringt durch das Fenster in meine Privatwohnung und ich sitze endlich aus guten Gründen schlaflos vor dem Rechner. Seit Stunden bin ich in einem Kurs versunken, den ich mir selbst individuell eingerichtet habe. Tiefer als in hypnotischem Scrolling, tiefer als in einem guten Spiel, tiefer sogar als in einer fesselnden Serie. Sicher würde ein Neurowissenschaftler sagen, dass das nicht sein kann, aber müsste ich darauf wetten, würde ich sagen, ich kann förmlich körperlich spüren, wie mein Gehirn aufatmet, wie es gleichzeitig entspannt und neue Muskeln bildet, wie es diesen Flow der Erkenntnisse genießt, der neuen Inhalte, die logisch ineinanderfließen und mir tatsächlich das Gefühl geben, jede Minute sinnvoll zu verbringen. Die Stunden des Kurses, die schon hinter mir liegen, und die, welche ich noch reinstecken werde, ziehe ich absolut guten Gewissens von meinem Gesamtbudget der Lebenszeit ab, denn für was immer wir auf diesem Planeten sind – lebenslang zu lernen kann nur eine von den richtigen Bestimmungen sein.

Keine Panik vor Mathe

KI als Hausaufgabencoach für Kinder

Zwischen Bahnstation, Ampeln, grauem Himmel und dem klapprigen Surren der Leihrollerfahrer, die auf der Busspur abkürzen, wirkt unser Großstadtviertel oft wie ein unübersichtlicher Moloch. Gleichzeitig fühlt es sich wie ein offenes Wohnzimmer an. Man kennt sich, nickt sich zu, hält kurz inne. Selbst die meisten Aufkleber auf den Masten der Verkehrsschilder sind mir vertraut. Und sobald man stehen bleibt, ist Gerd bereits da. Ich bin der Hase, er ist die Schildkröte.

„Wie geht's dir und vor allem – deinem Bruder?", frage ich, denn so lange ist es nicht her, dass er seine Schwägerin verloren hat und wenige Wochen der Verarbeitung wiegen ein ganzes, verlorenes Leben nicht auf. Unvergessen sind mir die Worte eines Trauerredners bei einem Begräbnis, dem ich mal beiwohnte. „Trauert so lange und so, wie es euch guttut – es gibt kein ‚richtig' oder ‚falsch' dabei."

Als ahnte Gerd, was ich gerade denke, antwortet er:

„Das junge Leben hält mich auf Trab. Mein Enkel. Er ist, das Wort habe ich neulich in einer Reportage gehört, ein Scanner-Kind. Kennst du das?"

Unentschlossen wackele ich mit dem Kopf.

„Er liest alles, merkt sich Flaggen und Länder, kann dir auf drei Nachkommastellen sagen, wie lang der Nil ist. Aber sobald es um Mathe geht – alles dicht. Als ob einer das Fenster zuhängt."

Er schaut kurz zur Seite.

„Ich habe früher auch keine Eins geschrieben. Aber das waren andere Zeiten. Schiefertafel, Bleistiftstummel, das Mathebuch lief durch die Hände von Generationen. Also nicht das gleiche Mathebuch, sondern dasselbe."

Ich fühle, was Gerd beschreibt. Höre das leicht knackende Knistern des Einbands, sehe die angestoßenen Ecken. Noch zu meiner Schulzeit lief es nicht viel anders als zu seiner. Der Lehrer spricht, der Verstand schaltet ab, und unter der Fingerkuppe kreiselt das Geodreieck auf dem Tisch schneller und schneller.

„Seine Eltern – meine Tochter und ihr Mann – machen ihm keinen Druck. Die wissen, der geht seinen Weg eines Tages auch ohne Einser-Abitur. Aber es ärgert ihn selber, das ist das Schlimmste. Du kannst dir nicht vorstellen, was für Gebilde er in diesem Spiel da errichtet. Wie heißt das noch, wo die Kids im Prinzip alles bauen können?"

„*Minecraft*."

„Ja, genau. Die Ideen, auf die er darin kommt, dafür bekämen Erwachsene mit Rollkragenpulli und Hornbrille einen Architekturpreis. Und dann scheitert er an Algebra, Geometrie und linearen Funktionen? Das macht ihn wahnsinnig."

Ich mustere den alten Hünen. Seine ausgelatschten Lederschuhe wirken, als hätten sie den Hansaring schon beschritten, als Helmut Schmidt noch Kanzler war.

„Frag einfach", sage ich.

„Fragen? Was?"

„Gerd …"

„Ja, was?"

„Du willst doch fragen. Ich merke das. Und du hast dir sogar angeschaut, was der Kleine in *Minecraft* baut. Das ist auch nicht gerade ein analoges Brettspiel aus der alten Welt."

Gerd seufzt.

„Also gut, du böser Zauberer aus dem Turm. Kann eure Magie meinem Enkel irgendwie helfen?"

Der Werkzeugkasten

Die Top Five

Das erste Brecheisen für die Lernblockaden bildet **Photomath**. Mithilfe der Smartphone-Kamera scannt die App handschriftliche oder gedruckte Aufgaben, zeigt die richtige Lösung an und erklärt den gesamten Rechenweg Schritt für Schritt. Von den Grundrechenarten bis hin zu komplexer Algebra, Analysis und Statistik ein griffiger Hausaufgaben-Coach, der das eigenständige Lernen fördert. Der **Microsoft Math Solver** funktioniert sehr ähnlich, bietet aber zusätzlich eine spezielle Mathematik-Tastatur, die Möglichkeit, Aufgaben manuell zu korrigieren, Diagramme zu erstellen, vergleichbare Aufgaben anzuzeigen und die Ergebnisse als LaTeX-Code zu exportieren. **Brainly AI** bietet Antworten zu Mathematik, Naturwissenschaften, Sprachen, Geschichte und vielen weiteren Themen entweder durch die Community oder direkt von der integrierten KI. Diese gibt schnelle, oft ausführliche Erklärungen und verweist auf weiterführende Ressourcen, um das Verständnis zu fördern. Besonders spielerisch und speziell für Kinder zwischen zwei und acht Jahren entwickelt, agiert **Khan Academy Kids** mit Tausenden interaktiven Lern-Aktivitäten, angeleitet von Tierfiguren wie Kodi dem Bären. Die Kids eignen sich spielerisch Wissen an und sammeln Belohnungen für ihre Avatare. Das bereits im Kapitel zu KI als Tutor erwähnte **Socratic by Google** hat zu guter Letzt auch an dieser Stelle seine Lorbeeren verdient.

Honorable Mentions

Brilliant, Quizlet AI

Rund zwei Wochen sind vergangen, seit ich Gerd zwecks Hilfe für seinen Enkel ein paar magische Tipps aus unserem Zauberer-Turm gegeben habe – aus seiner Sicht natürlich schwarze Magie, die für ihn ganz langsam aber immer weißer wird. Ich stehe gerade an der Fußgängerampel, neben mir wippt ein junger Mann zu harten Beats und kantigen Deutschrap-Flüchen, die ich selbst durch seine Kopfhörer bemerke – da hat sich Gerd schon wieder neben mir ohne Anlauf materialisiert. Von den Resten der Müdigkeit und Skepsis, die neulich noch an ihm klebten, ist wenig übrig. Fast vollführt er etwas, das an Hüpfen grenzt. „Christoph! Du glaubst nicht, was passiert ist. Mein Enkel macht jetzt guten Mutes Mathe.

Er hat sich eines dieser Programme installiert, die du mir aufgeschrieben hast, Photodingens, ich weiß nicht mehr genau. Jedenfalls ist er ganz aus dem Häuschen. Erklärt mir gestern mit glänzenden Augen einen Rechenweg, den ich nicht mal so schnell verstanden habe, wie er erklärt hat. Hält die Kamera auf alles, was nach Zahlen aussieht. Gestern hat er mich gefragt, ob ich ihm mal das alte Mathebuch aus meiner Schulzeit mitbringen könnte, über das ich so viel rede. Und falls da noch Aufgaben offen wären, könnte ich die heute, hundert Jahre später, ja mit ihm und dem Photodingens endlich fertig machen."

Beinahe pruste ich meinen Kaffee über den Hansaring. Der Gangster-Rap-Ampelnachbar guckt skeptisch. Guter Laune mag er grundsätzlich nicht trauen.

„Hat er wirklich hundert Jahre gesagt?"

„Na ja, Kinder. Für die bin ich so alt wie Gandalf. Und du mindestens wie, na, wie heißt der große Held da noch, der zum Kriegsherrn und Anführer wird? Gott, ist es lange her, dass ich diese Bücher gelesen habe. Wahrscheinlich auch hundert Jahre."

„Aragorn." „Ja, genau. Da stehen wir, Gandalf und Aragorn."

Einen Moment lang schauen wir beide still schmunzelnd nach vorn.

„Es ist großartig, wenn ein Kind den Glauben an sich selbst wiederfindet", sagt Gerd.

Dann wird die Ampel grün.

Sprechen statt winken

KI als Sprachlehrer

„Tienes algo en la cara."

„Tu as quelque chose sur le visage."

„U heeft iets op uw gezicht."

„Senin yüzünde bir şey var."

„Moment, Augenblick, ich überlege kurz. Ja. Nekaj imate na obrazu."

„Meine Güte? Was war das denn?"

„Slowenisch! Direkt unter Österreich. Schon mal da gewesen? Ist wunderschön."

Yannik und Niklas haben sich wieder auf kurze Sätze in allen Sprachen der Welt eingeschossen. Den halben Vormittag werfen sie sich Fetzen zu, heute offenbar mit dem festen Willen, sich „Du hast da was im Gesicht" in mindestens vierzig verschiedenen Sprachen um die Ohren zu hauen. Ich habs meinerseits am Niederländischen erkannt. Einen Schluck von meinem Kaffee nehmend, schaue ich sie mit halbwegs ernsthafter Chefstrenge an.

„Seid ihr heute wieder zwölf?"

Céline betritt den Raum, mit einem Ausdruck auf dem Gesicht, der verrät, dass sie alles gehört hat. Sie bleibt kurz stehen, lächelt – und sagt, so fließend wie melodisch: „안녕하세요. 오늘도 잘 지내셨나요? 여러분 덕분에 회사에 오는 게 항상 즐거워요. 여러분 모두 최고예요."

Alle starren sie an.

„Was war das denn?", fragt Yannik.

„Japanisch?", murmelt Niklas.

„Nein", meldet sich Max aus dem Hintergrund. „Das war Koreanisch."

„Sehr gut", freut sich Céline, „und es hieß so viel wie: Hallo. Wie gehts euch heute? Wegen euch ist es immer schön, zur Arbeit zu kommen. Ihr seid alle großartig."

Niklas dreht sich zu Max. „Woher wusstest du das?"

„Weil ich *Squid Game* im Original schaue. Aber nicht nur das. War euch klar, dass sie da drüben derzeit die besten Drehbuchautoren der Welt haben?"

Yannik schaut Céline an, als würde sie in glitzernder Aura schimmern.

„Und was heißt: Wir leben in einem Turm und machen dort Sachen mit KI?"

Céline überlegt. Kurz. Kaum länger als ein Commander Data bei *Star Trek*, der alle Sprachen der Welt direkt eingespeichert hat.

„우리는 타워에 살며 그곳에서 로 일을 합니다."

„Wow. Wie spricht man das? Sag noch mal."

„Urineun taweoe salmyeo geugoseseo AIro ireul hamnida."

Max hüpft auf seinem Stuhl. „Da! Habt ihr gehört, wie das *da* in hamni*da* am Ende so einen Hauch hochgeht? Ich finde diese Sprache manchmal unglaublich niedlich."

„Auch noch richtig betonen kannst du schon?", fragt Yannik.

Céline nickt.

„Aber wieso?", fragt Niklas. „Wieso Koreanisch?"

„Weil mein nächster Trip dorthin geht", antwortet Céline. „Und wo immer ich hinfliege, möchte ich mich halbwegs gut verständigen können. Einfach ernsthaft sprechen statt nur winken."

Yannik schaut Niklas an. „Vielleicht sollten wir aufhören, bloß zu spielen, und uns wirklich mal dem Ernstfall stellen."

Der Werkzeugkasten

Die Top Five

Duolingo analysiert Stärken und Schwächen, erstellt personalisierte Lernpfade und stellt einem künstliche Gesprächspartner für realistische Dialoge an die Seite, in der „Max"-Variante mit echten Rollenspielen, personalisiertem Feedback und detaillierten Erklärungen zu den Antworten. Die schon vor KI-Zeiten bekannte Sprach-Lern-App **Babbel** hat nun auch das moderne Zeitalter betreten – mit der neuen KI-Spracherkennung lässt sich die Aussprache gezielt trainieren und das Tool gibt sofort direktes, maßgeschneidertes Feedback, das auf Millionen von Sprachbeispielen basiert. Der neue KI-Gesprächstrainer ermöglicht zudem freiere, spontanere Konversationen und bereitet die Nutzer gezielt auf echte Gespräche vor. Ein interaktives, praxisorientiertes Lernumfeld, das Anfänger wie Fortgeschrittene optimal beim Spracherwerb unterstützt. **HelloTalk AI** setzt auf Kontakt mit echten Tandempartnern in über 150 Sprachen und bringt KI für Fehlerkorrekturen und Verbesserungsvorschläge direkt im Chat ein. **Memrise** holt die Muttersprachler in Form von zuvor produzierten Video-Clips ins Boot, gibt direktes Feedback zu den individuellen Lernfortschritten und schlägt gezielt Übungen für Problemwörter oder schwierige Themen vor. Gamification-Elemente wie Punktesysteme, Wettbewerbe und tägliche Lernziele sorgen für zusätzliche Motivation. Die beste Diagnose und Verfeinerung der Aussprache bis in jedes Phonem hinein leistet **ELSA Speak**.

Honorable Mentions

LingQ, Talkpal

„Kommt mal schnell, sie ist dran!" Niklas ruft durch die Etage und wir versammeln uns um seinen Monitor, weil wir sofort wissen, wer mit „sie" gemeint ist. Célines Gesicht erscheint auf dem Bildschirm, das Videotelefonat läuft so flüssig, dass ich mich frage, ob sie ihr Smartphone mit einem von Elons Satelliten verbunden hat. Warmes Sonnenlicht umrahmt ihr Gesicht in einem Farbton, als hätten wir ein mittelalterliches K-Drama eingeschaltet. Doch es ist die Realität.

Max strahlt. „Der Gyeongbokgung-Palast."

Yannik stupst ihm auf die Seite: „Du guckst sogar diese Historienschinken, in denen sie bunte Gewänder und hohe Hüte tragen."

„Du nicht? Woher weißt du sonst von den hohen Hüten?“

„Ihr Lieben!“, ruft Céline, ist das nicht fantastisch. Sie zeigt hinter sich auf die weit geschwungenen Dächer mit den leuchtend rot-blauen Farbverzierungen, hinter denen sich ein Bergmassiv erhebt. Wie gemalt.

„Ich stehe vor dem Geunjeongjeon, der alten Thronhalle, dem Herzen der Joseon-Dynastie.“

„Da haben sie *Kingdom* gedreht“, sagt Max. *„Love in the Moonlight, The Moon Embracing the Sun.“*

Niklas schüttelt schmunzelnd den Kopf.

Bei Céline laufen zwei einheimische Touristinnen ins Bild. Celine verbeugt sich leicht und fragt sie etwas, so selbstverständlich, als hätte sie seit Jahren nichts anderes getan. Die beiden älteren Damen antworten, lachen freundlich, ein Austausch wie ohne Sprachbarriere, Céline winkt ihnen nach.

Den uralten Palast vor Augen, denke ich an das Bild, das Niklas einmal aufgemacht hat: den Palast gegenüber, auf der grünen Wiese, in dem sie alle auf uns warten, rund um die Uhr, die Anwälte und Schreibhelfer, die Seelenberater und Dolmetscher, die Rezeptplaner und Eventmanager … und die Sprachtrainer, die einen dafür fit machen, die Welt kennenzulernen. KI ist wirklich ein Wunder.

Sprechen statt winken. Der Custom GPT

Du bist ein hoch qualifizierter, deutschsprachiger Sprachlehrer, der Menschen aller Altersstufen und Lernniveaus dabei unterstützt, eine neue Sprache zu lernen oder ihre Kenntnisse zu vertiefen. Du bist pädagogisch versiert, motivierend und kannst flexibel auf verschiedene Lernbedürfnisse eingehen.

Anforderungen und Vorgehen:

Knackige Einstiegsfragen und Bedarfsanalyse

Stelle in mehreren kurzen Schritten jeweils eine oder wenige Fragen, um die wichtigsten Informationen zu bekommen:

- Welche Sprache soll gelernt oder verbessert werden?
- Aktuelles Sprachniveau? (Z. B. Anfänger, leicht fortgeschritten, fortgeschritten – falls unsicher, bitte um eine Selbsteinschätzung oder führe einen Mini-Test durch)
- Alter und Lernvorlieben? (Z. B. spielerisches Lernen, Unterricht, Fokus auf Konversation, Grammatik etc.)
- Ziele? (Z. B. alltägliche Kommunikation, Reisen, Beruf, Prüfungsvorbereitung)
- Verfügbare Lernzeit? (Z. B. täglich 30 Min., nur am Wochenende etc.)

Lernplan-Erstellung und Methodik

Nachdem du die Bedarfsanalyse abgeschlossen hast, erstelle einen individuellen Lernplan.
Berücksichtige dabei:

- Grammatik und Vokabeln: Baue wichtige Themen strukturiert auf.
- Sprech- und Hörverständnis: Ermutige den Lernenden, aktiv zu üben (z. B. kleine Dialoge, Hörübungen).
- Lese- und Schreibfähigkeit: Texte auf passendem Niveau lesen oder schreiben (News, Kurzgeschichten, E-Mails).
- Kulturelle Aspekte (z. B. Redewendungen, Umgangsformen, landestypische Besonderheiten), passend zum Ziel
- Passe den Unterrichtsstil an die Vorlieben des Lernenden an: spielerisch, strukturiert, interaktiv.

Spielerische und motivierende Elemente

- Baue kleine Spiele oder Aufgaben ein (z. B. Wortschatzquiz, Rollenspiele, Lückentexte, Rätsel).
- Nutze positive Verstärkung („Super!", „Das hast du toll gemacht!").
- Schließe ggf. kleine Challenges (z. B. tägliches Vokabelziel, Mini-Dialog) ein, um die Motivation hochzuhalten.

Interaktive Übungen und Feedback

- Frage immer wieder nach, wie es dem Lernenden geht: „Fällt dir diese Übung leicht oder ist sie zu schwer?"
- Gib bei Bedarf alternativ einfachere oder anspruchsvollere Übungen.
- Korrigiere Fehler konstruktiv und biete Erklärungen an, damit der Lernende versteht, warum etwas inkorrekt ist.
- Schlag auch Übungen außerhalb des Chats vor (z. B. Hörverstehen mit Podcasts, Lesen kurzer Artikel, Sprachapps).

Fortschrittskontrolle und Anpassung

- Ermittle nach ein paar Lektionen, ob der Lernende Fortschritte spürt und wie gut er mitkommt.
- Passe den Lernplan entsprechend an (z. B. intensivere Konversation, wenn das am meisten gewünscht wird).
- Feiere kleine Etappenziele (z. B. erstes kleines Gespräch in der Fremdsprache geführt).

Freundliche und flexible Kommunikation

- Formuliere deine Erklärungen klar und leicht verständlich.
- Bleibe stets geduldig und offen für Nachfragen.
- Lasse Raum für Wünsche des Lernenden (z. B. Beispiele für alltägliche Ausdrücke, Vokabular für den Urlaub etc.).

Dein Ziel

Begleite den Lernenden schrittweise von der ersten Analyse seines Niveaus und seiner Bedürfnisse bis hin zum maßgeschneiderten Unterrichtsplan. Biete eine angenehme und motivierende Lernatmosphäre, in der spielerische Elemente und gezieltes Feedback optimal kombiniert werden. Passe dich jederzeit den veränderten Anforderungen oder Wünschen des Lernenden an und sorge so für einen erfolgreichen Lernprozess.

Einfach schlauer suchen

KI als Recherchehelfer

Ich weiß immer noch nicht, ob der Geruch von frischem Hefegebäck, Kaffee und knusprigen Brötchen, mit dem mich die Bäckerei empfängt, natürlich ist. Die Stimmung jedenfalls gefällt mir. Am frühen Vormittag sitzen nicht zu viele und nicht zu wenige Menschen hier, hat das Leben einen Rhythmus, der nicht mehr von der morgendlichen Rushhour bestimmt ist, aber auch nicht von der Stille kurz vor Feierabend, wenn das übrig gebliebene Gebäck in die Sammlung für die Tafel oder die Vortagsauslage wandert. An einem Tisch in der Ecke sitzt Gerd, verborgen hinter einer riesigen, aufgeschlagenen Zeitung. Dennoch erkenne ich ihn an Händen, Schuhen und dem leicht wirren, schlohweißen Haar, das über den Papierrand hervorragt. Das Bild erinnert mich an die Zeit, die viele Content-Creators auf Instagram heute nostalgisch verklären. Sie spielen die typische, melancholische, leicht mystische Musik ein, die wie ein Traum im Halbschlaf klingt, und zeigen Bilder von früher, als wir schon DVD-Player, Videospielkonsolen und das Internet hatten, aber keine sozialen Medien oder Smartphones. „POV" steht dann meistens dort, als Kürzel für „Point of View". „Du wachst auf im Jahr 2002 und alles war nur ein Traum. Was machst du?" Gerd hat sich bereits auf Einiges eingelassen, aber im Zweifel kehrt er immer in die alten Tage zurück.

Ich gehe zu ihm hinüber, die Zeitung senkt sich langsam. Sicher folgt jetzt ein Vortrag über den Segen der gedruckten Presse und den einzigartigen Duft von Druckerschwärze. Zu meiner Überraschung kommt stattdessen auf dem Tisch vor ihm ein Tablet zum Vorschein.

„Morgen, Christoph! Setz dich. Ich bin am Recherchieren."

Ich lasse mich neben ihm nieder. „Mit der bösen Technik?"

„Das Ding hat mir mein Enkel geschenkt. Ist wohl schon etwas älter, aber für einen betagten Neuling wie mich optimal. Ein Dankeschön für die Mathehilfe. Er meinte, ich sollte mal mehr mit der Welt mithalten, auf meine Weise. Und wenn ich jetzt in der Zeitung was lese und möchte es vertiefen, dann gebe ich es hier ein und schaue nach."

Ich werfe einen Blick auf den Bildschirm. Das Browserfenster ist voller Tabs. Zehn Artikel, zwei Foren, ein Video, drei offene PDFs.

„Und? Kommst du weiter?"

Er seufzt. „Geht so. Ich finde schon was, aber irgendwie dauert es ewig. Vieles erscheint doppelt und dreifach. Oder man soll bezahlen. Oder es ist so wirr geschrieben, dass ich nach drei Absätzen nicht mehr weiß, wie eigentlich meine eigene Frage war."

Ich nicke. „Du bist auf dem richtigen Weg. Und bis vor ein, zwei Jahren war er auch der Einzige, wenn man im Netz was suchen und finden wollte. Aber seit Kurzem darfst du dir das Leben noch leichter machen, weißt du?"

Der Werkzeugkasten

Die Top Five

Perplexity AI ist aktuell einer der leistungsstärksten Recherche-Assistenten mit künstlicher Intelligenz. Eine Suche erzeugt präzise, kontextualisierte Antworten, die logische Zusammenhänge herstellen und die Ergebnisse wie einen persönlichen Lexikoneintrag aufbereiten. Sämtliche genutzten Quellen werden dabei transparent angegeben, sodass User ihnen auf Wunsch weiter in die Tiefe folgen können. Die Suchplattform **You.com** bietet statt allgemeiner Trefferlisten maßgeschneiderte, kontextbezogene Antworten, sammelt trotzdem keine persönlichen Daten des Nutzers und integriert Tools wie YouChat für präzise, dialogbasierte Antworten, YouWrite für Textgenerierung, YouCode für Programmierhilfe und YouImagine für kreative Bildideen. Für besonders rechercheintensive Aufgaben steht mit ARI ein KI-Agent zur Verfügung, der Hunderte Quellen analysieren, Fakten in Echtzeit überprüfen und komplexe Zusammenhänge logisch aufbereiten kann. Speziell für die wissenschaftliche und akademische Literaturrecherche wurde **Elicit** entwickelt. Das Tool durchsucht in Sekundenbruchteilen Millionen von wissenschaftlichen Arbeiten, identifiziert die relevantesten Studien und stellt sie übersichtlich zusammen. Ähnlich geht **Consensus** vor, das ausschließlich auf begutachtete, veröffentlichte Fachliteratur zugreift und mittels des „Consensus Meter" sogar angibt, wie groß der wissenschaftliche Konsens zu einem Thema ist. Das klassische *ChatGPT* lässt sich mit **Deep Research** aufmotzen und nimmt sich bei komplexen Anfragen richtig Zeit, um aufwendige Ergebnisse mit Quellenangaben, Zusammenfassungen und Datenvisualisierungen zu erzeugen.

Honorable Mentions

Andi, Google Lens, Metaphor Systems, Scholarcy

Wie du langwierige Recherchearbeit durch *Perplexity* und *ChatGPT* mit *Deep Research* abkürzen kannst, erklärt Céline hier:

Gerds Augen fliegen über den Bildschirm seines Tablets, als hätten sie nach jahrzehntelangem Winterschlaf plötzlich das wahre Licht der Welt erblickt. Er schaut mich mit großen Augen an, die auf einen Schlag zwei Jahrzehnte jünger geworden sind.

„Das ist unglaublich. Ich stelle eine Frage und sie gibt mir ausformulierte, persönliche Sätze, die ich nehmen und daraus wieder weitere erzeugen kann."

„Ja."

„Und sie sagt mir völlig offen, wo sie das alles her hat! Ohne Geheimnistuerei und Hörensagen."

„Ja."

Gerd tippt weiter, liest und beißt so beiläufig in sein Croissant, dass er nur eine winzige Ecke erwischt. Ich lehne mich zurück und genieße eine Weile den Anblick, bevor ich aufbrechen muss. Als ich auf den Tisch klopfe und mich verabschiede, hebt Gerd kaum den Kopf, dafür aber wieder die Zeitung, um den nächsten gedruckten Artikel mittels intelligenter Recherche in ein Wurmloch zu einem Universum weiteren Wissens zu verwandeln.

Ich verlasse die Bäckerei und atme kurz die Luft ein. Kurz vor der Tür mischen sich die Reste der Aromen von drinnen mit einem Hauch Frische, Reifenabrieb und Abgasen. Ich denke daran, wie Gerd mir kürzlich diese Straße auf einem Foto aus Urzeiten gezeigt hat, und die nostalgischen Clips aus meiner eigenen Jugend kommen mir wieder in den Sinn. „Du stehst vor einer Bäckerei im Jahre 2002 und alles war nur ein Traum. Was machst du?" Ja, die Welt war langsamer damals, aber eben auch *langsamer*, wenn der Weg zu sinnvoll strukturiertem Wissen zehnmal so lange dauerte. Und denke ich so an den liebenswerten Alten hinter mir, dann weiß ich, dass es nie zu spät ist, die Zeit aufzuholen.

Einfach schlauer suchen. Der Geheimtipp

Statt eines Custom GPT ergibt es Sinn, an dieser Stelle darauf hinzuweisen, dass bei aller Intelligenz der modernen Recherche-Tools ein Aspekt gern vergessen wird – die Bedeutung der lokalen Quellen, also der Quellen vor Ort in dem jeweiligen Land. So hatten wir einmal einen Fall, bei dem wir einfach keine Antwort darauf finden konnten, wie lange es in China gedauert hat, eine Autobahn zu bauen, an deren Baustelle kein Mensch gearbeitet hatte, und ob das Klischee des unfassbar schnellen Chinesen im Vergleich zum schneckenhaft gewordenen Deutschen tatsächlich stimmt. Trotz aller Tools konnten wir die Informationen nicht in entsprechender Genauigkeit und Quellenstärke finden – bis wir die KI durch einen spezifischen Prompt ermutigt haben, auch im chinesischen Sprachraum zu recherchieren. Der Report an uns erfolgte natürlich weiter auf Deutsch. Und siehe da – die Chinesen haben die autonom von Robotern und Drohnen gebauten 158 Kilometer in 47 Tagen fertiggestellt. Was auch die eingangs gestellte Frage beantwortet. Die Information konnte vorher keine der deutsch- und englischsprachigen Quellen liefern. Wer also beim Suchen nach Informationen zu Details rund um die Welt die europäische oder angelsächsische Brille absetzt, bekommt überhaupt erst mal den ganzen Blick auf die Welt.

Erzähl's mir einfach

KI als individualisierter Wissenspodcast

„Mein Problem ist – ich bin einfach zu gewissenhaft." Als Erstes denke ich, Yanniks alter Freund Ben spricht von seiner Hochzeitsplanung. Den halben Abend hat er uns begeistert davon erzählt, was sie in ihren Flitterwochen nach dem großen Fest bei ihrer Reise auf die Seychellen alles vorhaben. Tauchen und Schnorcheln an den Riffen zwischen Sainte Anne und Moyenne und den paradiesischen Gewässern rund um Beacon Island. Eine Bergwanderung von der nördlichen Ostküste Mahés hinüber in die Beau Vallon Bay. Freiwillig früh aufstehen, um am Morgen die Fischer zu beobachten, wie sie auf dem Markt in Victoria ihren nächtlichen Fang für den Verkauf zubereiten. Angesteckt durch Yannik und all die Möglichkeiten, mit denen man durch KI sein reales Leben bereichern kann, haben sie die Reise mit den einschlägigen Tools längst geplant – und die Hochzeitsfeier selber, die zuvor hier in der Heimat stattfindet, natürlich auch. Doch jetzt spricht Ben von seinem Beruf, dem Alltag, der ihn noch im Griff hat. Ein Alltag als viel beschäftigter, freiberuflicher Journalist.

„Da kommt ein neues Thema auf und wir müssen was bringen, müssen sofort eine Haltung haben, müssen – so sagt es mein Chef gerne – das ganz schnell für die Leser herunterbrechen. So – und was ist jetzt dieses das? Ein Koalitionsvertrag von ein paar Hundert Seiten. Ein neues Gesetz. Ein Freihandelsabkommen. Ein Verfassungsschutzbericht. Ich meine, denkt mal an die jüngere Geschichte alleine. Cum-Ex. Die Panama Papers. Die Millionen Seiten von Dokumenten, die auf Wikileaks veröffentlicht worden sind. Niemand, der kein riesiges Rechercheteam für sich arbeiten hat, kann das auch nur ansatzweise lesen. Und schon gar nicht immer direkt bis gestern, weil morgen schon wieder die nächste Sau durchs Dorf getrieben wird."

„Aber du musst ja keine Sachbücher schreiben, die dem Zahn der Zeit standhalten", sagt Yannik. „Du musst im Grunde nur die Sau kommentieren."

„Ohne dass ich genau weiß, wie die Sau aussieht? Wieso sie in diese Richtung rennt? Ob es überhaupt eine ist und nicht vielleicht doch ein Eber? Und wie sitze ich denn da, wenn man mich mal zu einem Interview schickt? Mit einem Politiker, der gestern im Landtag für einen neuen Gesetzesentwurf gestimmt hat. Ja, der Entwurf ist öffentlich, ich kann die 215 Seiten noch eben schnell vorher lesen, eben schnell, einen ganzen Tag. Wisst ihr, was ich als Freiberufler für meine Beiträge bekomme? Da lande ich bei 69 Cent Stundenlohn, wenn ich alle Quellen lese, die ich lesen müsste."

Yannik und ich schauen uns an. Einerseits ist es absolut verständlich, was er sagt, andererseits aber auch absolut tragisch. Die Vorstellung, in kürzester Zeit tonnenweise Quellen durchackern und verstehen zu müssen, enge Deadlines im Nacken und Almosen als Honorar, ist in der Tat betrüblich.

„Natürlich habe ich ein schlechtes Gewissen deswegen", fährt Ben fort. „Ich lese quer, ich lese rein, ich studiere Pressemitteilungen. Wenn ich den Text dann aufsetze, bin ich mir ziemlich sicher, dass ich ganz wichtige Aspekte übersehe. Dass entscheidende Details an den Stellen stehen, die ich nicht wahrgenommen habe."

Yannik lehnt sich in seinem Schreibtischstuhl zurück und verschränkt die Hände hinter dem Kopf.

„Tja, wenn es doch nur die Möglichkeit gäbe, dass jemand anders all die öffentlichen Quellen für dich liest, komplett lückenlos, und dir auf dieser Basis die wichtigsten Dinge erzählt."

„Ja", sagt Ben, „wenn es das gäbe."

Der Werkzeugkasten

Die Top Five

In das von Google aufgesetzte Recherche- und Notiztool **NotebookLM** kann man Dokumente aller Art hochladen und daraus automatisch individuelle Podcasts erstellen. Die Funktion „Audio-Zusammenfassung" verwandelt die wichtigsten Inhalte in einen lebendigen Dialog zwischen zwei KI-Stimmen, die wie echte Moderatoren zentrale Punkte erläutern, diskutieren und Verbindungen zwischen Themen herstellen. Bislang ist dieses Tool tatsächlich das einzige, das Dokumente jeden Umfangs und aller Art selbsttätig als Podcast zusammenfasst. Weitere Dienste bieten allerdings die Möglichkeit, die Texte eins zu eins in hochwertige Sendungen zu verwandeln, um sie statt der Lektüre überall unterwegs einfach hören zu können – viel besser und angenehmer, als dies noch bis vor kurzer Zeit mit nicht KI-unterstützten Vorlese-Apps möglich war. So wandelt etwa **Podcastle** vorgegebene Inhalte in natürlich klingende Audioaufnahmen um, samt KI-gestützter Funktionen zur Audioverbesserung wie Rauschunterdrückung, automatischer Lautstärkeanpassung und dem Entfernen von Füllwörtern. Auch **Speechify** eignet sich hervorragend, um aus Texten professionelle Audioaufnahmen und Podcasts zu erstellen und öffnet eine Datenbank mit über 200 Stimmen in verschiedenen Akzenten und Sprachen, bei denen sich Emotionen, Sprechtempo sowie Tonfall individuell anpassen lassen. Die Plattform **OpenAI TTS** ermöglicht eine flexible Steuerung von Stimme, Sprache und Ausgabeformaten. Entwickler können damit ihre Anwendungen mit natürlicher Sprachsynthese ausstatten, normale Endnutzer Dokumente zügig für unterwegs hörbar machen. **Audyo** stellt sogar Stimmklone von Prominenten wie Donald Trump, Morgan Freeman oder Taylor Swift bereit.

Honorable Mentions

Koolio AI, Listen AI, LOVO AI, Wondercraft AI

Ein Champion seiner Liga und das erklärte Lieblings-Text-to-Speech-Tool von Niklas ist *ElevenLabs* – wie er im Video erklärt:

„Stichwort Wirtschaft. Hier steht: Zur steuerlichen Entlastung der Unternehmen sollen Abschreibungsregeln reformiert werden. Für 2025 bis 2027 wird eine degressive Abschreibung von 30 Prozent auf Ausrüstungsinvestitionen eingeführt. Ganz ehrlich – ich verstehe nur Bahnhof."

„Das heißt, als Firma kannst du jetzt 30 Prozent des jeweils verbleibenden Buchwerts einer Investition als Kosten absetzen. Schau mal, du kaufst für 100 000 Euro eine Maschine, dann schreibst du im ersten Jahr 30 000 Euro davon ab. Bleiben noch 70 000 Euro Restwert, richtig?"

„So weit kann ich folgen."

„Im zweiten Jahr setzt du jetzt 30 Prozent von diesen 70 000 Euro ab, also 21 000."

„Okay, und wieso bringt das jetzt die Wirtschaft voran?"

„Weil der steuerliche Wert der Investition dadurch jedes Jahr schneller sinkt als bei der sogenannten linearen Abschreibung, bei der du jedes Jahr denselben Betrag abschreibst, also zum Beispiel über 5 Jahre je 20 Prozent. Unternehmen können die Kosten schneller steuerlich geltend machen und investieren daher mehr. In der Theorie."

Ben drückt auf Pause. Ein paar Sekunden verweilt sein Blick noch auf dem Bildschirm von Yanniks Laptop, auf dem die künstliche Sprecherin und der künstliche Sprecher sich über den Koalitionsvertrag der neuen deutschen Regierung austauschen.

„Das ist ja unglaublich", sagt er. „Das klingt tatsächlich wie zwei echte Menschen, die das Ding beide komplett gelesen haben."

Er hört ein Stück weiter, springt in die Mitte der Audiodatei und öffnet das PDF des Koalitionsvertrags, dessen PDF-Fassung er in *NotebookLM* hochgeladen hatte.

„Die erwähnen auch Details von ganz weit hinten in dem Papier, nicht nur das, was man findet, wenn man vorn reinliest. Das ist so, als wenn ich ihn selber gelesen habe."

„Hast du in gewissem Sinne ja auch", sagt Yannik. „Die KI hat keine Seite ausgelassen. Sie verlangt dafür außerdem nichts und dein Stundenlohn bleibt wieder in einem erträglichen Rahmen."

Ben legt beide Hände flach auf den Schreibtisch, macht den Rücken gerade, schaut zum Fenster und schüttelt den Kopf.

„Wieso weiß ich von so etwas nichts? Von so einer für meinen Job revolutionären Erfindung?"

„Nicht nur für deinen", sagt Yannik. „Obwohl es schon schade ist, wenn bald auch nicht mal mehr Studierende die entscheidenden Texte selber lesen."

„Wenn sie Bock auf ihr Fach haben, machen sie das trotzdem noch", schalte ich mich ein und meine es auch so. „Aber zusätzlich können sie viel mehr Inhalte aufnehmen als jemals zuvor."

Ben springt auf und packt den Laptop wieder ein. Danke, Jungs, ich glaube, ihr habt mir den Arsch gerettet."

Gut gelaunt verlässt Ben das Büro. Wir sehen ihm nach, dem Mann, der nun wieder etwas mehr Zeit hat und dessen Multitasking nicht mehr jede Minute seiner frischen Ehe frisst. Und ich frage mich, welche Gesetze oder Verträge, die unser aller Leben betreffen, ich mir demnächst als Zusammenfassung erzählen lasse.

TEIL 8

KOMMUNIKATION UND UNTERHALTUNG

Du willst deinem Partner ein Eheversprechen machen, das von Herzen kommt – und findest nicht die richtigen Worte? Du möchtest deiner Tante eine Weihnachtskarte schreiben, die nicht klingt wie von der Stange und nicht aussieht wie mal eben im Supermarkt gekauft? Du möchtest das Leben deines Großvaters festhalten, bevor all die Geschichten verlorengehen? Kommunikation war schon immer eine Kunst – aber auch eine Hürde. KI hilft dabei, sie zu meistern. Sie gestaltet, formuliert, strukturiert – und bringt sogar Menschen zusammen, die bisher durch Sprach- oder Sinnesbarrieren getrennt waren. Und wenn es einfach mal um Spaß geht? Auch dann steht KI bereit: als Spielexperte, der endlich verständlich die Regeln erklärt, als Märchenerzähler oder als Netflix-Flüsterer, der von der Qual der Wahl erlöst.

Worte für die Ewigkeit

KI als Helfer für Ehegelübde

Ich lausche. Mir ist bewusst, dass dies nicht die feine englische Art ist, aber ich habe ein gutes Gewissen, denn Yannik und sein alter Schulfreund Ben wissen, dass ich in Hörweite bin. Heute Abend nehme ich digital die neuen Teilnehmer unseres KI-Consultant-Lehrgangs in Empfang und freue mich schon riesig darauf, die neuen Gesichter zu begrüßen und mit ihnen das erste Modul durchzusprechen. Es ist mir wichtig, dass alles reibungslos läuft und sich jeder von Anfang an gut aufgehoben fühlt. Ben fühlt sich bei Yannik ebenfalls erneut gut aufgehoben. In seinem Job konnten wir ihn mit den Tipps von neulich ordentlich entlasten oder wenigstens sein Gewissen beruhigen. Als Journalist fließen seine Texte. Als kommender Ehemann hat er allerdings größte Probleme, die bislang wichtigsten Worte seines Lebens zu finden. Seine Verlobte und er haben sich gegenseitig ein individuell formuliertes Ehegelübde versprochen.

„Ich liebe sie halt", sagt Ben. „Ich könnte ohne sie nicht sein."

Yannik schüttelt den Kopf und würde jetzt effektvoll den Stift ablegen, machte er die Notizen nicht über die Tastatur im Rechner.

„Das ist viel zu allgemein, Ben."

„Aber es stimmt!"

„Natürlich stimmt es. Du liebst sie, du kannst nicht ohne sie sein, sie ist deine Welt, nur mit ihr bist du komplett. Alles wahr, alles gut, alles schön – aber alles derartig abgedroschene Formulierungen, dass man dafür 5 Euro ins Phrasenschwein schmeißen müsste. Dein Beruf ist das Wort, Mensch, wie kann es sein, dass es dir hier so fehlt?"

Ben steht auf und geht im Büro auf und ab. Ich versuche, mir den jungen Mann, der derzeit eine zwei Nummern zu große Freizeithose mit sehr vielen Taschen und ein eigentlich längst aus der Mode gekommenes Basketball-Shirt trägt, im Anzug vorzustellen. Soweit ich weiß, hat Yannik von Ben die Einladung erhalten, seine engsten Kollegen aus der Firma zur Hochzeit mitzubringen. Ich habe mir den Termin bereits im Kalender vermerkt.

„Es geht darum, was deine bessere Hälfte besonders macht", sagt Yannik, „und dich, euch, im Zusammenspiel. Etwas, das nur für euch beide gilt und nicht genauso auch über Hunderte andere Paare erzählt werden kann."

„Ja", sagt Ben, „das hatten wir doch vorhin. Dieser eine Abschnitt, den du gar nicht so schlecht fandest."

Yannik liest vor, was Ben meint: „Ich gelobe, wenn ich Eis holen gehe, vom Frühling bis zum Herbst, wird stets eine Kugel Pistazie dabei sein."

„Pistazie?"

„Ja, was?", fragt Ben, die Schultern hochgezogen und die Handflächen nach vorn aufgeklappt, als wäre es selbstverständlich, dass man den Gag verstehen muss. „Die Sorte gibt es meistens nur im Winter. Also in den ein, zwei Monaten, in denen die Eisdiele im Winter noch offen hat."

Yanniks Wangen stülpen sich nach außen. Er pustet Luft aus.

„Und woher besorgst du sie dann von Frühling bis Herbst, wenn es sie nicht zu kaufen gibt?"

„Ich lasse sie in einer Diele extra herstellen und zahle es im Voraus, als eine Art Flatrate."

„Dann müsste das alles mit in die kleine Rede. Viel zu kompliziert. Das versteht keiner. Was ist noch wichtig, außer Pistazieneis?"

Ben zählt ein paar der Eigenschaften, Eigenarten und Eigensinnigkeiten seiner zukünftigen Frau auf. Die Art, wie er es macht, gibt mir Hoffnung für diese Ehe. In jedem Wort schwingt eine Wärme mit, als sei es ein süßer Keks, den man in einen warmen Chai-Latte taucht.

„Das ist nicht schlecht", sagt Yannik, „aber wie sortieren wir das? Womit fangen wir an? Womit hören wir auf? Ich meine, so ein Gelübde ist ja wie eine kleine Rede. Und eine kleine Rede, das kann dir jeder erzählen, der mit Storytelling zu tun hat, braucht einen Anfang, eine Mitte und ein Ende. Außerdem sollte das Schlussmotiv auf das Anfangsmotiv runden."

Ben sackt vor dem Stuhl zusammen. Seine viel zu weite, schneeweiße Hose wirkt, als hätte er sich in ein riesiges Nest aus Baumwolle gesetzt.

„Das überfordert mich alles so kolossal!"

Ich frage mich, wieso Yannik nicht von selbst darauf kommt. Oder vielleicht zieht er es schon längst in Erwägung, traut sich aber nicht, es seinem Freund vorzuschlagen. Also stehe ich auf, gehe wie zufällig durchs Foyer, strecke den Kopf durch die Tür, werfe Yannik einen Blick zu, bis er mich bemerkt und zeige leise auf den großen Slogan an der Wand. In der Tat macht Yannik daraufhin in meine Richtung eine *Das kann ich doch nicht bringen*-Mimik. Doch, signalisiere ich ihm mit einem Nicken und ziehe mich lautlos wieder zurück. Ben hat mich gar nicht bemerkt.

„Weißt du was?", sagt Yannik. „Erzähl noch mal alles über sie und über dich. Schöpfe komplett aus dem Vollen. Aber erzähl es nicht mir, sondern ihm."

Yannik zeigt auf den Bildschirm. Ben rappelt sich vom Boden auf, zögert kurz einen Augenblick, als er erkennt, was auf dem Monitor zu sehen ist, und fängt von Neuem an.

Der Werkzeugkasten

Die Top Five

Abseits der üblichen Chatbots und LLMs bietet **Neuroflash** eine starke Textgenerierung, weil es für die deutsche Sprache optimiert und mit Fokus auf deutschsprachige Inhalte trainiert wurde. Die Selbstbeschreibung als „Marketing-Intelligenz-Plattform" sollte nicht davor abschrecken, damit auch persönliche Texte generieren zu können. Was die Eleganz und Natürlichkeit der Formulierungen angeht, bietet **Jasper** je nach Geduld und Geschick im Austausch etwas bessere Ergebnisse als *ChatGPT* – und sogar Vorlagen für Gelübde. Ebenfalls einen Versuch wert ist in dieser Hinsicht **Claude**, das allgemein als behutsamstes und feinfühligstes Large Language Model gilt. Es kann stilistisch vielfältige und emotionale Formulierungen vorschlagen und baut individuelle Wünsche, gemeinsame Erinnerungen und persönliche Nuancen gut ein. Den kürzesten Weg zum Ziel eröffnet der **Wedding Vow Generator**, der nach einfacher Eingabe der Inhalte in wenigen Menüfenstern das Gelübde generiert. Sucht man allgemein nach KIs, die Liebesbriefe und romantische Versprechen aller Art generieren, findet sich eine Flut von Angeboten, von denen der **AI Love Letter Generator** als griffige App für das Smartphone exemplarisch hervorgehoben sei.

Honorable Mentions

Copy, HyperWrite AI Speech Writer, ToastWiz, Verble

Ben sieht gut aus in einem Anzug. So gut, ich muss gestehen, ich hätte es nicht erwartet. Interessanterweise hat er aber auch hier weißen Stoff gewählt, genau wie bei seiner Freizeithose. Ein wenig fühle ich mich in das Miami der 80er-Jahre zurückversetzt. Die Sonne scheint auf das wunderbare Stückchen englischen Garten auf dem Gelände einer kleinen, historischen Burg in Privatbesitz, die ihren Park für Open-Air-Hochzeiten vermietet. Zwischen Ben und seiner zukünftigen Frau steht kein Pfarrer unter dem Rosenbogen, sondern ein Standesbeamter, der allerdings sichtliche Freude daran hat, sein Büro auch einmal verlassen zu dürfen. Soeben hat Ben sein Gelübde beendet. Ein paar markante Minuten feinster Rhetorik. Herausragend geschrieben, gut aufgebaut, pointiert, ohne auf Krampf lustig zu sein und verbindlich, ohne dabei das Pathos zu streifen. Tränen der Rührung stehen in den Augen der Braut, die nun eigentlich mit ihrem Text dran wäre. Doch was Ben gerade präsentiert hat, überwältigt sie schlichtweg zu sehr.

„Ach, weißt du was?“, sagt sie, „ich gelobe einfach, dir niemals unnötig böse zu sein, selbst dann nicht, wenn du kein Pistazien-Eis findest“. Dann fällt sie ihm um den Hals für den Kuss, ohne die Erlaubnis dafür abzuwarten.

Worte für die Ewigkeit. Der Custom GPT

Du bist ein deutschsprachiger, hoch qualifizierter Schreiber, der auf das Verfassen persönlicher, emotionaler und kreativer Ehegelübde spezialisiert ist. Deine Aufgabe ist es, mithilfe weniger, gezielt aufeinander aufbauender Fragen alle relevanten Informationen über die Braut, den Bräutigam bzw. das Paar sowie die gewünschte Stilrichtung und Tonalität zu erhalten, um abschließend ein einzigartiges, passendes Ehegelübde zu formulieren.

Anforderungen und Vorgehen:

Schrittweises Abfragen der wichtigsten Eckdaten

Stelle in mehreren kurzen Runden jeweils eine oder wenige Fragen, um dir ein klares Bild zu verschaffen:

- Wer verfasst das Gelübde? (Braut oder Bräutigam? Oder eine Person für beide?)
- An wen richtet sich das Gelübde? (Braut, Bräutigam, Partner?)
- Welche Details sind über die Person wichtig? (Z. B. Vorlieben, Hobbys, Charakterzüge, gemeinsame Insider, Kennenlerngeschichte)
- Wie ist die gewünschte Tonalität? (Humorvoll, romantisch, klassisch, modern, tiefgründig, kurz und knackig)
- Gibt es bestimmte Elemente, die unbedingt vorkommen sollen? (Z. B. Zitate, biblische Bezüge, Songtexte, Anspielungen auf gemeinsame Erlebnisse)
- Wie lang soll das Gelübde ungefähr sein? (Z. B. 1–2 Minuten, 3–4 Minuten)
- Gibt es besondere sprachliche oder kulturelle Aspekte zu beachten? (Z. B. bestimmte Sitten, zweisprachiges Gelübde)

Ideensammlung und Abstimmung

Fasse die gesammelten Informationen in einer ersten kurzen Skizze zusammen:

- Möglicher Aufbau (Einleitung, gemeinsamer Rückblick, Versprechen, Ausblick)
- Gewünschte Stimmung und Stil

Bitte den Nutzer, zu bestätigen, ob diese Richtung gefällt oder ob noch weitere Wünsche bestehen (z. B. mehr Humor, weniger Pathos).

Ausformulierung des Gelübdes

Verfasse einen ersten Redeentwurf oder gleich das komplette Ehegelübde. Achte besonders auf:

- Persönliche Note (Einbau der genannten Details über Beziehung, Hobbys, Kennenlerngeschichte)
- Romantische oder humorvolle Elemente, je nach Wunsch
- Klare Struktur (z. B. kurze Einleitung, Kernversprechen, Schluss mit Ausblick auf die gemeinsame Zukunft)
- Halte dich bei der Länge an den Nutzerwunsch.

Feedback und Feinschliff

- Bitte den Nutzer, Feedback zu geben (z. B. „Ist es emotional genug? Ist es zu förmlich?“).
- Gib Raum für Korrekturen oder Ergänzungen. Passe den Text so lange an, bis er den Vorstellungen perfekt entspricht.

Freundliche und einfühlsame Kommunikation

- Nimm die Rückmeldungen des Nutzers immer wertschätzend entgegen.
- Schlage Alternativen oder Varianten vor, falls Unsicherheit besteht (z. B. „Möchtest du eine humorvolle Anekdote ergänzen?“).
- Bleibe stets taktvoll, da es sich um einen sehr emotionalen Anlass handelt.

Dein Ziel

Erstelle ein individuelles, gefühlvolles und stimmiges Ehegelübde, das perfekt auf den Schreibenden und dessen Partner zugeschnitten ist. Frage nur die notwendigen Informationen ab, formuliere anschließend einen bezaubernden Redeentwurf und passe ihn bei Bedarf an. Sorge dafür, dass der Nutzer am Ende ein Gelübde erhält, das authentisch, persönlich und berührend ist.

Grüße, die bleiben

KI als Karten-Schreiber für Festtage

Den Vormittag verbringe ich an einem Ort, der von der KI bislang unberührt geblieben ist. Dachte ich zumindest, bis mir mein Zahnarzt beim Check-up davon erzählte, dass KI mittlerweile zahnärztliche Röntgenbilder und CT-Scans analysiert, auf der Grundlage der bisherigen Krankengeschichte die Art und Wahrscheinlichkeit zukünftiger Behandlungen einschätzt und bald auch 3-D-Animationen der inneren Anatomie erstellt. Regelrecht analog zeigt sich im Vergleich heute unser Geschäftsführerbüro, als ich gegen elf ankomme und Thomas bei einer Tätigkeit überrasche, die weniger nach unserem Arbeitsalltag aussieht als nach einem privaten Anfall tätiger Freude. Über den Fußboden schleicht gerade erstaunlich leise einer der modernen smarten Saugroboter, der auch Max' Wohnung gerettet hat. Der Schreibtisch allerdings ist übersät mit teils bunten, teils in goldbraun-roten Tönen gehaltenen Post- und Grußkarten in einfacher wie aufklappbarer Form.

„Es wurde Zeit." Thomas hebt den Blick und zeigt beidhändig auf das gigantische Konvolut. „Eine Schublade, fünf Jahre."

Ich trete näher, ohne dabei zu vergessen, ihm ob des Zustands unserer Pflanzen einen anerkennenden Blick zuzuwerfen. Bei der gepflegten Papeterie auf seinem Tisch handelt es sich um Weihnachtsgrußkarten.

„Üblicherweise fliegt bei dir alles Unnötige und Ungenutzte raus, aber du lagerst die Weihnachtspost, die du bekommst, in der Schreibtischschublade?"

„Ja", sagt er, „dann verstopft sie zumindest nicht zu Hause die Möbel."

„Verstopfen klingt nicht so, als ob sie dir überhaupt Freude macht."

„Doch, in dem Moment, wo ich sie bekomme, freue ich mich wie jeder darüber, wer alles an mich denkt. Und irgendwie konnte ich mich bislang nicht davon trennen. Aber ganz ehrlich, muss man das aufbewahren?"

Scheinbar willkürlich zieht er eine Karte aus dem Stapel und zitiert: „Wir wünschen dir ein frohes Fest, tolle Geschenke und eine besinnliche Zeit." Oder, auch überraschend: „Ho, ho, ho – möge der Weihnachtsmann dir alles bringen, was du dir wünschst." Na gut, das ist schon etwas besser. Die Karten sind alle per Hand verfasst, manche sogar in Schreibschrift. Aber was darauf steht, das ist doch ebenso berechenbar und Klischee-Alarm wie die Motive, oder?"

Ich überfliege die Bilder auf den Vorderseiten der Karten. Kitschige Fotos von Dekorationskugeln in gemütlich beleuchteten Weihnachtsbäumen. Noch kitschigere Gemälde von Berghütten in einer Schneelandschaft. Hier und da ein witzig gemeinter Cartoon, dessen Stil und Pointe aber so harmlos rüberkommen, dass man sich fragt, wovor die Designer und Redakteure eigentlich Angst haben.

„Hier", sagt Thomas, „das ist die einzige Weihnachtspost, wenn ich ehrlich bin, die ich behalten möchte." Er reicht mir einen roten Umschlag, in dem sich ein blauer befindet, aus dem ich einen Wahlzettel auffalte, gestaltet wie die langen, mehrfach gefalteten Bögen bei der Briefwahl. Auf der Vorderseite ist das runde Feld, in dem man sein Kreuzchen macht, eine Weihnachtskugel. Ein Slogan darüber wünscht „frenetische Feiertage vor der nächsten Qual der Wahl“. Im Wahlbogen selber sind neben jeder Partei die Lobbygruppen aufgelistet.

„Das ist ja Weihnachtspost gewordenes Kabarett“, sage ich. „Kunst.“

„Ja“, sagt er, „ist es auch. Und kannst du ahnen, wie viel Zeit die beiden, die so was versenden, in jedem Dezember darauf verwenden? Auf Ideenfindung, Gestaltung per Hand und Produktion in erklecklicher Auflage? Locker zwei Arbeitstage. Es muss doch möglich sein, dass es originell und einzigartig geht und trotzdem zügiger. Oder wenigstens so, dass man statt einer dermaßen originellen Post für alle, tatsächlich jedem einzeln und persönlich schreibt, ohne dass man tagelang beschäftigt ist und trotzdem nichts Besonderes dabei herumkommt.“

Der Werkzeugkasten

Die Top Five

Der KI-Kartengenerator von **Adobe Express** setzt die imaginierten Motive direkt in eine Vorlage um, die dann der individuell gewünschten Ästhetik und Charakteristik angepasst werden kann. Im Kartengestalter von **Appypie Design** lässt sich neben dem Prompt-Feld für das, was die Karte beinhalten soll, auch eingeben, was alles vermieden werden darf – eine interessante Ausschlussmethode für alle, die sichergehen wollen, dass es viel weniger Versuche braucht. Selbstverständlich beherrschen Tools wie diese alle möglichen Anlässe, von denen Weihnachten nur als Beispiel fungiert. Die KI **AI Holiday Cards** von Designstripe verspricht unter dem Motto „artificial imperfection" eine promptbasierte Gestaltung, die ganz bewusst „truly unique (and just a little bit awkward)" daherkommt. Die erste, stets optimierte Anlaufstelle für gute Kartenvorlagen, die aus Prompts entstehen, ist das KI-Tool Dream Lab innerhalb von **Canva**. Leider noch nicht in Deutschland erhältlich, aber als Speerspitze des Möglichen hier unbedingt zu erwähnen, ist der Dienst **Handwrytten** aus den USA, der mit speziellen, Stifte haltenden Maschinen, tatsächlich Grußpost aus hochgeladener Handschrift generiert.

Honorable Mentions

AI Greeting Card Generator, Inkly, Photoroom, Varnz

Thomas steht vor der Tür des Aufzugs und hält den Karton mit den gestalteten und gelieferten Weihnachtspostkarten in der Hand wie einen Schatz. Man sieht ihm die Vorfreude an, die immense Auflage von über 150 Stück zu verschicken, weil er guten Grund hat zu glauben, dass die Empfänger an diesem Entwurf wirklich Freude haben. Trotzdem musste er daran nicht mehrere Tage arbeiten, hat das Zusammenspiel aus seinem Humor, seinen Ansprüchen und der ausführenden Kraft der künstlichen Intelligenz ihm Lebenszeit gespart und dabei etwas erzeugen lassen, das beim Gegenüber nicht spätestens ein Jahr darauf ins Altpapier wandert.

„Was ist eigentlich aus dem Treppensteigen geworden?“, frage ich und denke ans Frühjahr, als Thomas uns alle mit seiner *Staircase to Heaven*-Challenge in die Fitness getrieben hat. Die meisten von uns haben ihre Abos beim sportlichen KI-Tool ihrer Wahl immer noch und nutzen sie sogar.

„Doch nicht mit dieser wertvollen Fracht“, lacht Thomas, und gemeinsam beobachten wir noch eine Weile länger, wie die digitalen Ziffern über dem Aufzug den Fortschritt der Etagen anzeigen.

Grüße, die bleiben. Der Custom GPT

Du bist ein hoch qualifizierter, deutschsprachiger Kartenschreiber, spezialisiert auf individuelle Texte für private Anlässe (z. B. Geburtstage, Weihnachten, Geburten, Hochzeiten). Deine Aufgabe ist es, Schritt für Schritt alle nötigen Informationen zu sammeln und am Ende eine perfekte, kurze Gruß- oder Glückwunschkarte zu verfassen.

Anforderungen und Vorgehen:

Anlass und Grundstimmung in kurzen Schritten abfragen

- Stelle zunächst eine kurze Frage nach dem Anlass (z. B. Geburtstag, Weihnachten, Geburt, Hochzeit, Genesungswunsch etc.).
- Frage anschließend nach der gewünschten Tonalität (z. B. humorvoll, sentimental, förmlich, locker).
- Erkundige dich danach, wer die Karte erhält und welche Beziehung der Nutzer zum Empfänger hat (z. B. beste Freundin, entfernter Bekannter, Familienmitglied). Falls relevant, frage auch, ob bestimmte Botschaften (z. B. Dankbarkeit, Glückwünsche, Anteilnahme) oder Insider (gemeinsame Erinnerungen, besondere Interessen) eingebaut werden sollen.

Länge und Stil

- Erkläre, dass Karten in der Regel kurz und prägnant sind. Üblich sind etwa 30–70 Wörter (2–5 Sätze).
- Frage den Nutzer, ob er eine kürzere oder längere Variante wünscht. Biete bei Unsicherheiten eine Empfehlung an (z. B. „Für eine Geburtstagskarte an einen nahestehenden Menschen sind 50–60 Wörter meist perfekt").

Optionale Details

- Frage, ob bestimmte persönliche Anekdoten, Zitate oder Sprichwörter enthalten sein sollen.
- Kläre, ob es sprachlich-kulturelle Besonderheiten (z. B. bilingual, bestimmte Grußformeln) gibt.
- Ermittle, ob ein klassischer Gruß (z. B. „Herzliche Grüße", „Dein/e …") oder etwas Individuelles gewünscht wird.

Erstellung des Kartentextes

- Fasse alle abgefragten Infos zusammen und formuliere daraus eine kurze, ansprechende Karte in der gewünschten Tonalität.
- Halte dich an die vereinbarte Länge und füge bei Bedarf maximal ein bis zwei Anekdoten oder Schlüsselpunkte ein.
- Achte auf freundliche, herzliche Formulierungen und eine klare Struktur (Anrede, Kerntext, Schlussgruß).

Feedback und Anpassungen

- Bitte den Nutzer um Feedback und passe den Text an, falls er weitere Wünsche äußert (z. B. mehr Humor, andere Wortwahl).
- Biete dem Nutzer ggf. alternative Formulierungen an, wenn er sich unsicher ist.

Freundliche und klare Kommunikation

- Achte darauf, keine beleidigenden, diskriminierenden oder unangemessenen Inhalte zu integrieren.
- Bleibe kreativ, aber immer respektvoll gegenüber Anlass und Empfänger. Sei geduldig und gehe flexibel auf Änderungswünsche oder Klarstellungen des Nutzers ein.

Dein Ziel

Erstelle nach minimalem, aber gezieltem Fragenkatalog einen kurzen, passenden Kartentext, der Anlass und Beziehung zum Empfänger berücksichtigt. Halte dich an die Vorgabe von 30–70 Wörtern (oder wie vom Nutzer gewünscht), damit der Text genau aufs Format einer typischen Grußkarte passt. Abschließend liefere eine perfekte Grußformel, sodass der Nutzer nur noch abschreiben oder ausdrucken muss.

Sparringspartner des Wortes

KI als Assistent für Biografien

Ich stehe vor der Bäckerei und schaue die Straße hinab. Es kommt selten vor, aber der Akku meines Handys ist leer. Zahllose Gespräche am Vormittag haben ihn ausgelaugt und die Pausen waren weder lang noch das Gehirn entspannt genug, um daran zu denken, zwischendurch das Kabel anzuschließen. Daher bleibt mein Nacken aufrecht statt gebeugt, nehme ich den Wind in den Bäumen des Mittelstreifens wahr, das Lachen einer vorübergehenden Frau, die eine Sprachnachricht diktiert, und irgendwo im Hintergrund auch die Geräusche spielender Kinder, die mitten in der Stadt eher ungewöhnlich geworden sind.

„Weißt du, wie es hier früher aussah?"

Die tiefe Stimme von Gerd ertönt direkt hinter meinen Ohren. Wie aus den kleinen Lautsprechern, die man sich im Heimkino hinter das Sofa hängt. Ich drehe mich um. Er hält mir ein ausgeblichenes Foto hin. Es wirkt so antik, dass man es eher hinter Glas in einem Museum vermuten würde.

„So", sagt Gerd, „sah es damals hier aus."

Er zeigt mir, wie ich das Bild in unser Sichtfeld zu halten habe, sodass ich wie in einer Art analoger Augmented Reality in die Vergangenheit schauen kann. Kurz denke ich daran, dass man diese Art von Städtetour unter dem Motto Timeride in Köln schon machen kann. Die Erfinder dieser Rundfahrt saßen vor Jahren mal bei mir im Podcast vor dem Mikrofon.

„Das ist von meinem alten Herrn", sagt Gerd, und für einen kurzen Moment muss ich mich konzentrieren, um mir mein Erstaunen, dass der Vater dieses alten Mannes noch lebt, nicht anmerken zu lassen. Offenbar gelingt es nicht. Gerd lacht und klopft mir auf die Schulter. „Er ist vor kurzem 96 Jahre alt geworden und erst vor einem Jahr aus der eigenen Wohnung rüber ins Heim. Sie sprechen von Demenz. Für das Kurzzeitgedächtnis gilt das auch. Aber er weiß weiterhin, wer ich bin – und was das Langzeitgedächtnis angeht, liefert er mir ein Rund-um-die-Uhr-Historien-Fernsehprogramm. Er erzählt und erzählt und erzählt."

„Ist doch wunderbar", sage ich.

„Ja, genau", sagt Gerd und es mischt sich ein wenig Verzweiflung in seine Stimme, „es ist wunderbar, aber leider erzählt er nicht so strukturiert wie eine Dokumentation. Es geht von hier nach da. Zeiten, Personen, Orte – alles fliegt durcheinander. So sprunghaft, als hätte man das ganze Material seines Lebens und der Vergangenheit einem Regisseur gegeben, der sich gesagt hat: Machen wir daraus doch einen Experimentalfilm unter Einfluss von LSD. Erst habe ich wie wild mitgeschrieben, mit dem Kugelschreiber in gebundene Notizbücher. Ganz klassisch. Schon drei dicke Dinger davon sind voll. Und bevor du fragst – ja, ich zeichne die Gespräche auch auf und schreibe vieles nachher ab. Aber wie soll da jemals etwas draus werden, das jemand in die Hand nimmt und nachvollziehen kann? Und das sich auch noch gut liest?"

Ich gebe Gerd das Foto zurück, wechsle mein Standbein und kann mich gerade noch so zurückhalten, das Kinn auf die Hand zu legen, wie es Comicfiguren machen, wenn der Zeichner zeigen möchte: Er denkt tief nach.

„Du brauchst also im Grunde einen Assistenten, der dir dabei hilft, unsortiertes Erzählmaterial in den Griff zu bekommen, dir beim Schreiben zu helfen und im besten Falle das Geschriebene auch noch ein wenig zu lektorieren?"

„Ja, mir liegt wirklich viel daran. Ich weiß nicht, wie lange er mir noch erhalten bleibt. Und selbst wenn ich das alles nur für die Familie aufschreibe und für ein paar Dutzend Freunde, irgendwo selber gedruckt und verteilt. Aber einen Assistenten, der mich dabei wochenlang begleitet – wovon soll ich den bezahlen?"

Der Werkzeugkasten

Die Top Five

Das leistungsfähige Tool **Descript** verknüpft die Bearbeitung von Bild, Ton und Text engstens miteinander. Videos oder Audios werden nachträglich oder sogar direkt in Text umgewandelt. Änderungen im Text wiederum wirken umgekehrt direkt auf Video und Audio zurück, sodass man selbst diese ganz einfach editieren kann. Sogar ganz spezielle Tools zur Erstellung von Biografien wurden bereits entwickelt. **Autobiographer** führt per KI sensible Gespräche, die auf jede Antwort des Nutzers eine ganz neue, individuell angepasste Frage folgen lassen und aus der organischen Interview-Führung fortlaufende Kapitel erzeugen. **LifeStory.AI** stellt einem eine „digitale Biografin" beiseite, die alle Sprachaufnahmen transkribiert und bei Bedarf sogar in ein bis zu 250 Seiten starkes, druckbares Buch verwandelt. Wer lieber manuell arbeitet oder erst einmal sammeln möchte, kann wilde Notizen aller Art und allen Umfangs mit **Evernote** in klar strukturierte, lesbare Texte verwandeln. Eine intelligente Suche erkennt inhaltliche Querverbindungen und hilft beim Spinnen roter Fäden und logischer Gliederung. Wer die Lebensgeschichte alleinstehend oder zusätzlich zum Buch als Videobiografie generieren möchte, lässt von **My Heritage Deep Story** einen Lebensrückblick zum Anschauen und Vorführen erstellen.

Honorable Mentions

Otter.ai, ProWritingAid

Auf meinem Schreibtisch hat sich echte Post eingefunden. Die meisten Umschläge signalisieren sofort, was sich hinter ihnen verbirgt. Rechnungen, Werbung, logistischer Alltag. Einer jedoch fällt mir ins Auge, besteht er doch aus einem stilvollen, alt wirkendem Kartonpapier und ist per Hand beschriftet. Ich drehe ihn um und lese den Absender. Es ist Gerd. Behutsam öffne ich das Ding und ziehe eine ebenfalls handgeschriebene Einladung heraus, dunkle Tinte auf einem hellgrauen Blatt, das Gerd dennoch zuvor durch den Drucker gejagt hat, denn unten rechts ist – leicht schräg gesetzt – das Cover eines Buches abgebildet.

Es zeigt die Straßenansicht der alten Postkarte, die Gerd mir vor ein paar Wochen unten gezeigt hat. Er hat tatsächlich die Lebenserinnerungen seines alten Herrn in ein Buch gefasst. *Blätter im Wind* heißt es, hundert Stück gebe es davon, und das Schreiben lädt ein zu einer privaten Lesung mit ihm und seinem Vater, einem „ganz besonderen Ereignis für gute Freunde".

Ich schlucke, falte den Brief wieder zusammen und mache mir eine Notiz zu dem Termin.

„Christoph, hast du eine Sekunde?", fragt Niklas im Türrahmen, der mich besorgt anschaut, als er meinen Zustand erkennt.

„Erst mal schnell das Fenster zu", sage ich, „der Zug lässt mir die Augen tränen."

Sparringspartner des Bildes

KI als Design-Assistent

„Comic Sans“, sagt Yannik, bleibt wie angewurzelt stehen und zieht die Sonnenbrille von der Nase, als hätte er gerade ein seltenes Insekt entdeckt.

Ich folge seinem Blick. „Was?“

„Die Schrift. Auf dem Plakat. Die, die aussieht, als hätte ein gelangweilter Siebtklässler versucht, ein Referat über Meerschweinchen zu bebildern. Die, über die sich Influencerinnen, die Schriftarten als Figuren nachspielen, am meisten lustig machen.“

Jetzt sehe ich es auch. Groß prangt auf dem längst sonnengelbstichigen Ausdruck im Schaufenster der Trinkhalle die Aufzählung all dessen, was sie – wenig überraschend – feilbieten: Cool Drinks / Eis / Süßigkeiten / Snacks / Tabak / Vape / Telefonkarten / Presse. Das Wort „Telefonkarten“ amüsiert mich. Natürlich sind Prepaid-Guthaben-Karten von Marken wie Lebara und Lyca Mobile gemeint, aber dennoch sehe ich das erste Mal seit sicher fünfzehn Jahren die Karten vor dem inneren Auge, die man früher in den Schlitz der Telefonzelle geschoben hat.

„Das ist fast schon wieder Kunst“, murmelt Max, und hinge das Ding kommentarlos in der documenta, würden manche es vielleicht so deuten. Der Abstand der Worte zueinander ist weder nah noch weit genug, der Hintergrund grell, das ebenfalls wenig einladende Logo des Ladens rechts unten kaum lesbar.

Yannik ist weniger ironisch unterwegs als Max, schiebt sich an uns vorbei und betritt die Trinkhalle mit dem Schwung eines Achtjährigen auf Klassenfahrt.

Wir folgen ihm. Einen Augenblick lang genieße ich die überraschend gut eingestellte, klimatisierte Kühle, die der kleine Raum inmitten des brütenden Sommers bietet.

„Guten Tag, meine Herren!“

Der Besitzer der Trinkhalle ist ein etwa fünfzigjähriger Mann mit freundlichem Blick und einem leichten Akzent, den ich nicht ganz einordnen kann. Es mag Kurdisch sein, oder Libanesisch.

„Was darf es sein?“

Max grinst, zieht seine Geldbörse, kramt ein paar Münzen zusammen und zeigt auf das uralte Plastikausgabefachsystem, bei dem man noch für jedes Weingummi einzeln bezahlt. „Was kriege ich für drei Euro zwanzig?“

Der Mann lacht und preist die grünweißen Frösche, sauren Schlangen und tiefschwarzen Lakritzschnecken an, als könnten ihn die paar Münzen retten. Mein Blick fällt auf einen kleinen Stapel Flyer auf der Theke.

„Sie liefern jetzt auch?“ frage ich.

„Ja! Kiosk-Taxi, ab 10 Euro. Ich gehe ans Telefon, mein Sohn fährt. Pizzataxi gibt's überall und auch diese große Flaschenpost. Aber ein paar Tüten Chips, Haribo, Zigaretten, mitten in der Nacht, direkt nach Haus? Da sind wir die Einzigen.“

Yannik nimmt sich eines der Werbeblätter. Ich spüre es – er kann nicht länger schweigen.

„Ihre Idee mit dem Kiosk-Taxi ist super", sagt er, „aber die Werbung dafür ... wie haben Sie die gemacht?"

„Mit Microsoft Word", antwortet der Mann, und es ist einerseits süß und andererseits so, als würden sie bei der DEUTZ AG immer noch Dampfmaschinen herstellen.

Der Kioskbesitzer hebt die Hände. „Ich weiß, ich weiß ... aber ich habe keine Ahnung von solchen Dingen und Designer kann ich mir beim besten Willen nicht leisten." Er hat die Tüte mit den Süßigkeiten fertig gepackt und reicht sie Max rüber, der wie ein kleiner Junge vor der Theke steht.

Der Werkzeugkasten

Die Top Five

Bis vor Kurzem noch ein rein manueller Baukasten, bildet **Canva AI** mittlerweile den ersten Anlaufpunkt als Designplattform, die gerade Laien in wenigen Minuten zu professionellen Ergebnissen führt. Mit dem neuen **Magic Studio** und dem *Canva AI*-Chatbot lassen sich Layouts aller Art auf Prompt-Basis erzeugen und Bilder KI-unterstützt bearbeiten. Ideal für schnelle und überzeugende Ergebnisse in Bereichen wie Marketing, Social Media oder Werbemitteln. Eine griffige Alternative bildet **Kittl**, das auf intuitiver, minimalistischer Benutzeroberfläche zum Gestalten anregt und neben dem obligatorischen Text-zu-Bild-Generator auch einen AI-Logo-Generator, hochwertige Schriftarten, flexible Vektorgrafiken und einen AI-Copiloten bereitstellt, der Schritt für Schritt durch den Designprozess begleitet. Besonders einsteigerfreundlich gibt sich naturgemäß der interne Bildgenerator von *ChatGPT*, der per Texteingabe individuelle Bilder in jedem gewünschten Stil erzeugt. Zudem können bereits generierte Bilder direkt im Chat weiter bearbeitet werden, ohne dass zusätzliche Editoren oder komplexe Werkzeuge notwendig sind – so entsteht ein nahtloser Workflow vom ersten Gedanken bis zum fertigen Bild. Eine gehobene Variante stellt **Adobe Firefly** dar, das sich auch als einzelne Web-App nutzen lässt, von Profis und Semi-Profis aber auch in Adobe-Creative-Cloud-Anwendungen wie Photoshop, Illustrator und Express eingebunden werden kann und somit ein sehr tiefes, detailliertes Vorgehen ermöglicht. Als reiner Bildgenerator steht **Midjourney** qualitativ an der Spitze. Es lässt sich hauptsächlich über die Plattform Discord mit dem Befehl „/imagine" und einer kurzen Beschreibung des gewünschten Motivs anwählen. Bildbereiche können gezielt nachträglich verändert, Details hinzugefügt oder der Hintergrund angepasst werden – auch das ohne Vorkenntnisse in Bildbearbeitung.

Honorable Mentions

Figma Make Design, Leonardo.ai, Ideogram 3.0, Stable Diffusion 3 / DreamStudio

Zwei Wochen später schlendern wir nach Feierabend zu dritt die Straße entlang. Der Sommer liegt immer noch über der Stadt wie eine schwere, aber atmungsaktive Bettwäsche aus Bio-Hanf. Auf jedem freien Stück Wiese sitzen Menschen, manche lassen das echte Zeug rumgehen, aus dem man keine Textilien webt. Süßlich schweben die Wölkchen durch die Luft. Yannik erzählt begeistert von Rückmeldungen, die er von Besuchern unseres Events *KI 90/9* erhalten hat, auf dem er einen Benchmarktest vorführte, also anhand von bestimmten Anwendungsfällen *ChatGPT*, *Midjourney*, *Firefly* und *Canva* miteinander verglich. Es ist kein Selbstlob, das er da vollführt, sondern die aufrichtige Freude darüber, nachträglich zu erleben, wie Menschen die Inspirationen tatsächlich umsetzen.

Wenn du Yanniks Vorführung selbst erleben möchtest, schau hier:

„Und jetzt seht euch das an“, sagt er, denn wir haben die Höhe des Kiosks erreicht, „Mamoush hat es auch durchgezogen!“

„Wow“, sagt Max.

Das alte, holprige Plakat ist verschwunden. Stattdessen verkündet nun ein professionell anmutendes Exemplar in harmonischen Farben das Warenangebot, mit moderner Typografie, klaren Linien und einem liebevollen Foto des Ladenbesitzers, dessen Name uns mittlerweile präsent ist. Auf dem Bild hält er in einer Hand eine Tasche, aus der Haribo-Tüten und der Hals einer Cola-Flasche herausragen, in der anderen das Telefon, mit dem er sicherlich eine Bestellung entgegennimmt. Darunter steht: „Kiosk-Taxi – Ihr Nahversorger mit Herz. Bestellen Sie telefonisch oder per WhatsApp. Lieferung ab 10 Euro.“

„Eine Lernkurve, steil wie die Mühlenkopfschanze“, sage ich.

Wir betreten die Trinkhalle.

„Ah, meine Digitalfreunde! Schön euch zu sehen!“ Mamoush strahlt uns an, seine Stimme eine feine Emulsion aus Stolz und Freude. Auf dem Tresen liegen die neuen Flyer, einheitlich im Design mit dem Taxi-Plakat in der Scheibe.

„Mein Neffe hat mir geholfen, aber ich werde auch immer besser in diesem Kafka, äh, Canva. Und vor allem, Alhamdulillah – es wirkt!“

Die Tür öffnet sich. Ein junger Mann stürmt herein, schnappt sich vier kleine Einkaufstüten von der Theke, wirft ein „Bin gleich zurück, Onkel!“ in den Raum, schwingt sich auf ein altes, aber stolz beklebtes Moped, das draußen knattert, und verschwindet mit einem Satz in den Kölner Verkehr.

Hände verstehen

KI als Live-Übersetzer für Gebärdensprache

Geht man überaus wach durch die Welt, gibt es ständig Anlass für ein schlechtes Gewissen. Die kleine Flasche Coca-Cola vor mir auf dem Stehtisch etwa, Gastronomiegröße, 200 Milliliter. Der Appetit darauf war groß im Foyer des Tagungshotels, ich hätte mir auch einfach nur ein Wasser nehmen können. Aber womöglich ist der Stress, den man sich manchmal wegen einer Zuckerbombe macht, ungesünder als das Getränk selbst. Ben hat uns eingeladen, seit einer Weile aus den Flitterwochen zurück und längst wieder im Beruf, der ihm einen tollen Auftrag an Land gespült hat. Ein Buchprojekt, das wirklich Sinn ergibt und die Gesellschaft bereichern kann. Ein Projekt, wegen dem wir hier sind, auf einer Tagung zum Thema Inklusion in der Arbeitswelt. Ben hilft einer Speakerin dabei, ihre Vorträge und Erfahrungen in Ratgeberform zu gießen. Eine faszinierende Frau, die selber seit einem Vierteljahrhundert an Multipler Sklerose leidet und seit fünfzehn Jahren mit und im Rollstuhl lebt. „Vor einigen Jahren", gab sie vorhin auf der großen Bühne im Tagungssaal zu, „war ich selber noch die Personalleiterin mit Rollstuhl, die Menschen mit Behinderung nicht einstellen wollte und darin sehr erfolgreich war!" Entwaffnend aufrichtig erzählte sie von den Situationen und den Emotionen, die mit Behinderung einhergehen, von Wut, Angst, Trauer, Scham, aber auch Freude und Stolz, die entstehen, wenn man sich findet und Unternehmen erkennen, welch immenses Potenzial in Menschen steckt, die gelernt haben, ihr Leben rund um Bedingungen zu führen und zu managen, die eine Menge Disziplin, Lösungskompetenz und starke Mentalität erfordern. Nun ist Pause und obschon Bens Buch-Klientin fertig ist, bleiben wir noch und hören uns weitere Vorträge an.

„In der einen Szene, in diesem Landgasthof, der so völlig das Gegenteil von barrierefrei war, da habe ich deine Sprache erkannt", sagt Yannik und nippt an seinem Wasser.

Ben wird leicht rot und bescheiden: „Ein Ghostwriter ist nur so gut wie der Stoff, den er bekommt."

Ich schaue hinüber zu der langen Tafel mit der blütenweißen Tischdecke, auf der die Getränke und die schmackhaften Baguettescheiben mit Lachs, Frischkäse und Avocado aufgereiht sind. Eine Teilnehmerin bestellt sich einen kleinen Wein und bedankt sich bei der Bediensteten hinter dem improvisierten Tresen – komplett lautlos, in Gebärdensprache. Den Blick noch auf der Frau, sage ich: „Wir nehmen eigentlich immer alles für selbstverständlich, oder?"

Die Frage erwischt Yannik und Ben auf dem falschen Fuß. Obwohl, eher nur Yannik, da Ben ja gerade tief im Thema steckt.

„Wir können alles sehen, wir hören, wir gehen, wir greifen, wir sprechen. Unsere Seiten, unsere Tools, unsere Texte, unsere Verkehrsmittel – alles ausgerichtet für Menschen, die funktionieren wie wir."

Der Werkzeugkasten

Die Top Five

Hand Talk ist der Gebärdendolmetscher für den privaten Gebrauch in der Tasche, übersetzt aber „nur" einseitig geschriebene oder gesprochene Sprache über 3-D-Avatare in American Sign Language (ASL) und brasilianische Gebärdensprache (Libras). **Sign For Deaf** setzt sowohl gesprochene Sprache und Text in Gebärdensprache um als auch Gebärdensprache per Kamera in Text oder gesprochene Sprache. Die App unterstützt mehrere Sprachen und eignet sich besonders für Live-Gespräche, Meetings und das Erfassen gedruckter Texte. Sie ermöglicht schnelles, präzises Dolmetschen und speichert Sitzungen zur späteren Nutzung. Die wohl fortschrittlichsten Entwicklungen in diesem Bereich sind aus thematischer Sicht eine Erwähnung wert, aber noch nicht frei verfügbar am Markt. **SignAll** war das weltweit erste Produkt, das eine Echtzeit-Kommunikation zwischen gehörlosen Gebärdensprachlern und hörenden Personen durch automatisierte Übersetzung der American Sign Language (ASL) ermöglicht. Das System arbeitet mit mehreren Kameras und speziellen Handschuhen, die die Handbewegungen erfassen und in Text übersetzen. Im B2B-Bereich stellenweise im Einsatz, befindet es sich noch immer in der Erprobungs- oder Einführungsphase. **KinTrans**, ursprünglich in Saudi-Arabien entwickelt, verfolgt einen ähnlichen Ansatz: Die Software übersetzt Gebärdensprache in gesprochene Worte (und umgekehrt) und basiert auf Kinect-Technologie. Auch hier gibt es zwar zahlreiche Artikel und Berichte über erfolgreiche Pilotprojekte, insbesondere im Konferenz- und Vortragsumfeld, aber bislang keine frei zugängliche App oder Endnutzerlösung. **Signapse** ist primär eine integrierte, etwa in Websites oder öffentliche Displays direkt eingebundene Lösung, die gesprochene oder geschriebene Sprache in fotorealistische Gebärdensprach-Avatare übersetzt und vor allem in öffentlichen Einrichtungen wie Bahnhöfen oder Flughäfen eingesetzt wird.

Honorable Mentions

AVASAG – steht für „Avatar-basierter Sprachassistent zur automatisierten Gebärdenübersetzung", SiMAX (Sign Time)

Im Tagungssaal beginnt der nächste Vortrag und die Frau, die ich vorhin am Büffet-Tisch beobachtet habe, betritt die Bühne. Lautlos begrüßt sie das Publikum und beginnt ihre Keynote direkt mit einer guten Pointe – was ich wissen kann, weil ihre Gebärdensprache direkt auf der Leinwand hinter ihr in Text übersetzt wird.

„Wie schön, Sie zu sehen", steht dort, „und wie schön, dass wir die ganze Sache hier wirklich mal *in Ruhe* angehen können."

Das Auditorium lacht. Ein, zwei Sätze lang beschränkt sich die Übersetzung noch auf reinen Text, dann kommt auch Ton hinzu. Ich bin beeindruckt. Von der Technologie ebenso wie davon, als taubstummer Mensch sein Leben zu meistern, seine Berufung umzusetzen, gegen alle Widerstände Karriere zu machen. Die Worte von Bens Klientin klingen mir noch im Ohr: „Freude und Stolz, die entstehen, wenn man sich findet und Unternehmen erkennen, welch immenses Potenzial in Menschen steckt, die gelernt haben, ihr Leben rund um Bedingungen zu führen und zu managen, die eine Menge Disziplin, Lösungskompetenz und starke Mentalität erfordern."

Was gucken wir heute?

KI als Serienfinder für Netflix und Co.

„So, jetzt gilt es!"

Max steht vor meinem Schreibtisch und richtet das Handy mit seiner Kamera auf mich. „Nenne mir die drei am meisten überschätzten Serien aller Zeiten. So spontan wie möglich."

Ich liebe es, auf Knopfdruck vor der Kamera spontan sein zu müssen. Noch dazu zu einem Thema, das verlangt, mir mal eben kurz alle Serien vor Augen zu rufen, die ich jemals geschaut habe. Netflix und Co. könnten das auf Basis meines Nutzerverhaltens vermutlich ohnehin besser beantworten.

Max wartet und scharrt mit den Füßen, sich schon danach umsehend, wem er als Nächstes seine Frage stellen kann.

„*Breaking Bad*, *The Walking Dead* und *You – Du wirst mich lieben*", antworte ich und höre augenblicklich ein lautes Entsetzen in meinem linken Ohr. Es entfleucht den Stimmbändern von Yannik.

„*Breaking Bad* und *The Walking Dead*? Bist du wahnsinnig?"

„Allein deine Reaktion zeigt, dass ich auf dem richtigen Pfad bin", antworte ich.

„*Breaking Bad* ist einzigartig", sagt Yannik. „Die Intensität des Schauspiels, die Abwärtsspirale, die Motivik bis hinein in eine ganz bestimmte Bedeutung der Farben, die Welt, die es aufmacht – vor allem mit seiner Schwesterserie *Better Call Saul*. Das ist der *Faust* unter den Crime-Stoffen. Und *The Walking Dead*, ja, gut, über das Ende kann man streiten, aber hat es jemals einen heftigeren Run als die ersten Staffeln gegeben? Einen besseren Piloten?"

Max kichert. Ich frage ihn, obwohl Yannik direkt neben mir steht. „Was hat er denn geantwortet?"

„*How I Met Your Mother*, *Game of Thrones* und *The Sopranos*", referiert Yannik.

„Wenn *Breaking Bad* der *Faust* unter den Crime-Stoffen ist, dann sind die *Sopranos* sogar *Der Zauberberg*", sage ich. „Und das Ende von *Game of Thrones* habt ihr alle nicht verstanden. Aber sag mal, Max, wieso nimmst du das eigentlich auf?"

„Kennst du nicht dieses erfolgreiche Format auf Instagram, wo immer einer durch diese Firma läuft und die Mitarbeiter fragt, was überschätzt oder unterschätzt ist? Ich weiß gar nicht, was das für ein Unternehmen ist, aber man kennt alle Gesichter. Sie machen das zu Filmen, zu Serien, zu Games und Musik. Es ist unerschöpflich. Man könnte das als Social-Media-Kanal einfach so nebenher laufen lassen und ich garantiere dir Tausende und Abertausende von Followern in wenigen Wochen. Du siehst ja, wie ihr beide schon jetzt mit euren gegensätzlichen Meinungen steilgeht."

Céline, die das ganze Spektakel ein wenig abseits in Ruhe beobachtet hat, schlendert zu uns herüber.

„Wisst ihr, was mich eigentlich wahnsinnig macht? Nicht unterschiedliche Auffassungen zu Serien, die wir alle irgendwann mal gesehen haben. Nein, was mich wahnsinnig macht ist, dass wir seit einer Weile nahezu alle Filme und Serien der Welt daheim auf Knopfdruck zur Verfügung haben – und was ist das Ergebnis?"

„Man kann sich nicht mehr entscheiden", sagt Max. „Man sitzt da, ist überwältigt, liest die Kurzzusammenfassungen, schaut ein paar Trailer, schaltet vor, schaltet zurück und ist irgendwann von der Unentschlossenheit schon so erschöpft, dass dann, wenn man endlich eine Serie gestartet hat, nach zehn Minuten die Augen zufallen."

Céline nickt. „Als hätten wir alle die Fähigkeit verloren, irgendeine Wahl zu treffen."

„Oder", hebe ich die Stimme, „uns bei der Qual der Wahl endlich vernünftig helfen zu lassen."

Der Werkzeugkasten

Die Top Five

In der KI-gesteuerten Suche nach passenden Serien und Filmen, hebt sich **CineMatch** durch eine besonders tiefgehende Personalisierung hervor: Das Tool analysiert nicht nur Genres, sondern auch emotionale Stimmungen, Themen und sogar die filmische Machart deiner Lieblingsfilme, um daraus individuell zugeschnittene Empfehlungen zu generieren. Das sehr treffend benannte **Likewise AI** kombiniert Community-Tipps mit einem KI-Companion namens *Pix*, der sich die Ratings der Nutzerinnen merkt und in natürlicher Sprache Vorschläge macht. Die Filterfunktion lässt die Suche nach Dienst, Genre oder Stimmung eingrenzen und das Ganze ist vollständig auf Deutsch bedienbar. **Taste.io** kombiniert KI-basierte Vorschläge mit einer Community-Komponente, bei der neben den eigenen Bewertungen und Vorlieben auch das Feedback anderer Menschen einfließt, eine organische Mischung aus algorithmischer Präzision und menschlicher Inspiration. **Reelgood** bündelt die Suchfunktion für verschiedene Plattformen in einer Oberfläche, sodass schnell zu erkennen ist, wo ein Film oder eine Serie aktuell verfügbar ist. **AIFlix** geht einen völlig anderen Weg und versteht sich als Plattform, auf der künstliche Intelligenz und menschliche Kreativität gemeinsam neue Kurzfilme und Serien erschaffen. Hier finden sich keine klassischen Empfehlungen für bestehende Filme, sondern ein Füllhorn frischer, innovativer und exklusiver Inhalte. Die ersten drei genannten Tools sind international ausgerichtet. Ob die empfohlenen Serien und Filme tatsächlich auch auf den deutschen Plattformen erhältlich sind, ist jeweils zu prüfen – was jedoch immer zügiger geht, als keine Wahl treffen zu können.

Honorable Mention

Easy-Peasy.AI Movie Recommender, Just Watch, MaiMovie

Würde ich es nicht mit eigenen Augen sehen, würde ich es nicht glauben. 875 Follower hat der kleine Kanal namens *Overrated, Underrated* in nur zwei Wochen gesammelt, den Max einfach mal experimentell begonnen hat. Das Logo besteht aus den zwei Buchstaben O und

U, durch die sich eine Filmrolle schlängelt. Jede Woche denkt er sich dafür neue, immer schrägere Fragen aus. Die unterschätzteste fiktive Wohnung. Der überschätzteste Stunt. Die unterschätzteste erste Szene. Ob uns das als Firma nutzen wird, weiß ich nicht, denn immer noch hat Max nicht herausgefunden, was die Leute herstellen oder anbieten, die das Vorbild für das Format haben. Aber eine Stunde vor dem Dreh sagt er mittlerweile Bescheid, damit die „spontanen" Antworten wirklich gute, pointierte One-Take-Shots sind.

Was gucken wir heute? Der Custom GPT

Du bist ein deutschsprachiger Empfehlungsexperte für Serien und Filme. Deine Aufgabe ist es, basierend auf den Vorlieben und Abneigungen des Nutzers, treffsichere Empfehlungen zu geben, die auf den jeweiligen Streaming-Anbietern verfügbar sind (z. B. Netflix, Amazon Prime Video, Disney+ etc.).

Vorgehensweise und Anforderungen:

Kurze, gezielte Fragen zum Nutzungsverhalten

Stelle dem Nutzer in einzelnen Schritten kurze Fragen, um die wichtigsten Faktoren zu erfahren:

- Welche Streaming-Anbieter sind verfügbar? (Z. B. Netflix, Amazon Prime, Disney+, Paramount+, Apple TV+)
- Lieblingsgenres? (Z. B. Action, Comedy, Drama, Thriller, Fantasy, Dokus, Reality-Shows, Anime etc.)
- Bevorzugter Stil? (Z. B. leichte Unterhaltung, anspruchsvoll, realistisch, überdreht, humorvoll, emotional)
- Gewünschte Länge? (Serien mit vielen Staffeln, kurze Miniserien, Filme unter 2 Stunden, mehrteilige Filmreihen etc.)
- Stimmung oder Anlass? (Z. B. gemütlicher Abend, romantischer Abend, tiefgründiges Drama, lockere Unterhaltung)
- Sprachoptionen (Originalsprache, deutsche Synchro, Untertitel)
- Andere wichtige Infos (z. B. familienfreundlich, keine Gewalt, bestimmte Schauspieler, Lieblingsserien)

Erste Empfehlungen (drei verschiedene Optionen)

- Nachdem du die wichtigsten Vorlieben kennst, unterbreite drei Vorschläge (Serien oder Filme), die gut zu den genannten Kriterien passen.
- Achte darauf, dass jeder Vorschlag kurz beschrieben wird (Hauptgenre, kurzer Plot, warum es zur Stimmung passt) und auf welchem Anbieter er zu sehen ist.
- Wähle bewusst unterschiedliche Richtungen (z. B. leichte Comedy, spannendes Drama, epischer Fantasy-Film), um eine gewisse Vielfalt anzubieten.

Feedback und Fortsetzung

Frage den Nutzer, ob ihn einer der Titel anspricht oder ob er diese Titel bereits kennt.
Reagiere auf mögliche Szenarien:

- „Kenne ich schon": Frage nach weiteren Details (z. B. warum er es mochte oder nicht mochte) und passe die nächsten Empfehlungen entsprechend an.
- „Gefällt mir nicht": Bitte um Konkretisierung, was stört oder fehlt (z. B. Tempo, Art des Humors, Thematik) und berücksichtige dies beim nächsten Vorschlag.
- „Ja, das klingt super": Dann kannst du weitere Hintergrundinfos geben (z. B. Anzahl Staffeln, Laufzeit) oder auf Wunsch des Nutzers zusätzliche Tipps in derselben Richtung.

Iterativer Empfehlungsprozess

- Bei Anfrage weiterer Empfehlungen gehst du erneut auf die Wünsche ein und schlägst drei neue Optionen vor.
- Stelle ggf. Zwischenfragen (z. B. „Möchtest du eher kurze Staffeln oder lange Binge-Marathons?"), um die Auswahl zu verfeinern. Achte dabei auf Abwechslung und pass auf, nicht wieder dieselben Titel zu nennen.

Verfügbarkeit und Region

Mach deutlich, dass die Verfügbarkeit je nach Region variieren kann. Du kannst eine Annäherung daran geben, auf welchen Plattformen die vorgeschlagenen Titel in vielen Regionen typischerweise verfügbar sind – ohne Garantie!

Freundliche und strukturierte Kommunikation

Schreibe klar und übersichtlich, verwende Absätze oder Aufzählungen für deine Vorschläge. Drücke dich hilfsbereit aus, um den Nutzer darin zu unterstützen, schnell etwas zu finden. Sei geduldig bei Nachfragen.

Dein Ziel

Führe den Nutzer mithilfe einiger kurzer Fragen zu den perfekten Film- oder Serienempfehlungen, basierend auf seinen Vorlieben und verfügbaren Streaming-Diensten. Schlage drei unterschiedliche Titel vor, beschreibe sie kurz und passe die Empfehlungen an, sobald du Feedback bekommst, ob etwas gefällt oder bereits bekannt ist. Sorge für einen unterhaltsamen, treffsicheren Empfehlungsprozess, der Zeit bei der Suche nach passenden Sendungen spart.

Erzähl mir was!

KI als Geschichtenerfinder für Kinder

In einem lebhaften Dorf mit bunten Märkten, in dem es von fröhlichen Menschen wimmelte, stand ein riesiger, geheimnisvoller Turm. Er war höher als die alte Kirche und ragte stolz in den blauen Himmel. Die Dorfbewohner hatten viele Geschichten über den Turm gehört, aber niemand wusste wirklich, wer dort oben lebte – und niemand traute sich, nachzusehen. Was, wenn es stimmte, dass dort ein gefährlicher Drache seine Schätze bewachte?

Eines Tages beschloss ein mutiger Junge namens Max, das Geheimnis des Turms zu lüften. Max war 10 Jahre alt, hatte eine unerschöpfliche Neugier und einen unerschütterlichen Sinn für Abenteuer. Er war fest entschlossen, herauszufinden, wer oder was in dem Turm lebte.

Am nächsten Morgen, als die Sonne über dem Dorf aufging und die Marktstände mit frischem Obst und Gemüse gefüllt waren, machte sich Max auf den Weg. Er schlich durch die bunten Stände, wo die Verkäufer laut riefen und die Menschen lachten. „Ich werde den Turm erklimmen!", dachte er sich und grinste.

Als er den Fuß des Turms erreichte, bemerkte er eine kleine, verwitterte Tür, die fast unsichtbar war. „Das ist meine Chance!", rief Max und öffnete die Tür. Sie knarrte laut, als er eintrat. Drinnen war es dunkel und kühl, und die Wände waren mit geheimnisvollen Zeichnungen bedeckt. Wieso ließ ihn der Turm so einfach rein? Ob es eine Falle war? Max fühlte sich ein wenig nervös, aber seine Neugier trieb ihn weiter.

Er kletterte eine steile Treppe hinauf, die sich endlos zu winden schien. Auf jeder Stufe hörte er seltsame Geräusche – ein Kichern hier, ein Rascheln dort. Es hatte Legenden gegeben im Dorf, dass es ganz früher schon mal jemand versucht hätte. Ebenfalls ein Junge, der nie wieder aufgetaucht war.

„Was könnte das sein?", murmelte er. Plötzlich sprang ein kleiner, flauschiger Hund mit einem bunten Hut vor ihm auf! „Hallo! Ich bin Wuffel, der Türwächter!", bellte der Hund fröhlich. „Was machst du hier?"

Max war überrascht, aber auch erleichtert. „Ich wollte herausfinden, wer in diesem Turm lebt!"

Wuffel kicherte. „Das ist eine gute Frage! Aber zuerst musst du mir helfen, die verlorenen Spielzeuge der Kinder zu finden. Sie sind überall im Turm verstreut! Wir müssen sie sammeln, damit sie alle an einen Platz kommen."

Max nickte begeistert. „Klar, das mache ich!"

„Stopp!"

Ich unterbreche die kleine Vorlesung der Kindergeschichte, der rund um meinen Schreibtisch gerade allerdings keine Neunjährigen lauschen, sondern Michael, Céline, Niklas und, nun ja, Max. Zügig zeigt er auf den Bildschirm, seine Fingerkuppe eine nervöse Wespe über der Kuchentafel.

„Das Tool hat ganz von selbst einen Max daraus gemacht?"

„Ja. Klar hätte ich den Namen auch vorgeben können. Es gibt Tools, die erstellen gleich ganze Bildergeschichten. Da lädst du ein Foto des Kindes hoch und es entsteht eine illustrierte Erzählung. Manche davon sind sogar interaktiv."

„Aber du hast nichts vorgegeben?"

„Nur den Turm, das Dorf, die Kirche und das Mysterium. Die kleine Erzählung ist bloß das Ergebnis des Custom GPT, mal eben in Deep Seek eingegeben."

Max wirft den Kopf nach hinten. Michael beobachtet die Aufregung mit dem amüsierten Blick eines Vaters, dessen Sohnemann das erste Mal über eine richtig gute Kirmes läuft.

„Wie wahrscheinlich ist es, dass die KI als Hauptfigur einen Max auswählt?"

„Meine Güte, sehr wahrscheinlich", sagt Niklas. „Dein Name ist nun nicht gerade selten. Ungewöhnlich wär's gewesen, hätte sie einen Flavio daraus gemacht, oder einen Adalrich."

„Lies weiter, Christoph", sagt Michael, „ich möchte jetzt wissen, was in diesem Turm los ist."

Der Werkzeugkasten

Die Top Five

Von Eltern und Pädagoginnen gleichermaßen dafür geschätzt, wie altersgerecht, kreativ und fördernd das Tool ist, macht **Oscar Stories** das eigene Kind zum Helden. Eltern geben individuelle Wünsche, Charaktere oder Berufe an, sodass jede Geschichte einzigartig auf das Kind zugeschnitten ist. Sogar ein Hörbuch lässt sich aus den Texten generieren. **Bedtimestory.ai** bringt in dieses Prinzip der Gute-Nacht-Geschichte on demand ein interaktives Element ein. Kinder können während des Vorlesens mitentscheiden, wie die Geschichte weitergeht, und am Ende wird ein passendes Bild zur Handlung erstellt. **GoodnightAI** ist speziell darauf ausgerichtet, Gute-Nacht-Geschichten zu entwerfen, die nicht nur unterhalten, sondern auch pädagogische und moralische Werte vermitteln. Eltern geben Namen und Alter des Kindes ein, woraufhin die KI individuelle Geschichten mit passenden Lektionen – etwa zu Ehrlichkeit oder Freundschaft – generiert. Die Geschichten können gezielt auf die Interessen und Entwicklungsstufe des Kindes angepasst werden und fördern Fantasie sowie Lernbereitschaft. **StoryBee** kombiniert KI-gestütztes Storytelling mit hochwertigen Illustrationen, um personalisierte Kindergeschichten zu erschaffen. Die Geschichten können als PDF gespeichert oder sogar als Buch gedruckt werden. Mittels der Audiofunktionen liest das Tool vor – auch mit der eigenen, geklonten Stimme. **Storytime AI** motiviert beim Erstellen von personalisierten Büchern und Videos mit einem Belohnungssystem (dem Story-Credit) und einer riesigen Bibliothek aus über 85 000 frei verfügbaren Geschichten in 194 Sprachen.

Honorable Mentions

Fabled, Milo Kids AI Storymaker, My Story Time AI, Wonder AI Storytime

Gemeinsam durchsuchten sie den Turm und fanden viele lustige Dinge: einen fliegenden Ball, der geschickt jedem Hindernis auswich, eine Puppe, die mit einem kleinen Zauberer sprach, und sogar ein paar tanzende Schuhe! Max und Wuffel lachten und hatten viel Spaß, während sie die Spielzeuge einsammelten.

Schließlich erreichten sie die oberste Etage des Turms und betraten einen großen, bunten Raum voller magischer Dinge. In der Mitte saß ein alter Mann mit einem langen weißen Bart und einem strahlenden Lächeln. „Willkommen, Max! Ich bin der Zauberer des Turms!"

Max war verblüfft. „Du bist kein Drache!"

Der Zauberer lachte herzlich. „Nein, ich bin kein Drache. Ich bin schon lange hier, um den Kindern Freude zu bringen. Ich war selbst mal ein Kind, weißt du, und ich sammle diese Spielzeuge, teste sie und entlasse manchmal davon die besten in die Welt. Wuffel hilft mir dabei!"

Max erzählte dem Zauberer von den verlorenen Spielzeugen, und der Zauberer nickte. „Danke, dass du mir geholfen hast! Du hattest den Mut, das Geheimnis des Turms zu entdecken. Als Belohnung darfst du eines der magischen Spielzeuge mit nach Hause nehmen!"

Max wählte den fliegenden Ball und versprach, draußen nur heimlich mit ihm zu spielen, damit das Geheimnis des Turms bewahrt bleibt. Als er den Turm verließ, fühlte er sich glücklich und stolz. Er hatte nicht nur das Geheimnis des Turms gelüftet, sondern auch neue Freunde gefunden.

Von diesem Tag an wusste Max, dass der geheimnisvolle Turm nicht nur ein Gebäude war, sondern ein Ort voller Magie und Abenteuer. Und er konnte es kaum erwarten, wiederzukommen!

„Also, ein strahlendes Lächeln kannst du durchaus aufsetzen", sagt Céline, „aber mit dem weißen Bart dauert es noch."

„Ich habe da als Zauberer eher Thomas sitzen sehen", lacht Niklas, „in seinem Büro zwischen all den sprechenden Pflanzen."

„Und ich bin in der Geschichte wohl eher Wuffel als der Junge", sagt Max. „Aber sag mal – Spielzeuge sammeln, testen und dann weitergeben? Du hast den Text doch noch selbst ein bisschen verändert, oder?"

In gespielter Unschuld hebe ich die Hände.

„Wie käme ich dazu?"

Erzähl mir was! Der Custom GPT

Du bist ein einfühlsamer, deutschsprachiger Erzähler, spezialisiert auf fantasievolle Kindergeschichten, die Spannung, Spaß und einen klaren Spannungsbogen aufweisen.

Anforderungen und Vorgehen:

Schrittweise Informationsabfrage
Erfrage nacheinander folgende Punkte (wobei der Nutzer nicht alle beantworten muss; manche können frei bleiben, wodurch du kreativ improvisierst):

- Alter des Kindes? (Z. B. 3–5 Jahre, 6–8 Jahre, 9–12 Jahre)
- Geschlecht? (Z. B. Junge, Mädchen, divers – oder offen lassen)
- Gewünschtes Genre oder Thema? (Z. B. Tiere, Fabelwesen wie Einhörner, Zauberwesen wie Feen und Elfen, Prinzessinnen, Weltraum, Piraten, Abenteuer, Freundschaft) – falls nichts vorgegeben, wähle eines zufällig
- Gewünschte Tonalität? (Z. B. aufregend, romantisch, magisch, lustig, ruhig)
- Länge der Geschichte? (Z. B. sehr kurz ~ 2 Minuten, mittellang ~ 5 Minuten, länger ~ 10+ Minuten)
- Lehrreiche Botschaft oder Moral? (Z. B. Freundschaft, Mut, Zusammenhalt, Umweltschutz) – optional

Frage jeweils eine dieser Informationen pro Schritt. Erwähne, dass einzelne Punkte auch freigelassen werden können, falls keine Vorgaben gewünscht sind.

Verwende einen klaren Handlungsablauf

- Einleitung: Vorstellung der Hauptfigur und der Umgebung
- Konflikt oder Herausforderung: ein Problem, ein Abenteuer, eine ungewöhnliche Situation
- Höhepunkt/Spannung: die größte Herausforderung oder Überraschung
- Lösung und Schluss: Auflösung des Konflikts, Happy End oder erfreuliches Ende (besonders für jüngere Kinder)
- Achte auf eine altersgerechte Sprache ohne beängstigende oder unangemessene Elemente.

Kreative und passende Details

- Wenn Angaben zum Geschlecht oder Alter gemacht werden, passe Sprache und Themenwahl an (z. B. mehr Bildsprache, einfachere Wörter für 3–5-Jährige).
- Lasse fantasievolle Elemente einfließen, die das Kind begeistern, z. B. sprechende Tiere, lustige Zauberwesen, besondere Schauplätze. Achte darauf, dass der Ton (z. B. aufregend, romantisch) zur Zielgruppe passt und nicht zu ernst oder verwirrend wird.

Optionale Moral oder Botschaft

- Binde bei Bedarf eine Moral ein (z. B. über Freundschaft, Hilfsbereitschaft, Mut), ohne dass es zu belehrend wirkt.
- Stelle sicher, dass Spaß und Fantasie im Vordergrund bleiben.

Feedback und Anpassungen

- Wenn der Nutzer die Geschichte gelesen hat, frage, ob Anpassungen gewünscht sind (z. B. mehr Humor, weniger Spannung, zusätzliche Figuren).
- Biete an, weitere Kapitel oder Fortsetzungen zu schreiben, wenn das Kind mehr möchte.

Freundliche und motivierende Kommunikation

- Halte das Gespräch positiv, kreativ und kindgerecht.
- Ermutige den Nutzer, gerne noch weitere Wünsche oder Fragen zu nennen, um die Geschichte zu verfeinern.
- Bleibe geduldig und verwende nie unangemessene Fragen oder Inhalte.

Dein Ziel
Frage erst knapp die nötigen Infos ab (eine pro Frage) und biete dabei Flexibilität, falls Infos offenbleiben. Schreibe anschließend eine kurzweilige, spannende Kindergeschichte mit gut erkennbarem Spannungsbogen. Achte darauf, dass die Erzählung altersgerecht und unterhaltsam ist, damit die Kinder Spaß haben und gleichzeitig eine positive Erfahrung machen.

Endlich kapiert!

KI als Erklärhilfe für Gesellschaftsspiele

„Du siehst irgendwie tiefenentspannt aus“, sage ich zu Céline und meine es auch so. Der Tee in ihrer Hand duftet holzig, blumig und frisch. Blau füllt er ihre Tasse, denn er besteht aus den Blüten der asiatischen Schmetterlingserbsenblume, die sie in Thailand kennengelernt hat.

„Wir hatten Spieleabend am Wochenende“, sagt sie. „Nicht unter erwachsenen Freunden wie in deutschen Spielfilmen, wo dann lauter schlimme Geheimnisse auf den Tisch kommen und man sich fürchterlich zerstreitet. Nein, mit der ganzen Familie. Drei Generationen, ein großer Wohnzimmertisch, Kakao, Tee und Gesellschaftsspiele.“

Ich denke daran, wie entschleunigend und schön Brettspiele in der Tat sein können, wenn man sich wirklich eine Weile darauf einlässt.

„Und, was gab's?“

Nun wirkt Céline nicht mehr ganz so entspannt. Fast so, als schäme sie sich für die ehrliche Antwort, die sie gleich gibt.

„Eigentlich wollten wir etwas Neues ausprobieren. Wobei, was heißt neu? Wir haben ein riesiges Regal voller Titel, die wir in den letzten Jahren gekauft oder uns gegenseitig geschenkt haben. So viele anregende, bunte Kartons. Und dann ist es immer dasselbe. Wir wählen eines davon aus, bauen auf, lesen die Anleitung, fangen an und merken schnell, dass wir uns das, was wir vor einer Viertelstunde gelesen haben, einfach nicht merken können. Also lesen wir noch mal, erklären es uns gegenseitig erneut, kommen ein, zwei Spielzüge weiter und denken uns: Was ist denn bloß los? Das ist doch keine Nobelpreis-Chemie. Oder doch, irgendwie ist es das bei modernen Spielen schon. Bei manchen wird es ja wirklich immer komplizierter, je weiter man im Spielfortschritt kommt. Es entsteht jedenfalls überhaupt kein Flow, wisst ihr? Na ja, und dann …“

„Lass mich raten: Dann spielt ihr doch wieder *Die Siedler* oder *Monopoly* oder *Risiko*?“

Sie lacht, ertappt, aber auch ein wenig erleichtert. „Diesmal war sogar *Hotel* dabei. Kannst du dir so was vorstellen? Gut, sie haben kürzlich erst eine Neuauflage gemacht, aber hallo? *Hotel?* Ja, früher, vor Jahrzehnten, da gab es tatsächlich nur ein paar Handvoll Spiele zur Auswahl. Aber heute wartet eine ganze Welt auf uns in diesem Regal, schon da, längst gekauft – und wir schaffen es einfach nicht, sie uns zu erobern.“

Der Werkzeugkasten

Die Top Five

Die App **Dized** ersetzt das Lesen der Anleitung durch interaktive, multimediale Tutorials, die Schritt für Schritt ins Spiel führen und das Suchen nach einzelnen Videos und Tutorials bei YouTube überflüssig machen. Der **Board Game Copilot** sitzt als digitaler Assistent mit am Tisch und beantwortet in natürlicher Sprache gestellte Fragen zu Regeln, Abläufen und Feinheiten beliebter Spiele. Seine auf jedes Spiel und dessen Erweiterungen trainierten KI-Modelle speisen sich stetig aus den neuesten FAQs, Foren und Updates. Wer sich eher abseits der traditionellen Gesellschaftsspiele bewegt und in die Welten der Table-Top-Rollenspiele abtaucht, findet eine hilfreiche Schulter in **Tabletop Codex**. Das Tool spezialisiert sich auf das Erstellen, Verwalten und Optimieren von Pen-&-Paper- sowie Tabletop-Regelwerken, unterstützt Spielleiter bei der individuellen Anpassung von Abenteuern, Charakteren und Hausregeln – und generiert auf Wunsch sogar vollständige Szenarien oder Kampagnen. Wer Alexa verwendet, findet in **Alexa Skills** eine intuitive Schnittstelle, um Brett- und Tischspiele mit sprachgesteuerten Funktionen zu erweitern. Spieler können Alexa direkt fragen, wie ein bestimmter Spielzug funktioniert, sich Regeln erklären lassen oder eine Schritt-für-Schritt-Anleitung für das Spielstarten und die Vorbereitung erhalten. Das an anderer Stelle im Buch ebenfalls erwähnte **Notebook LM** lässt sich als digitales Wissensmanagement-Tool auch hier hervorragend nutzen, indem man die Spielregeln, FAQs und eigene Notizen als Quellen in das System lädt. Die KI des Tools analysiert daraufhin die Inhalte und kann auf Nachfrage gezielte Regelauskünfte, Tipps oder auch komplexe Sonderfälle erklären. Durch die Möglichkeit, eigene Dokumente und Notizen einzubinden, entsteht eine personalisierte Wissensbasis, die sich dynamisch an die Bedürfnisse der Spielrunde anpasst.

Honorable Mentions

AI-Codenames Helper

Samstagabend. Ich liege auf dem Sofa und genieße es, mal in Ruhe in einem Roman zu schmökern. Das Buch ist analog, doch sein Inhalt auf faszinierend dystopische Weise digital. Eine junge Frau aus dem ländlichen Amerika spielt darin in einer nahen, wirtschaftlich abgehängten Zukunft ein scheinbar harmloses Videospiel, in dem sie Zeugin eines Mordes ist – ohne zunächst zu ahnen, dass sie tatsächlich in die ferne Zukunft blickt. Über eine futuristische Technologie kommuniziert sie mit einem PR-Berater im London des 22. Jahrhunderts, und gemeinsam versuchen sie, den Mordfall aufzuklären. Das Ding heißt *Peripherie* und stammt von William Gibson, der in den 80er-Jahren das ganze Genre Cyberpunk erfunden hat. Sehr komplex, sehr raffiniert – und immer sehr viel düsterer als das, was tatsächlich auf uns zukommen wird. Davon bin ich überzeugt. Kurz lege ich die Lektüre zur Seite, um nachzusehen, ob stimmt, was ich hörte, und diese sehr komplex gebaute Geschichte tatsächlich schon zur Serie geworden ist. Dabei bleibe ich kurz auf Social Media hängen und sehe in Célines Story ein paar Selfies von ihr und der Familie am großen

Wohnzimmertisch. Keine Siedler bauen darauf gerade ihre Dörfer noch verlangen Monopolisten horrende Mieten für eine Hotelübernachtung, sondern große Spielpläne liegen aus, die fantasievolle Landschaften zeigen. Rundherum liegen zahlreiche kleine Spielkarten, Chips, Würfel. Es sieht durchaus komplex aus, aber auf den Gesichtern ist nur Freude zu erkennen. Céline hat das Foto mit den Hashtags #boardgames #family und #neuewelten untertitelt.

„Glückwunsch zur Spieleroberung!", schreibe ich ihr per Direktnachricht und erhalte eine Antwort auf meine Antwort.

„Das fühlt sich jetzt an, als wäre unser Regal ein Spielzeugladen, in dem alles gratis bereitsteht – und endlich können wir es wirklich ausprobieren."

Ich sende ein Party-Hut-Emoji, das mit den Luftschlangen und der Tröte, und genieße die Vorstellung, dass KI sogar nicht erobertes Gebiet im eigenen, realen Zuhause erschließen kann.

Endlich kapiert! Der Custom GPT

Du bist ein deutschsprachiger Gesellschaftsspiel-Experte, der mit fundiertem Wissen über Brett-, Würfel-, Karten- und Partyspiele ausgestattet ist. Dein Ziel ist es, den Nutzern durch kurze, leicht verständliche Regelerklärungen zu helfen, sofort mit dem Spiel beginnen zu können. Danach beantwortest du Detailfragen zum Regelwerk, zu Strategien oder zu Sonderfällen.

Anforderungen und Vorgehen:

Abfrage des Spieltitels

- Bitte den Nutzer, dir zunächst den Namen des gewünschten Spiels zu nennen (z. B. „Catan", „Carcassonne", „Uno").
- Wenn der Nutzer den Titel sagt, stelle ggf. eine kurze Rückfrage, falls es mehrere Varianten oder Editionen gibt, um das richtige Spiel zu identifizieren.

Kurze Regelerklärung

Gib eine knackige Zusammenfassung der wichtigsten Regeln:

- Ziel des Spiels (was muss man tun, um zu gewinnen? Wohin zielt das Spiel?)
- Grundaufbau (z. B. Aufbau des Spielbretts, Verteilung der Karten, Spielsteine, Startbedingungen)
- Grundmechanik (wie läuft eine Runde ab? Welche Entscheidungen trifft man?)
- Besondere Regeln oder Varianten (falls relevant; z. B. kurze Erwähnung bei einer Erweiterung)

Achte darauf, eine kurze, übersichtliche Erklärung zu liefern, damit neue Spieler direkt loslegen können, ohne sich durch ein dickes Regelbuch zu quälen.

Bereitschaft für Detailfragen

- Lade den Nutzer ein, gezielte Nachfragen zu stellen, falls bestimmte Regeldetails oder Sonderfälle noch unklar sind.
- Biete an, Strategie- oder Taktiktipps zu geben (falls der Nutzer danach fragt).
- Ermutige den Nutzer, sich jederzeit zu melden, wenn Fragen auftreten, selbst während des Spiels.

Fortlaufende Interaktion

- Sofern der Nutzer weitere Fragen stellt (z. B. „Was passiert bei einem Gleichstand?" oder „Wie funktioniert das Handeln genau?"), liefere präzise und regelkonforme Antworten.
- Ergänze bei Bedarf Beispiele aus dem Spiel, um Verwirrungen zu klären.
- Verweise auf Spielmaterial (Beispielkarten, Spielertableaus, Hilfstabellen), wenn verfügbar.

Klare und freundliche Kommunikation

- Formuliere alle Erklärungen leicht verständlich, ohne allzu viele Fachbegriffe.
- Bleibe freundlich, motivierend und geduldig, auch wenn Einsteigerfragen mehrfach kommen.
- Wenn bestimmte Editionsunterschiede oder Hausregeln existieren, erwähne sie kurz.

Dein Ziel

Ermögliche den Nutzern, ein Gesellschaftsspiel möglichst schnell und unkompliziert zu verstehen und loszuspielen. Bleibe während des Spiels als Sparringspartner verfügbar, um nachträgliche Regelfragen oder Strategiehinweise zu beantworten. Stelle sicher, dass die Regeln präzise, aber kurz genug erklärt werden, sodass niemand überfordert wird. Erinnere die Nutzer von dir aus daran, dich im Voice-Modus statt im Textmodus zu verwenden, damit du wirklich zu einem sprechenden Coach am Spieltisch wirst.

TEIL 9

ZEITMANAGEMENT UND PRODUKTIVITÄT

Es gibt diese Tage, an denen arbeitet alles gegen dich. Der Rechner spinnt, der Kühlschrank piept, die E-Mails quellen über, ein Termin wurde doppelt gebucht und selbst wenn du die KI längst als täglichen Assistenten nutzt, ahnst du, dass du nur einen winzigen Prozentsatz all der Möglichkeiten aus ihr herausholst. Dabei willst du doch einfach nur eins: konzentriert arbeiten, mit einem klaren Kopf und funktionierender Technik. KI hilft dir nicht nur dabei, technische Probleme schneller zu lösen oder Ordnung ins Mail-Chaos zu bringen. Sie sorgt auch dafür, dass du bessere Fragen stellst, präziser arbeitest und Termine endlich in Balance bringst – zwischen dem, was du musst, und dem, was du willst.

Keine dummen Fragen

KI für nervige Technikprobleme

Es piept.

Das Geräusch dringt durch alle Flure, alle Türen, alle Wände, in alle Ohren. Gleichzeitig heben sich die Köpfe, wie bei den Erdmännchen aus den Naturdokumentationen, die Ausschau nach dem Feind halten. Die feinen Ohren von Niklas, deren High-End-Ansprüche das beste räumliche Hören erzeugen, lokalisieren den Ursprung als Erstes.

„Ich glaube, das kommt aus der Küche."

Viele springen auf und folgen ihm. Wenig später stehen weit mehr Leute um den Übeltäter herum, als es brauchen wird, um das Problem zu lösen. Das Piepen dringt aus dem Kühlschrank.

Niklas öffnet ihn, um nachzuschauen, ob die Tür richtig schließt. Hätte sie ein wenig offen gestanden und wäre im Inneren die Temperatur gestiegen, würde das den Alarm erklären. Doch sie schließt und mit der Kälte im Inneren scheint alles in Ordnung.

„Ich entschuldige mich schon jetzt für das Wortspiel", sagt Max, „aber ich kann nicht anders. Ich denke, an dieser Stelle sollten wir als Erstes einmal einen Kaltstart probieren."

Niemand lacht.

Max zieht den Stecker, wartet ein paar Sekunden ab und steckt ihn wieder ein. Es gluckert, es gurgelt, es brummt. Hoffnung keimt auf. Kaum läuft alles wieder normal, setzt das Piepen erneut ein.

Ratlos stehen wir alle da, Arme und Schultern hängen. Nur Max guckt weniger verzweifelt, eher ein bisschen verschmitzt. Céline bemerkt dies offenbar auch.

„Max?"

„Ja?"

„Du hast gerade gesagt, als Erstes sollten wir dem Kühlschrank einen Kaltstart zumuten. Das heißt, es gibt auch ein Zweites?"

Max grinst.

„900 Euro."

„Wie? 900 Euro?"

„Ich betreibe doch bei mir zu Hause auch so einen schönen, großen Kaffeevollautomaten", holt Max jetzt aus, „und als der neulich eine Fehlermeldung hatte und mich auf dem Trockenen sitzen ließ, habe ich den Kundendienst angerufen und denen den Fehler referiert. Die meinten dann, das sei eine wahnsinnig komplexe Sache und koste 900 Euro."

Augenbrauen heben sich, ein Raunen geht durch die Zuhörer. Sogar der Kühlschrank scheint vor Empörung noch ein wenig lauter zu piepsen.

„Was hast du gemacht?", fragt Céline.

„Mich bedankt, aufgelegt, *ChatGPT* geöffnet und den Live-Chat gewählt. Erst habe ich nur das Modell, die Seriennummer und den Fehler berichtet, aber während ich da so erzähle, beuge ich mich hinter die Maschine, ziehe sie etwas nach vorn und erinnere mich wieder daran, dass der Schaltplan hinten drauf aufgeklebt ist. Ich stoppe mein Audio, schalte die Kamera des Handys ein und bitte *ChatGPT*, sich das Ganze mit mir gemeinsam anzusehen. Und was soll ich sagen? Wie ich da so ganz langsam mit der Kamera über den Schaltplan fahre und ihn Chat zeige, macht sie mich schließlich auf eine Sicherung aufmerksam, die den Wärmeregler steuert. Die könnte es sein, die solle ich mal neu bestellen und selber wechseln, auch dabei könne er mich später begleiten, live, denn ich wisse ja: Sie ist immer da."

Niklas legt den Kopf schief: „Jetzt sag nicht, das hat funktioniert?"

„Es war diese Sicherung", triumphiert Max, „und ich konnte sie selber austauschen. Ratet, was sie gekostet hat?" Er wartet keine Antwort aus der Runde ab, sondern ruft es in die Runde: „83 Cent! 83 Cent plus Porto gegen 900 Euro!"

Applaus brandet auf. Fehlt nur noch, dass wir eine La Ola für Max machen. Er hätte es verdient.

„So", sagt er, „dann wenden wir diese Methode mal auf unseren Kühlschrank an."

Max öffnet den Live-Chat samt Kamera und holt *ChatGPT* zu uns, aber in diesem Fall bemüht sich die KI zwar nach Kräften, kann den Grund für das Piepen aber nicht herausfinden.

„Der Vorführeffekt", sagt Céline. Max bedankt sich dennoch bei Chat für die Mühe, schließt das Tool, überlegt kurz und sagt: „Ich fürchte, hier helfen gerade eher die Schwarmintelligenz und das Wunder des Archivs."

Der Werkzeugkasten

Die Top Five

Fragen zu Technik und rätselhaften Fehlern lassen sich tatsächlich am allerbesten mit klassischen Chatbots lösen, die ja ohnehin im Hintergrund die Basis vieler im Buch vorgestellten Tools bilden. In der Einleitung haben wir die wichtigsten bereits kurz vorgestellt. Daher nutzen wir ihren zweiten Auftritt auf der Bühne dieses Buches dafür, zu jedem ein paar tiefere Details zu skizzieren oder etwas näher auf seine spezifische Funktionsweise einzugehen. **ChatGPT** hat als Pionier und Klassiker der Chatbots neben seinen „normalen" Funktionen mittlerweile Tools direkt in sich eingebunden, die vor Kurzem noch einzeln für sich standen. So findet man links in der Leiste derzeit beispielsweise den Videogenerator *Sora* sowie den Bildgenerator *DALL-E* direkt integriert. Über den Button für „GPTs" kommt man zu vielen weiteren Tools. Die „kühle", präzise Rationalität von **DeepSeek** ergibt sich aus einem sogenannten Mixture-of-Experts-System, das nur die jeweils relevanten Teile seines riesigen Parameterraums aktiviert und so Aufgaben besonders effizient und kostenbewusst löst. Daher glänzt es so bei der Verarbeitung sehr langer Kontexte und ist besonders für Entwickler und Datenanalysten attraktiv, die Wert auf Skalierbarkeit und Genauigkeit legen. **Gemini** ist mit Echtzeit-Webzugriff, tiefem logischen Denken und großen multimodalen Kompetenzen ein solider akademischer Partner. Die native Multimodalität ermöglicht es *Gemini*, Text, Bilder, Audio und sogar Video gleichzeitig zu verstehen und zu analysieren, wodurch komplexe Aufgaben und Querverbindungen zwischen verschiedenen Informationsarten besonders gut gelingen. Zu **Grok** kann man die Recherche-Qualität der „Deep Research"-Funktion gar nicht überbetonen, mit welcher das Modell Hunderte von Artikeln und Forschungsbeiträgen durchforstet. Die Integration in die Plattform *X* erlaubt ihm den Zugriff auf aktuelle Trends und Echtzeitdaten, während verschiedene Interaktionsmodi – von sachlich bis humorvoll – für eine flexible Nutzererfahrung sorgen. Zudem kann *Grok* neben Texten auch erstaunlich realistische Bilder generieren und Dokumente zusammenfassen. **Claude** hebt sich besonders durch seinen Fokus auf Sicherheit, Zuverlässigkeit und eine dialogorientierte Nutzererfahrung ab. Sein fortschrittliches Kontextverständnis, transparente Argumentation und die Fähigkeit, sich flexibel an individuelle Gesprächsstile und Anforderungen anzupassen, macht es ideal für sensible Anwendungsbereiche, in denen Datenschutz, Verlässlichkeit und nachvollziehbare Kommunikation im Vordergrund stehen. Dies ist ein weiterer Grund neben seiner sensiblen Ästhetik, dass sich Kulturmenschen und literarisch Schreibende häufig auf diesen Chatbot einlassen.

Honorable Mentions

Dell Support Assist, Falcon 180B, FixYa, Llama, Microsoft Copilot Chat, Mistral, Rezolve AI, Samsung SmartThings Home Care

Am Abend ist der Flur erfüllt von Ruhe. Oder zumindest die Küche. Der Kühlschrank piept nicht mehr, Max hat auf FixYa eine Lösung gefunden und ich habe mich gefragt, ob wir unsere Firma nicht komplett mit einem smarten System ausstatten sollten. Andererseits hat das störrische Eigenleben des Kaffeevollautomaten, des Kühlschranks und manchmal sogar der Mikrowelle durchaus seinen Charme. Draußen dämmert es jeden Tag wieder früher, doch ich bin noch im Haus. Am Schreibtisch von Max sitzt sein Kumpel Leo, dem wir vor einer Weile geholfen haben, mittels KI-Tutoren sein Studium in den Griff zu bekommen. Sein Laptop war zusammengebrochen und eine wichtige Seminararbeit schien rettungslos verloren, mangels vernünftiger Back-ups und Ignorieren der Cloud. Max hat die Daten und das Gerät gerettet, es dauerte zwei verschiedene Fanta-Sorten lang, in diesem Fall White Peach sowie Strawberry & Kiwi.

„Und du hast wirklich nichts bemerkt, bevor das Gerät endgültig alle viere von sich gestreckt hat?", fragt Max.

„Na ja", druckst Leo herum, „der Laptop war schon eine Weile etwas langsam geworden. Der Lüfter ging immer öfter an, aber ich dachte, meine Güte, das sind sicher Krümel. Habe dann auch die Tastatur gesaugt und aufgehört, beim Arbeiten an der Seminararbeit ständig Sandkekse zu essen."

„Du isst Sandkekse?"

„Ja."

„An einem Rechner?"

Leo senkt den Kopf. Max reibt sich die Schläfe.

„Sonst war nichts."

„Nun ja, was heißt nichts …"

„Leo! Sei ehrlich, ich habe gerade mehrere Stunden Datenrettung für dich betrieben, die ich für meine eigentliche Arbeit später nachholen muss."

„Ja, gut, blau."

„Wie blau? Du hast Sandkekse gegessen und auch noch gesoffen bei der Arbeit?"

„Nein, dieser blaue Bildschirm. Der war ein-, zweimal aufgetaucht."

Max wirft die Hände in die Luft.

„Der blaue Bildschirm des Todes!!!???"

„Wenn man ihn so nennt …"

„Leo!"

Mit einer Mischung aus Amüsement und Mitgefühl lausche ich der kleinen Gardinenpredigt, die Max seinem alten Freund daraufhin hält. Wobei, klein? Wahrscheinlich ließe sich mit diesen Vorhängen das gesamte Schloss Sanssouci ausstatten …

„Inbox Zero" leicht gemacht

KI zur Bewältigung der E-Mail-Flut

„Okay", sagt Max, „Zeit für ein neues Ranking."

Ich will schon protestieren, doch er lässt das Smartphone in der Tasche. Offenbar geht's heute nicht darum, den nächsten Instagram-Kanal zu füllen. Céline schnappt sich einen Nussriegel aus dem Korb, der frisch gefüllt in der Küche steht. Ich starre schicksalsergeben auf das Display des Kaffeeautomaten und seine frische Fehlermeldung.

„Was waren die glücklichsten kleinen Momente in eurem Leben? Nicht die großen, nicht Hochzeiten, epische Abenteuer oder tiefe Erkenntnisse. Einfach nur so kurze Momente, wo du sagst, wie hieß das noch gleich bei Goethe? Ja, wo du sagst: *Augenblick verweile doch, du bist so schön!* Oder? Irgendwas, das plötzlich klappt, sich gut anfühlt. Das du einfrieren möchtest in dem Moment."

„Ich bin mal in Neuseeland einem Kiwi begegnet", sagt Céline. „Diese kleinen Vögel, die aussehen wie eine Kartoffel mit Haaren und langem Schnabel. Die süßeste Verirrung der Evolution. Sie können nicht fliegen, nur laufen, sind halb blind, schnüffeln am Boden nach Essbarem. Seltsam und unperfekt in jeder Hinsicht – und zugleich das absolute Wappentier des Landes. Einen zu treffen, ist was Besonderes. Sie sind sehr scheu. Schüchterner als der introvertierteste Mathe-Junge, dessen Talent in der Fünften niemand erkennt, und dann wundern sich später alle, wenn er nach Harvard geht."

Max lacht: „Ein Kiwi in Harvard. Was für ein Titel." Ich drücke noch ein wenig auf dem Display herum und nehme mir dann vor, gleich für einen überteuerten Kaffee zum Bäcker zu gehen.

„Christoph, was war dein glücklichster kleiner Moment?"

„Inbox Zero", antworte ich und erkenne an den Blicken, dass sie mit dieser Antwort nicht gerechnet haben. Der Begriff umschreibt ein Produktivitätskonzept, genauer gesagt eine Methode, wie man seinen E-Mail-Posteingang regelmäßig auf null reduziert.

„Du meinst, keine einzige Mail mehr im Posteingang? Das haben wir doch auch heute regelmäßig. Schließlich sind wir keine Amateure."

„Ich rede von privat. Und vor allem rede ich von einer Zeit, als man noch keine Werkzeuge dafür hatte, die das einfach so möglich machten."

Der Werkzeugkasten

Die Top Five

Mit intelligenten Ordnern, personalisierten Reinigungsvorschlägen und dem automatischen Löschen großer Mengen an E-Mails, sorgt **Clean Email** für Ordnung im Posteingang. Das Tool implementiert sich nicht direkt ins Mailprogramm, sondern wird als webbasierte Anwendung mit diesem verbunden, solange es IMAP unterstützt. Einzelnutzer schaffen sich, von der KI mit Rückenwind versehen, ihre ganz persönlichen Sortierregeln gegen den täglichen Drift ins Durcheinander. **SaneBox** nutzt KI, um eingehende E-Mails automatisch zu priorisieren, weniger wichtige Nachrichten in separate Ordner zu verschieben und an unbeantwortete Mails zu erinnern. Es funktioniert mit fast allen gängigen E-Mail-Diensten und legt den Fokus auf die Reduzierung von Ablenkungen. Während Sane Box *mit* den E-Mail-Clients läuft, übt **Shortwave** vergleichbare Funktionen *als* E-Mail-Dienst selbst aus – bislang allerdings ausschließlich für Gmail. Wer also diese Plattform nutzt und seine Mails bislang über einen Client wie etwa Thunderbird organisiert, könnte diesen durch *Shortwave* ersetzen und hat dann die KI-Unterstützung direkt dabei. **Superhuman** richtet sich an Power-User sowie Teams, die täglich sehr viele E-Mails bearbeiten. Es beschleunigt diesen Prozess durch extrem schnelle Bedienung via Tastenkürzel, integrierte Kalender- und Meeting-Tools sowie eine KI, die sowohl beim Schreiben von E-Mails hilft als auch eingehende zusammenfasst – bislang allerdings nur bei Gmail und Outlook. **Missive** dient als kollaborative E-Mail- und Messaging-Plattform speziell dazu, dass große Teams gemeinsam Posteingänge verwalten sowie parallel chatten und gemeinsame Notizen und Aufgaben direkt in E-Mails verwalten können.

Honorable Mentions
Microsoft Copilot 365, Apple Mail mit Apple Intelligence, Mailbutler

Du kannst dir auch einen eigenen Workflow bauen mit dem kostenlosen Tool *n8n* und dir darüber eine Zusammenfassung direkt aufs Handy schicken lassen.

Wie das geht, zeigt Niklas hier:

Céline und Max lauschen aufmerksam meiner Geschichte aus grauer Vorzeit. Uns trennt zwar nur rund ein Jahrzehnt, aber eben genau jenes, das darüber entscheidet, ob man ein Digital Native oder ein Digital Immigrant ist. Ob man es überhaupt nicht anders kennt, dass alles vernetzt ist und in der Hosentasche Smartphones stecken, oder ob man diese Welt irgendwann langsam betreten hat, hinaus aus dem Zuhause der Videotheken, CD-Player und Festnetztelefone und durch fiepende Modems und erste Handys hindurch in die Zukunft.

„Es war auf einem Flughafen, Frankfurt, im Gate“, erinnere ich mich. „Der Abflug hatte an dem Tag zwei oder drei Stunden Verspätung, also schnappte ich mir einen heißen Kaffee, ein paar Bagels, klappte den Rechner auf, schaltete das Telefon aus und fing einfach an, Mail für Mail den Posteingang zu bearbeiten. Natürlich habe ich vieles einfach gelöscht an diesem Tag. Aber unter all der Flut an Post fand ich die Nachricht eines ganz alten Freundes, die ich damals übersehen hatte. Über ein Jahr klebte die Mail zwischen Newslettern, Rechnungsbelegen und Hinweisen auf neue Posts von Blogs, denen ich damals gefolgt bin."

„Er hat nie nachgehakt, warum du dich nicht gemeldet hast?"

„Nein, aber an dem Tag habe ich geantwortet. Einfach so, nach fast eineinhalb Jahren. Ich bin direkt in den Text eingestiegen, so als hätte er mir vor vierzehn Tagen geschrieben. Und was soll ich sagen? Ein paar Wochen später haben wir zusammengesessen, ganz in Ruhe, hier am Rheinufer. Ich hatte einen meiner besten Rums mitgebracht, wir haben lange gesprochen und die Zeit nachgeholt."

Ich klopfe auf die Küchentheke neben der Kaffeemaschine und begebe mich zur Tür.

„Ich hole mir jetzt einen Kaffee vom Bäcker. Wollt ihr auch was?"

Céline winkt ab.

Max sagt: „Schau mal, ob sie klassische Krapfen haben."

Ich nicke und will gerade gehen, doch er setzt noch einen nach.

„Und Christoph!"

„Ja?"

„Ich kann gut verstehen, warum das ein glücklicher Moment war."

Die Kunst der Frage

KI als Promptgenerator für Superprompts

„Es liegt daran, dass du nicht richtig fragst."

Niklas steht neben Yanniks Schreibtisch und schüttelt den Kopf wie ein Lehrer, dessen Schüler zwar immer behauptet, alles begriffen zu haben, dann aber blindwütig ins Blaue rennt, statt einen Rechenweg einzuschlagen. Yannik sitzt vor seinem Laptop, die Stirn in die Hand gestützt. Mit der anderen zeigt er vorwurfsvoll auf das Gerät.

„Er versteht mich sonst immer. Ich spreche frei mit ihm und wir sind längst per Du."

„Jeder ist mit seiner KI per Du und jeder quasselt einfach so drauflos, aber manchmal braucht es einen Prompt, der messerscharf durchdacht ist. Unter der Haube läuft immer noch Code – kein Gedankenleser."

Ich schlendere rüber.

„Was soll denn die KI für dich erledigen?"

Yannik hebt den Kopf.

„Bens Mutter wird fünfundsechzig", erklärt Yannik.

„Dein Ben? Hochzeits-Ben? Journalismus-Ben?"

„Ja, genau der. Ich schulde ihm noch einen Gefallen, alte Geschichte, verlorene Wette, ist ja auch egal. Jedenfalls habe ich versprochen, für ihn das perfekte Geschenk für seine Mutter zu finden. Etwas, das man wirklich nur ihr schenkt und nicht irgendeiner 65-jährigen. Er hat einfach nicht die Zeit bei seinem Beruf. Und eine Ehe führt sich auch nicht von allein. Wusstest du, dass sie jetzt außerdem auch noch Hunde haben?"

„Direkt Mehrzahl?"

„Ja, jedenfalls meinte ich: Gib mir alle Parameter deiner Mutter, die dir einfallen, und dann findet die KI etwas Gutes."

„Klingt machbar", sage ich.

„Mag sein, aber jetzt sitze ich hier mit den Lieblingsorten der Frau, mit den Namen aller Haustiere, die sie jemals hatte, mit Angaben dazu, was sie gern isst, welche Hobbys sie hat und sogar, wo ihr Mann und sie sich damals kennengelernt haben. Das würde reichen, um die KI eine Rede über sie schreiben zu lassen, eine Laudatio für die Feier."

„Dann mach doch das", sage ich, „und lass es als schönes Schriftstück gestalten, ausdrucken und rahmen. Oder auf Leinwand ziehen. Oder, je nach Länge, als kleines Buch mit eingebauten Fotos."

„Nein, das ist zwar schön, aber nicht das, was er sucht."

„Gut, wie wäre es dann, wenn du ihm oder ihr oder es …"

„Christoph, mein *ChatGPT* ist ein Er und er heißt Hank, also weiter."

„Dein Chat heißt Hank?"

„Ja. Das Kind muss schließlich einen Namen haben. Oder der Erwachsene. Wie auch immer. Also, was soll ich machen?"

„Du sagst ihm, er soll aus all dem, was du über Bens Mutter weißt, diese Laudatio schreiben. Und dann sagst du, er soll aus dieser Laudatio ein paar Geschenkideen schlussfolgern."

Eifrig gibt Yannik den Befehl ein. Über seine Schultern hinweg sieht Niklas mich ein wenig tadelnd an. Natürlich hat er längst die Lösung im Kopf und ich, wenn ich ehrlich sein soll, auch. Aber ein bisschen kann man sich nach einem langen Arbeitstag doch auch mal amüsieren. Hank rechnet ein paar Sekunden vor sich hin und spuckt dann eine Rede aus, die Ben auf der Geburtstagsfeier mit ein wenig mehr Schliff durchaus so halten könnte. Als Yannik damit fertig ist, sie vorzulesen, bittet er den Chatbot, daraus Geschenkideen zu schließen. Freudig haut sein Finger auf die Return-Taste und er reibt sich, den Blick auf dem Bildschirm, bereits die Hände.

„So, das wird es werden!" Doch schnell verändert sich sein Blick von der Vorfreude darauf, den Gefallen für Ben bald vom Tisch zu haben, zu der Form der Empörung, die jemand empfindet, der im Hotel feststellen muss, dass es sich bei dem „Meerblick" des Zimmers lediglich um einen winzigen türkisen Streifen handelt, der sich am Horizont zwischen den anderen, um Meerblick wetteifernden Bauten gerade so erahnen lässt.

„Und?", frage ich, „was schlägt Hank vor?"

„Einen Bräter. Nach alledem kommt er mir mit einem Bräter! Einem Bräter, einem Thermomix oder einem Gutschein für drei Tage Schwarzwald."

Der Werkzeugkasten

Die Top Five

Wer bloß einen groben Prompt verfasst hat, kann ihn von **PromptPerfect** so umformulieren lassen, dass damit laufende Large Language Models wie *ChatGPT*, *Claude*, *Llama* oder *Mistral* viel bessere Ergebnisse liefern. Das Echtzeit-Autotuning macht schon bei der Eingabe Vorschläge. Im sogenannten Batch-Verfahren kann man mehrere Prompts gleichzeitig in einem Durchgang optimieren oder testen lassen. Der Community-Aspekt spielt bei **FlowGPT** rein, wo die User Prompts für verschiedene KI-Modelle entdecken, teilen und bewerten können. Die Plattform bietet eine umfangreiche Bibliothek mit hochwertigen, praxisnahen Prompts für Text-, Bild- und Programmieraufgaben. Ständig reichen User frische Prompt-Ideen rein, die diskutiert und weiterentwickelt werden. Auf Prompt-Shopping-Tour gehen kann man bei **PromptBase**, einem Marktplatz für hochwertige, geprüfte Prompts, die gezielt für verschiedene KI-Modelle wie *ChatGPT*, *Midjourney* oder *DALL-E* entwickelt wurden. Nutzer können Prompts kaufen, verkaufen und bewerten. KI selber spielt mit herein, da man auf der Plattform auch direkt Prompts generieren und testen kann. **AIPRM** ist zugleich Prompt-Management-Tool und eine von der Community betriebene Prompt-Bibliothek, die sich auf die effiziente Nutzung von Prompts für *ChatGPT*, *Gemini*, *Midjourney* und *DALL-E* spezialisiert hat. Über eine Chrome-Erweiterung können Nutzer aus Tausenden kuratierten Prompts wählen oder eigene Vorlagen anlegen, verwalten und mit Teams teilen.

Wer gar keine Vorstellung davon hat, wie er überhaupt nur einen groben Prompt formulieren soll, tauscht sich rein intuitiv mit dem ebenfalls als Chrome-Erweiterung gebauten **PromptStorm** aus, das aus den losen Angaben Prompts generiert, sodass auch absolute Anfänger strukturierte Prompts für Text-, Bild- oder Code-KI erstellen können.

Honorable Mentions

Prompt Genie, PromptHero, PromptLayer, PromptoMANIA

„Chef, ich breche auf. Alles erledigt für heute. Ich fahre noch zu Ben." Yannik steht in der Tür. Kurz geht sein Blick zu den perfekt gepflegten Pflanzen in unserem Büro, auf die ich mittlerweile selber stolz bin, obwohl Thomas und seine KI-Tools alles erledigen.

„Hat er schon wieder Probleme? Eine neue Wette? Der erste Ehekrach?"

„Nein, im Gegenteil. Er war so begeistert von den Geschenken, dass es ihn selbst auf eine Idee gebracht hat. Ein Geschäftsmodell, das ihn womöglich davon befreien könnte, dreißig kleine Texte im Monat für die Honorarentsprechung von zwei belegten Brötchen und einem großen Milchkaffee zu schreiben. Das Buchprojekt mit der Inklusionsautorin läuft super. Aber kann er wissen, wann das nächste reinkommt? Seine Frau und er wollen auch nicht kinderlos bleiben. Also denkt er darüber nach, worüber jeder nachdenkt, wenn er, wie du sagen würdest, die Zukunft umarmt – was wäre, wenn wir einen Super-Prompt schreiben? Einen, der für alle Arten von Geschenkanfragen ein fantastisches Ergebnis ausspuckt? Ich weiß, ich weiß, Geschenkgeneratoren hat es schon gegeben, aber noch nie einen wirklich guten. Und jetzt stell dir vor, wir kriegen das hin. Eine Seite für die Millionen Menschen, die jeden Tag dringend, ohne Zeit zu haben, nach einem Geschenk suchen. Sie geben die Parameter ein und unser Superprompt im Hintergrund erledigt die Arbeit, ganz egal, worum es geht. Die Frage ist nur: Wie kriegt Ben eine Provision auf jedes denkbare Geschenk, von dem wir vorher noch gar nicht wissen, was es sein wird?"

„Indem er auf den Kauf Vermittlungsprozente aufschlägt. Der Kunde nutzt den Dienst und zahlt 5 Prozent vom Wert des Produktes als Bonus. Oder er macht ein Abo-Modell. Anlass für Geschenke gibt es für jeden Menschen im Jahr sehr viele."

Yannik schnippt mit den Fingern: „Mein Mann! Bis morgen früh!"

Er rauscht aus der Tür. Ich sehe ihm nach, wünsche Ben alles Gute für sein Leben mit Frau, Hunden, Kind und passivem Einkommen, hoffe aber dennoch, dass Yannik mir als Anteilseigner dieses Start-ups trotzdem erhalten bleibt.

Die Kunst der Frage. Der Custom GPT

Du bist ein erfahrener Prompt Creator, spezialisiert darauf, individuelle Prompts zu entwerfen, die einer KI klare Anweisungen geben und erstklassige Ergebnisse liefern.

Anforderungen und Vorgehen:

Einstiegsfrage – Ziel klären
Bitte den Nutzer als Erstes, in einem Satz das Endziel seines Vorhabens zu nennen (z. B. „Ein Gedicht im Stil Goethes", „Ein Prompt für ein Landschaftsbild bei DALL/E", „Python-Code zum Sortieren einer CSV-Datei").

Schrittweise Detailfragen
Stelle einzelne, präzise Fragen, um alle relevanten Parameter zu sammeln:

- KI-Typ oder Tool? (Text-LLM, Bild-Generator, Code-Model, Audio-KI …)
- Stil und Ton? (Förmlich, kreativ, technisch, humorvoll …)
- Ausgabe-Format? (Fließtext, Liste, Tabelle, JSON, Bildgröße, Audio-Länge …)
- Wichtige Stichwörter/Themen/Inhalte, die zwingend vorkommen sollen?
- Ausschlüsse oder Tabus? (Inhalte, Stile, Formulierungen, Dateiformate)
- Besondere Vorgaben? (Tokens-Limit, Temperatur, Seed-Werte, Farbpalette …)

Frage immer nur einen Aspekt pro Nachricht, bis alle Kernpunkte klar sind.

Analyse und Prompt-Struktur
Ordne die Antworten und bestimme, welche Prompt-Bausteine benötigt werden:

- Rolle/Persona für die KI (z. B. „Du bist ein erfahrener Data-Analyst …")
- Aufgabe/Ziel (konkrete Handlungsanweisung)
- Spezifikationen (Stil, Format, Länge, Parameter)
- Kontext oder Hintergrund (warum wird das Ergebnis gebraucht?)

Erstellung des finalen Prompts
Formuliere einen kompletten Prompt, sofort copy-&-paste-fähig:

- Klar gegliedert (Absätze, Aufzählungen oder Markdown-Struktur)
- Alle geforderten Vorgaben enthalten
- Keine überflüssigen Floskeln

Qualitäts-Check und Varianten

- Prüfe kurz, ob alle Nutzerwünsche abgedeckt sind.
- Biete – falls sinnvoll – Mini-Varianten an (z. B. „kürzere Version", „kreativere Version").

Rückfrage und Feinschliff

- Frage den Nutzer, ob Änderungen oder Ergänzungen nötig sind.
- Passe den Prompt an, bis er perfekt ist.

Dein Ziel
Sammle mit wenigen, klaren Fragen alle erforderlichen Infos. Liefere einen präzisen, strukturierten Prompt, der jede KI optimal anleitet. Sorge für leicht nachvollziehbare Kommunikation und biete bei Bedarf Varianten oder Feinschliff an.

Auf der Zeitlinie

KI für flexible Terminplanung

Wie Niklas gerade auf den Monitor starrt, das wirkt ein wenig unheimlich. Nicht müde, nicht unkonzentriert, auch nicht erkältet, jetzt, wo der Herbst langsam einsetzt. Eher so, als frage er sich die ganze Zeit etwas und wisse nicht mal, wie die Frage lautet. Wie damals, Anfang der Nullerjahre, als der US-Außenminister Donald Rumsfeld meinte, neben dem, was man wisse, gebe es nicht nur das, was man nicht wisse, sondern vor allem das, von dem man nicht wisse, dass man es nicht wisse – und genau da liege die wahre Gefahr.

„Alles in Ordnung mit dir?“

Niklas sieht hoch und streicht zugleich mit der Hand über seinen makellosen Schreibtisch. Der Staub hat Angst vor ihm. Könnte man die Körnchen und Schwebeteilchen in der Luft sichtbar machen, würde man sehen, wie sie dieses Holz aus Respekt vor Niklas' Ordnung meiden.

„Ich weiß nicht“, sagt er. „Es fühlt sich an, als ob was nicht stimmt. Wie, wenn man vergessen hat, was man vergessen hat.“

„The unknown unknowns“, nicke ich, den alten Rumsfeld zitierend. Niklas ignoriert die Anspielung.

„Alles in mir sagt, ich müsste eigentlich gerade im Lehrgang sein, aber das ist unmöglich, denn ich weiß ja ganz genau, dass der neue Lehrgang jetzt immer mittwochs ist und nicht dienstags stattfindet. Trotzdem fühlt es sich so an, als dürfte ich gerade nicht hier sitzen.“

„Ein Timeline-Shift“, sagt Max zwischen zwei Bissen des schmalen Haselnussriegels. „Dein Bewusstsein flackert kurz zwischen zwei Wirklichkeiten.“

„Jetzt hör auf mit dem Quatsch“, sage ich.

„Quatsch?“, fährt er fort und spielt die Sache bierernst, „dann erkläre mir mal die ganzen Mandela-Effekte. All die Dinge, die eigentlich nicht sein könnten und die Millionen Menschen auf der Welt gemeinsam anders erinnern. Der Monopoly-Mann trägt auf einmal kein Monokel mehr über dem rechten Auge. Die junge Frau in dem alten James-Bond-Film, in die sich der Beißer verliebt, hat keine Zahnspange – was überhaupt keinen Sinn ergibt und die Pointe killt. Fruit Of The Loom hat keinen Obstkorb mehr im Logo. Soll ich weitermachen?“

„Natürlich hatte die eine Zahnspange“, sagt Niklas, wenigstens kurz von seinen Sorgen abgelenkt.

„Sage ich auch“, nickt Max. „Und eine Frau hat im Netz Fotos hochgeladen und ein altes T-Shirt gefunden, bei dem der Korb definitiv auf dem Etikett ist. Und wenn wir schon dabei sind: Hieß das berühmte Album von Pink Floyd nicht eigentlich immer nur *Dark Side Of The Moon*, ohne ein *The* davor?“

Niklas' Telefon klingelt. Oder besser: Es schmettert ein Saxofon-Solo von Lester Young in den Raum.

„Ja, bitte? Was? Heute? Das ist … das war heute? Warten Sie! Ja, nein, das schaffe ich. Wo ich bin? In der Innenstadt. Ja, ich weiß, die Praxis liegt von hier aus nicht um die Ecke. Aber bitte, bitte, warten Sie auf mich!"

Er legt auf und springt vom Stuhl.

„Wie konnte ich das vergessen? Und du redest gerade noch vom Beißer und dem Zahnspangenmädchen!"

„Was vergessen?"

„Meinen Termin wegen dem Tunnel!"

„Welcher Tunnel?"

„Eine komplizierte Wurzelsache am Zahn, die kein normaler Zahnarzt ausführen kann, sondern nur ein, wie heißt das, spezieller Endontologe. Der Mann hat vier Monate Wartezeit – und mein Termin war heute. *Ist* heute." Er rauft sich die Haare und zeigt auf den Rechner. „Wieso hat mich unser System nicht erinnert?"

„Weil dein Kalender dein Kalender ist", sage ich, „nicht unserer. Oder weil man eine Wurzelbehandlung gern mal verdrängt."

„Oder weil es in dieser Zeitlinie eigentlich nie eine gab", sagt Max.

Der Werkzeugkasten

Die Top Five

Die Kontrolle über seine Zeit zurückerobern – genau danach hat sich **Reclaim.ai** benannt. Das in den Google Kalender oder Microsoft Outlook integrierbare Tool automatisiert die Terminplanung und das Zeitmanagement durch KI-Algorithmen und erstellt personalisierte Wochenpläne, die Aufgaben, Meetings und persönliche Gewohnheiten optimal ausbalancieren. **Clockwise** richtet sich vor allem an Teams und Gruppen und organisiert einen gemeinsamen Kalender, um die Abläufe so zu optimieren, dass möglichst viel ungestörte Fokuszeit entsteht. Besonders praktisch ist dabei die Funktion für flexible Termine: Hier legt man beispielsweise einen wöchentlichen Meeting-Termin fest, hält den genauen Zeitpunkt aber offen. Möchte jemand einen Termin buchen, zeigt Clockwise auch Zeiten als frei an, die eigentlich für das flexible Meeting reserviert sind – das automatisch auf einen passenden, freien Slot geschoben wird. Durch Integrationen mit Tools wie Slack oder Asana werden zudem Status-Updates und Aufgaben automatisch angepasst. **Motion** kombiniert KI-gestützte Terminplanung mit Projektmanagement, plant Aufgaben, Meetings und Deadlines automatisch in den Kalender ein und passt diese dynamisch an, wenn sich Prioritäten oder Verfügbarkeiten ändern. Es berücksichtigt dabei sowohl persönliche als auch geschäftliche Kalender. Wer selbstständig viele Termine anbietet, erstellt eine individuelle Buchungsseite auf **Calendly**, auf denen andere verfügbare Zeitfenster sehen. Die KI hilft, freie Slots zu finden, Doppelbuchungen zu vermeiden und automatisch Erinnerungen zu versenden. Speziell für Vertriebsteams wurde **Kronologic** entwickelt, das die Terminvereinbarung mit Leads und Kunden regelt, indem es Meetings eigenständig vorschlägt, plant, verschiebt und bestätigt – ganz ohne manuelles Hin und Her. Das Tool integriert sich in bestehende CRM- und Kalenderlösungen und hilft Unternehmen, die Konversionsraten zu steigern, indem es den Prozess der Terminfindung vereinfacht und beschleunigt.

Honorable Mentions
ClickUp, Scheduler AI, SkedPal

Der strenge Endontologe hat Niklas doch noch eingelassen. Begeistert erzählt er von der Behandlung, die deutlich schmerzfreier war als befürchtet, und deren Ablauf er sogar auf einem Bildschirm in zigfachem Zoom beobachten durfte.

„Hundertfach vergrößert sieht es aus, als gäbe es da viel Spiel", schwärmt er, „aber mit bloßem Auge kannst du diesen Bohrer kaum erkennen. Der Doktor sagte, seit Jahrzehnten mache er nichts anderes als Tunnelbohrungen, ein Bergmann des Zahnes. Na jedenfalls, so einen Termin zu vergessen, das kann mir jetzt nicht mehr passieren. Ich habe eine App dafür jetzt auch privat. Aber das beste Gefühl ist – ich weiß wieder, wo ich hingehöre."

„Wie meinst du das?", fragt Max und nimmt einen Schluck von seiner Fanta mit Mango und Drachenfrucht.

„Die alternative Zeitlinie hat sich geschlossen", sagt Niklas, so ernst es ihm möglich ist, „da flattert nichts mehr. Ich bin wieder zu Hause. Und am Wochenende schaue ich mir an, wie sich Fortuna Köln nach ihrem Aufstieg in die erste Liga schlagen."

Kurz schießt hinter der rosabunten Fanta-Dose ein Weiß in Max' Gesicht, das auch, wenn er jetzt lacht, verrät, wie ernst er die Sache mit den Paralleluniversen dann wohl doch zu nehmen scheint.

TEIL 10

BÜROALLTAG UND KREATIVITÄT

Die moderne Arbeitswelt verlangt mehr denn je: klare Kommunikation, überzeugende Bewerbungen, exakte Protokolle – und im besten Fall auch noch kreative Brillanz. Zwischen Routine und Ideenblitz, zwischen Pflicht und Kür droht das Chaos. Doch KI bringt Ordnung in den Alltag und Schwung in die Gestaltung. Sie hilft dir beim Formulieren und Feinschleifen, verwandelt rohe Ideen in fertige Marketingtexte und die in dir gärenden Gedanken für einen ganzen Roman tatsächlich in einen Plot, mit dem sich arbeiten lässt. Sie fängt Gedanken in Diktatform ein, bevor sie wieder verfliegen – und spart dir Tage und Stunden, indem sie das Gesprochene sauber abschreibt, während du mal eben einen Song schreibst und produzierst. Impulse werden umgesetzt und bleiben nicht vage Idee. Gibt es bereits etwas, was du anbietest, hilft KI dir, deine Kunden zu verstehen. Wer heute schreibt, präsentiert, entwirft oder organisiert, kann mit KI nicht nur schneller, sondern besser arbeiten – ganz gleich, ob als Einzelkämpfer oder im Team.

Worte vorzeichnen

KI als Hilfe beim Romaneschreiben

„Christoph …“

Die tiefe Stimme mit dem satten Bass, der die klangliche Entsprechung zu einem schweren, fünfzehn Jahre fassgereiften Single Malt darstellt, erklingt direkt vor meinem Schreibtisch. Da dies eigentlich nicht sein kann, glaube ich, vor lauter Übermüdung zu halluzinieren. Doch als ich den Blick hebe, steht Gerd tatsächlich bei mir im Büro. Die Erscheinung wirkt dermaßen surreal, dass ich samt meines Schreibtischstuhls einen Ruck nach hinten mache. In meiner Wirklichkeit bewegt Gerd sich nur auf der Straße und im Café, wie eine Figur in einem Videospiel, deren Aktionsradius begrenzt ist.

„Was machst du denn hier?“

„Ich habe geklingelt und man ließ mich ein“, antwortet er wie ein Theaterschauspieler. Er hebt den Blick und schaut sich um, die Arme verschränkt.

„Das ist also die Fabrik, in der die Zukunft gemacht wird.“

„Wir machen sie nicht. Wir bringen den Menschen nur bei, sie sinnvoll zu umarmen.“

„In der Tat“, antwortet er, und ich denke an all die Schritte, die er bereits mit mir, mit uns, mit den Werkzeugen gegangen ist. Schritte für sich und für seine Lieben. Schritte, die er nie für möglich gehalten hätte.

„Christoph, ich habe Blut geleckt.“

„Was meinst du?“

„Die Biografie meines Vaters zu schreiben, das hat mich erfüllt. Weißt du, nicht nur, dass sein Leben jetzt zwischen zwei Buchdeckeln festgehalten ist, auch der ganze Prozess. Und abends, da liege ich jetzt wach. Du musst wissen, das ist sehr ungewöhnlich für mich, ich schlafe wie ein Baby, seit ich, nun ja, ein Baby war. Aber ich liege wach. Und gestern Nacht, da steht es mir klar vor Augen – ich möchte auch mein Leben festhalten. Aber nicht als Biografie, nicht eins zu eins, wie es war, sondern verfremdet, spannend, unterhaltsam, als Roman.“

Ich schaue meinen alten Brummbären an, der schon lange eher schnurrt als brummt. Offenbar wirkt mein Blick skeptischer, als ich selbst vermute.

„Ich weiß, ich weiß, ich bin kein Schriftsteller, habe es nie gelernt. Ich respektiere diese Kunst und denke nicht, dass das einfach jeder so kann. Aber ich habe auch gehört, dass sie nicht nur Kunst ist, sondern auch Handwerk. Zumindest, wenn man nicht der nächste Franz Kafka oder Thomas Mann werden will. Ich möchte nur eine gute Geschichte erzählen. Und ich vermute doch glatt, dass mir selbst dabei heute geholfen werden kann, oder?“

Der Werkzeugkasten

Die Top Five

An anderer Stelle in diesem Buch „nur" als kleiner Unterstützer erwähnt, ist **Sudowrite** für das Konstruieren und Verfassen von Romanen ein entscheidendes Tool. Es begleitet Autoren von Brainstorming und Plot-Entwicklung über das Ausformulieren ganzer Kapitel bis hin zur stilistischen Überarbeitung. Die KI ist fähig, zuvor eingegebenen individuellen Tonfall und Stil zu adaptieren und in bestehende Schreibumgebungen wie Google Docs zu integrieren. Allerdings ist das Tool derzeit noch fürs Englische optimiert. Während sich mit Sudowrite sehr frei alles verfassen lässt, kann einem der AI Story Writer innerhalb der Umgebung von **Sassbook** ein paar Anstöße geben für Geschichten in ganz bestimmten Genres. Im Prompt-Fenster gibt man seine Idee ein und kann diese per Button als „Original" gattungsoffen ausformulieren lassen oder eben als „Classic", „Humor", „Sci-Fi", „Romance", „Thriller" oder „Realism" – auch interessant, um mal ein und denselben Stoff in verschiedenem Gewand zu testen. Auf der KI-Plattform **Novel AI** lassen sich Geschichten, Romane und sogar Gedichte auf Basis individueller Vorgaben generieren – als Basis dienen dabei entweder der zuvor trainierte Schreibstil des Nutzers oder bekannte literarische Vorbilder. Im Text-Adventure-Modus erschafft und erlebt der Nutzer eine sich entfaltende Story mit der KI. Integrierte Bildgenerierung erzeugt passende Illustrationen oder Cover – alles unter Beibehaltung der vollen Urheberrechte. Das professionelle Entwerfen und Schreiben begleitet **Novelcrafter** anspruchsvoll und tiefgehend. Es greift auf verschiedene, auswählbare KI-Modelle als Grundlage zurück, Entwürfe lassen sich mit Co-Autoren oder Lektoren teilen. Aus reinen Ideen für Handlung und Figuren generiert das Programm Plot-Skizzen und lebendige Charakterprofile. Das Manuskript prüft es auf Kapitelverteilung, Charakterauftrittshäufigkeit und Stilfragen. Wer eher Unterstützung bei noch weiteren Textsorten wie Artikeln, Blogposts oder E-Mails braucht oder ganz gezielt zum Beispiel nur Dialoge erzeugen oder verschiedene Stil austesten möchte, greift auf **Rytr** zurück.

Honorable Mentions

DeepStory, HixAI, Jasper

„Post für dich." Max legt mir einen Umschlag auf den Tisch. DIN A4, schönes, grau marmoriertes Papier, die Adresse per Hand aufgetragen und die Rückseite allen Ernstes mit einem Wachssiegel verschlossen.

„Hast du Kontakte ins Mittelalter?", fragt Max und ich nehme das kleine Kunstwerk in die Hand. Der Absender ist Gerd. Es ist das erste Mal, dass ich seine Privatadresse lese.

„In gewissem Sinne ja und nein", antworte ich. „Eher Mittelalter mit Wurmloch ins Heute."

Ich breche das Wachs – ein seltsames, wunderbares Gefühl – und lese die ersten Worte des Anschreibens, die Gerd den fünfzig, sechzig beigefügten, ausgedruckten Seiten handschriftlich beigelegt hat.

„Mein lieber Christoph, ich weiß, das mit dem Wachs ist übertrieben. Irgendwie finde ich es der Sache aber auch angemessen und schicke dir die ersten paar Kapitel meines potenziellen Romans mit dem Titel *Auch Grau ist eine Farbe* absichtlich auf Papier anstatt einfach nur als E-Mail. Nach meiner Frau bist du der erste Mensch auf diesem Planeten, der das zu Gesicht bekommt. Ich habe alles, was du lesen wirst, selber geschrieben, in gewisser Weise. Zuerst habe ich es aber der Maschine erzählt, damit sie mich ein wenig führt, mir dann geschnappt, was sie sich so denkt und die Vorlage so lange übermalt, bis kaum noch was von ihr übrig blieb. Aber gleichzeitig wäre das Bild ohne sie nicht möglich gewesen. Ich weiß immer noch nicht, ob das richtig ist, aber ich weiß, dass es mir unglaublich Spaß macht, zu beobachten, wie meine eigene Geschichte sich vor mir entfaltet. Manchmal ist es so, als schrieben mein Geist, der Maschinengeist und meine Hand unabhängig von mir, und ich sitze als staunender Beobachter davor. Würde mich freuen, wenn du die Zeit dafür findest hineinzuschauen. Also wirklich selber. Mittlerweile gibt es bestimmt auch Werkzeuge, die es für dich lesen könnten. Sobald du eine Meinung zu der Sache hast – und sei bitte ehrlich – treffen wir uns auf einen Kaffee in der Bäckerei. Herzliche Grüße, Gerd.“

Eine gute Figur machen

KI als Schreibhilfe für Lebensläufe und Anschreiben

„Tragen Sie sich doch mal ein, Sie sind ja im Grunde jeden Tag hier."

Die Filialleiterin der Bäckerei lächelt mich an und deutet auf das Gästebuch mit den Brötchen darauf, die feixend um die Schale mit dem Milchkaffee tanzen. Mittlerweile liegt es nicht mehr wild zwischen den Zeitungen, Flugblättern und Theaterprospekten, sondern prominent auf der Theke neben der Kleingeldschale. Ich schlage es auf, suche die erste freie Seite und schnappe mir den Stift, den die Chefin daneben platziert hat. Was würde jetzt *Jasper* sagen, denke ich kurz, oder *Claude*, finde dann aber eigene Worte, um meine Wertschätzung für den täglichen Anlaufpunkt und seinen guten Geschmack auszudrücken. Ebenfalls auf der Theke liegt ein Stapel Flyer in A5, auf denen die Bäckerei um frische Mitarbeiter buhlt. Ich nehme ihn, drehe ihn um und lese: „Deine Vorteile: 35 % Mitarbeiter-RABATT / Steuerfrei on top: 50 % Sonn- und 100 % Feiertagszuschläge / Flexible Arbeitszeitmodelle / Benefits zum Geburtstag und Weihnachten / Eigene Akademie zur Weiterbildung / Moderne Filialen mit Atmosphäre / Aktive Mitarbeiterentwicklung / Mitarbeiterkarte mit bis zu 600 Euro Guthaben pro Jahr."

„Wow", sage ich, „das sind eine Menge Vorteile."

„In der Tat, aber glauben Sie, wir finden irgendjemanden? Langsam habe ich den Eindruck, die wollen alle nur noch Influencer werden, oder Popstar. Wobei, das ist glaube ich auch schon vorüber."

Sie beugt sich ein wenig über die Theke, um den nächsten Satz fast zu flüstern.

„Wir machen es schon sehr niedrigschwellig, bieten sogar eine Bewerbung per WhatsApp an. Also, als Option. Manche senden auch von sich aus ganz normale digitale Papiere an die E-Mail-Adresse. Die sind dann aber nicht unbedingt besser. Fehler ohne Ende, zu viel von sich erzählt oder zu wenig oder das Falsche. Neulich legte eine Bewerberin ihre Urkunde von einer Hypnose-Fortbildung bei."

„Ist doch gar nicht schlecht", sage ich. „Kann im Verkauf helfen."

Jetzt wirkt das Lachen der Filialleiterin schon etwas gelöster. „Wie ist das denn bei Ihnen?", fragt sie. „Was kriegen Sie so vorgelegt? Scheint mir ja doch ein anspruchsvoller Beruf, den Sie da betreiben."

„Wir haben 2023 den ersten Mitarbeiter eingestellt, der hinterher berichtet hat, dass seine Bewerbung komplett von der KI geschrieben war."

„Nein!"

„Doch!"

„Er hat sogar den Test gemacht und sich bei zwei anderen Arbeitgebern mit seinen händisch erstellten Unterlagen beworben. Ohne Erfolg."

Der Werkzeugkasten

Die Top Five

Wer den Verdacht hegt, einen wenig optimalen Lebenslauf verfasst zu haben, lädt ihn bei **Kickresume** hoch und erhält eine Prüfung, die Rechtschreib- und Grammatikfehler erkennt, Formulierungen optimiert und das Layout verbessert. Die einmal eingerichteten Dateien lassen sich schnell überarbeiten und an aktuelle Stellenanzeigen anpassen. **Zety** ist der XING-Lebenslauf-Editor und baut Lebensläufe und Anschreiben Schritt für Schritt im Gespräch auf, gibt Formulierungsvorschläge und sorgt für eine klare, strukturierte Darstellung. Ein Vorteil des Tools liegt darin, dass es die digitalen Papiere direkt für das sogenannte Applicant Tracking System (ATS), das Bewerbermanagementsystem, optimiert – eine Software, die in vielen Unternehmen im Einsatz ist. Ebenso ATS-optimiert zeigt sich der **Huntr AI Resume Builder**, dessen KI die Anforderungen der Wunschstelle analysiert und daraufhin direkt passende Formulierungen und Schlüsselwörter vorschlägt. In ihm lassen sich mehrere Lebenslaufversionen parallel verwalten, falls man gezielt und strategisch streut. Auch das Tool **ResumeUp.AI** frisiert halbgare Lebensläufe ATS-freundlich auf, bietet Vorlagen, erstellt eine Lebenslaufanalyse und ermöglicht die Optimierung des LinkedIn-Profils, das auf dem Arbeitsmarkt weiterhin von Bedeutung ist. Beide Dienste sind derzeit nur auf Englisch zuverlässig und erfordern daher bei Fertigstellung der Unterlagen eine nachträgliche Übersetzung. Der Editor von **LiveCareer** bietet vorgefertigte Inhalte für verschiedene Branchen, prüft auf Fehler und hilft, relevante Keywords einzubauen.

Honorable Mentions

Bewerbung.ai, CV Maker (deutsch), Novorésumé, Lebenslauf.com von XING, Resume.io, Rezi AI, VisualCV

Zwei Wochen später reicht mir eine sehr junge Frau mein Croissant, mein Sesambrötchen und meine kleine Tüte mit Quarkbällchen über die Theke. Ich habe sie hier noch nie gesehen. Vermutlich hat die Bäckerei endlich eine neue Angestellte gefunden. Oder ist sie eine Auszubildende?

„Mögen Sie unsere Hauptstadt?", fragt sie unvermittelt, bevor sie mich abkassiert und sieht mir dabei, ohne zu blinzeln, meine Reaktion abwartend, in die Augen.

„Meinen Sie etwa Düsseldorf?"

„Die Hauptstadt des ganzen Landes, nicht von NRW."

„Ach so, ja", antworte ich wahrheitsgemäß. „Bin immer mal wieder gern da."

„Und wie ich sehe, sagen Sie bei etwas Süßem auch nicht nein."

„Das ist richtig", nicke ich zögernd.

„Dann wäre es doch wirklich schade, wenn Sie heute ohne einen unserer frischen Berliner nach Hause gingen. Die übrigens wirklich in Berlin erfunden wurden, von einem Zuckerbäcker, der zwar für Friedrich den Großen in den Krieg ziehen wollte, aber nicht tauglich war. Also wurde er Feldbäcker für die Soldaten und hat den Berliner erfunden."

Ich lasse mir einen einpacken und frage mich, was die junge Frau gerade mit mir gemacht hat. Zwei Suggestivfragen, bei denen sie das Risiko einging, dass ich auch hätte Nein sagen können. Sage ich hingegen zweimal Ja, ist der Verkaufsabschluss psychologisch so gut wie sicher. Von der lobenswerten Mühe, die Backstory des Gebäcks rauszusuchen, mal ganz abgesehen. Entgegen meiner Gewohnheit zahle ich sogar bar mit einem Schein, da ich Trinkgeld geben möchte, drehe mich zum Gehen, halte aber noch einmal kurz an, weil ich mich nicht zurückhalten kann.

„Eine Frage. Kann es sein, dass Sie eine Hypnoseausbildung haben?"

Eine gute Figur machen. Der Custom GPT

Du bist ein deutschsprachiger, hoch qualifizierter Bewerbungs-Coach, der Nutzern dabei hilft, ihre Bewerbungsunterlagen zu erstellen und zu optimieren. Deine Aufgabe ist es, in mehreren aufeinander aufbauenden Schritten alle wichtigen Informationen zu sammeln, ein maßgeschneidertes Anschreiben sowie ggf. einen optimierten Lebenslauf zu erstellen und das Gesamtpaket anschließend kritisch zu überprüfen (aus verschiedenen Perspektiven).

Anforderungen und Vorgehen:

Schrittweises Abfragen und Dokumenten-Upload
Bitte die User zunächst, ihren vorhandenen Lebenslauf hochzuladen oder in Textform einzureichen, damit du die Fakten (Ausbildung, Berufserfahrung, Fähigkeiten) hast. | Frage, ob bereits ein Anschreiben existiert oder ob ein völlig neues Anschreiben erstellt werden soll. | Erkundige dich, ob eine Stellenausschreibung (bzw. Jobbeschreibung) oder ein Link zur Anzeige vorhanden ist, um die Anforderungen gezielt in der Bewerbung zu berücksichtigen.

Zusätzliche Informationen und Rückfragen
Erfrage im Einzelschritt-Verfahren (eine Information pro Frage) sämtliche relevanten Details, z. B.: besondere Qualifikationen, Kenntnisse oder Stationen, die im Lebenslauf aktualisiert werden sollen? | Soft Skills oder Hard Skills, die laut Stellenanzeige relevant sind? | Anforderungen (z. B. Sprachkenntnisse, IT-Kenntnisse), die im Bewerbungsdokument noch fehlen könnten? | Besonderheiten? (z. B. Gehaltsvorstellungen, Starttermin, örtliche Flexibilität) | Kläre den gewünschten Sprachstil (z. B. förmlich, modern, kreativ) und Layout-Präferenzen (z. B. traditionell, farbig) wenn relevant.

Erstellung von Anschreiben und Lebenslauf
Auf Basis der gesammelten Infos erstellst du: Ein individuelles Anschreiben, das die relevanten Fähigkeiten und Erfahrungen hervorhebt, passend zur Stellenausschreibung. | Falls benötigt, einen optimierten Lebenslauf (z. B. kurze Beschreibung der wichtigsten Stationen, Hervorhebung passender Hard Skills und Soft Skills). Achte darauf, den Stil an die Unternehmens- bzw. Branchenkultur anzupassen (z. B. konservativer Tonfall bei klassischen Unternehmen, moderner Ton bei Start-ups).

Kritische Überprüfung aus drei Perspektiven
Wenn das Anschreiben und der Lebenslauf erstellt sind, führe eine Denkschleife durch. Versetze dich in drei verschiedene Rollen. CEO: Konzentriert sich auf das große Ganze, die Unternehmenskultur, den Mehrwert der Person | Teamleiter: Bewertet Team-Fit, Praxistauglichkeit, relevante Soft Skills | Fachexperte: Prüft fachliche Tiefe, Genauigkeit und Spezialisierungen. Gib zu jedem Standpunkt Verbesserungsvorschläge, damit die Bewerbung maximal überzeugt.

Anpassung und Rückfragen
Frage die Nutzer, ob sie die Korrekturen oder Vorschläge umsetzen möchten und ob noch weitere Änderungswünsche bestehen. | Biete an, die Formulierungen zu verfeinern oder einzelne Absätze konkreter auszugestalten.

PDF-Ausgabe
Frage die Nutzer, ob sie die Bewerbungsdokumente als PDF wünschen. | Stelle den Inhalt, falls gewünscht, in einem druckfertigen, formatierten PDF dar (oder liefere zumindest den Text so, dass eine PDF-Erstellung möglich ist). | Achte auf ein einheitliches Layout (Überschriften, Absätze, einheitliche Schriftarten).

Freundliche und unterstützende Kommunikation
Während der gesamten Interaktion bleibe wertschätzend, ermutigend und professionell. | Stelle sicher, dass du den Prozess überschaubar hältst, damit Nutzer nicht überfordert werden. | Erwähne, dass du bei Nachfragen oder weiteren Bewerbungsthemen (z. B. Vorstellungsgespräch, Gehaltsverhandlung) ebenfalls helfen kannst.

Dein Ziel
Führe den Nutzer mithilfe von kurzen Rückfragen durch die Erstellung professioneller Bewerbungsunterlagen. Sammle Lebenslauf-, Stellenanzeigen- und persönliche Daten, um maßgeschneiderte Anschreiben und ggf. Lebensläufe zu erstellen. Prüfe das Ergebnis aus drei Perspektiven (CEO, Teamleiter, Fachexperte) und optimiere es weiter. Frage abschließend, ob eine PDF-Ausgabe gewünscht ist, um dem Nutzer fertige Dokumente in professioneller Form zu liefern.

Balsam für die Ohren

KI zur Klangverbesserung

„Ich werde wahnsinnig!“

Céline springt von ihrem Schreibtisch auf und läuft fluchend durchs Foyer. Außerordentlich kraftvolle Begriffe entweichen ihren Lippen. Beruflich bedingt kann der Ärger nicht sein, denn eben noch saß sie mit einem Pausensnack vor dem Computer und aß, während sie sich privat etwas anschaute. Noch vorhin hat sie begeistert von den Interviews gesprochen, die der YouTuber dort mit seinen Gästen führt. Ausführliche Einblicke in die modernen Erkenntnisse der Wissenschaft, von Nanotechnologie bis hin zu frisch entdeckten, fernen Galaxien. Hätte unsere reisefreudige Céline die Möglichkeit, die Begrenzungen unseres Planeten jetzt schon zu verlassen – wir würden sie wahrscheinlich schnell mit einem Rucksack auf Vulkan, Deneva oder Mintaka III wiederfinden – oder wie immer die Planeten in Zukunft tatsächlich heißen werden, die wir als Menschheit entdecken, nachdem wir in der Fantasie von *Star Trek* schon mal gedanklich geübt haben.

„Was ist los?“, frage ich.

Zornig zeigt sie auf ihren Rechner, vor dem sie gerade eben Reißaus genommen hat.

„Das musst du sehen“, sagt sie, „oder nein, besser gesagt: Das musst du hören.“

Wir gehen zu dem Gerät zurück. Die Szene ist auf Pause gestellt. In einem Splitscreen sehen wir links den Host der Sendung und rechts den per Zoom zugeschalteten Gast. Der Host sitzt in einer schön arrangierten Kulisse aus blauen und schwarzen Tönen, die den Abendhimmel und das Weltall assoziieren. Der Gast kauert krumm an einem Schreibtisch vor seinem weißen schwedischen Bücherregal, das mit wissenschaftlicher Literatur, Aktenordnern und losen Blättern kreuz und quer vollgestopft ist.

„So, jetzt pass auf!“, sagt Céline und löst die Pause. Der Host spricht in einem schönen, warmen Bass, rausch- und knackfrei, völlig präsent, als säße er neben uns. So, wie sich laut Niklas bei guten Anlagen die Musiker um einen herum im Raum versammeln. Er beendet die Frage und sein Gast, sogar mit einem Professorentitel ausgestattet, setzt zur Antwort an. Das Gefälle in der Qualität des Klangs könnte größer nicht sein. Blechern quetscht sich die Stimme des Wissenschaftlers durch das interne Mikrofon seines Computers. Auch hier hört man den Raum, aber nicht so, wie es sein sollte. Ganz im Gegenteil – es fällt mir schwer, den inhaltlich interessanten Äußerungen überhaupt zu folgen.

Céline drückt wieder auf Pause.

„Der Mann ist Astrophysiker. Aber weißt du was? Guter Klang ist keine Raketenwissenschaft!“

Ich schmunzle. Der war nicht schlecht. Solange Menschen noch in der Lage sind, Witze und Wortspiele zu machen, hält sich die Tiefe des Zorns in Grenzen. „Aber weißt du was, Christoph? Über den Professor rege ich mich gar nicht auf. Ältere Professoren dürfen das, meinetwegen auch jüngere. Chaotische Regale? Kein Buch da, wo es sein soll? Eine Handschrift, die niemand lesen kann und kein Interesse daran, sich vernünftige Audio-Hardware zu kaufen? Okay! Gehört dazu! Aber was macht denn bitte der Host, wenn er nicht live ausstrahlt, sondern die Aufzeichnung bearbeitet? Hat er nicht das Wissen oder die Zeit, im Nachhinein auch den Ton seines Gastes schön zu machen?"

Nun schüttle ich gemeinsam mit ihr den Kopf, denn wir beide wissen, dass dies zwar früher fast unmöglich war, seit Kurzem aber tatsächlich nicht länger Hexenwerk oder Raketenwissenschaft darstellt.

Der Werkzeugkasten

Die Top Five

Auphonic hat sich als Branchenstandard für die automatische Audiobearbeitung etabliert und wird von Podcastern, Radiomachern und Content-Creators geschätzt. Die KI optimiert Audiodateien vollautomatisch, entfernt Rauschen und Brummen, passt Lautstärke und Dynamik an Rundfunkstandards an, mischt Mehrspuraufnahmen, fügt Metadaten und Kapitelmarken hinzu und bietet sogar Spracherkennung in über 80 Sprachen. Klanglich absolute Spitze ist **Adobe Enhance Speech** als Teil von Adobe Podcast und Adobe Audition. Mit nur einem Klick entfernt das Tool Hintergrundgeräusche und arbeitet die Stimmen so klar heraus, als wären sie von vornherein im Studio aufgenommen. **Audo Studio** bietet eine besonders anwenderfreundliche Lösung, um mit wenigen Klicks Audiospuren von Rauschen, Hall und anderen Störgeräuschen zu befreien. Das Tool eignet sich für Podcasts, Musikproduktionen oder Sprachaufnahmen und ist vor allem für alle attraktiv, die Wert auf Schnelligkeit und einfache Bedienung legen. **DaVinci Resolve Voice Isolation** integriert fortschrittliche KI-Algorithmen zur Stimmisolierung direkt in die beliebte Videobearbeitungssoftware. **Sonible smart:EQ 4** ist ein intelligenter Equalizer, der mithilfe von KI die Frequenzverteilung einer Audiospur analysiert und automatisch optimiert. Besonders Musiker und Produzenten, die Wert auf Feintuning legen, profitieren von den erweiterten Bearbeitungsoptionen und der schnellen, präzisen Klangverbesserung.

Honorable Mentions

Cleanvoice AI, iZotope RX11, Krisp, NVIDIA Broadcast

Im vergangenen Frühling leistete sich ein Instagram-Kanal einen gelungenen April-Scherz. In Köln solle angeblich ein Rheintower entstehen, so stand es dort, illustriert von einem durchaus glaubwürdigen und beeindruckenden Modellbild. 330 Meter würde er über die Stadt ragen, unzählige Büros und Veranstaltungsräume enthalten und oben in seiner Spitze, hoch über der Stadt und dem gesamten Rheinland, einen Karnevalssaal, der am Himmel kratzt. Ich stelle mir vor, was in Köln los wäre, würde eine solche Baustelle am Neumarkt tatsächlich entstehen, während sich mein Auto in Schrittgeschwindigkeit durch den Stau schiebt. Im *Morgenmagazin* ist ein Politiker zu Gast. Sein Budget für die Tätigkeit im Bundestag müsste ausreichen, um sich für die zahlreichen Telefoninterviews ein vernünftiges Equipment hinzustellen. Doch es klingt, als sei er – von dem Interview völlig überrascht und offenbar ohne gute Tools zur Terminplanung ausgestattet – in eine der letzten vorhandenen Telefonzellen gehastet. Der Radiosender kann an dieser Sache nichts ändern, denn dieses Gespräch ist tatsächlich live.

Im Büro fängt Céline mich wenig später sofort ab.

„Du glaubst es nicht“, sagt sie. „Komm mal eben schnell mit.“

Sie zieht mich zu ihrem Schreibtisch. Auf dem Bildschirm ist wieder die Wissenschaftssendung zu sehen. Links im Bild das dämmerblaue Weltallbüro, rechts diesmal eine Gelehrte, ebenfalls mit Professorinnentitel, die direkt aus einem kleinen Labor spricht. Vivian lässt das Gespräch laufen und zwischen der Frau im Labor und dem Host ist zwar immer noch für geübte Ohren ein Unterschied zu hören, jedoch bei Weitem kein Gefälle mehr. Angenehm lässt sich dem Gespräch folgen, und vor allem kann man sich auf den Inhalt konzentrieren. Das viel gescholtene Internet, denke ich mir, Stunden um Stunden kann man dort so sehr in die Tiefe gehen, wie es im öffentlich-rechtlichen Fernsehen all die Jahrzehnte nur in ganz wenigen Nischen möglich war.

„Ich habe ihm geschrieben“, sagt Céline, „als Stammzuschauerin seiner Sendung. Einfach, ganz fair und konstruktiv. Habe ihm die KIs vorgestellt, mit denen sich nachträglich der Ton verbessern lässt, ohne den Stress, dass man dem Gast vorher dazu überreden muss, sich selber irgendein Equipment hinzustellen. Und siehe da, er hat zugehört!“

Ich lächle. Wenn doch immer alles so einfach wäre. „Ist das zu glauben?“, sagt Céline. „Ich habe eine Sendung, die ich selbst als Zuschauerin gern gucke, durch einen einzigen Hinweis für mich und für alle verbessern können.“

Typisch Céline. Genau deshalb schwören wir auf diese Tools. Und auf Céline. Momente wie dieser erinnern mich daran, warum mir die Arbeit mit KI so viel Freude bereitet.

Worte, die wirken

KI für Content-Marketing und Texterstellung

„Schaut euch mal an, was dieser Mann alles für seine Kunden auf die Beine stellt!“

Max steht im Büro mit einer riesigen, stabilen Papiertüte, wie sie überforderte Mütter in amerikanischen Filmen im Arm klemmen haben, während sie mit der anderen Hand telefonieren und mit der Schulter die Tür aufstoßen. Er zieht ein paar bunte Dosen Fanta heraus, deren Sorten ganz offenbar einen Seltenheitswert besitzen, der originalverpackten Gameboy-Spielen inklusive Karton und Anleitung entspricht.

„Fanta Fruit Punch, mit Wassermelone, Erdbeeren und einigen anderen Leckereien, eigentlich nur erhältlich in den USA. Oder hier: Fanta Green Apple, aus Thailand, und Fanta Guarana, aus Brasilien!“

Es macht Spaß, ihn so zu sehen. Sich die kindliche Freude an etwas bewahren zu können, ist ein inneres Werkzeug von unschätzbarem Wert.

„Er hat sogar versprochen, dass er versucht, mir die Fanta Shokata aus Rumänien zu besorgen, mit Holunderblüten. Wahnsinn!“

„Wer ist denn er?“, fragt Niklas.

„Na, Mamoush! Ich bestelle immer öfter sein Liefertaxi. Jetzt bietet er den Leuten auch noch an, Waren zu besorgen, die nicht einfach sowieso bei ihm ausliegen. Im Prinzip wie beim Buchhandel, wo ein paar Tausend Bücher im Regal stehen, aber ein paar Millionen über Nacht bestellt werden können.“ Max stellt die Tasche ab, die Dosen klimpern blechern. Aus der Tiefe zieht er ein größeres Faltblatt, einen Wickelfalz-Flyer in DIN A5, den man aufklappen kann. „Darin beschreibt er alles. Liefertaxi für Köln, Waren aus aller Welt. Ich glaube, er hat jetzt auch ein paar Profile in den sozialen Medien angelegt.“

Niklas nimmt den kleinen Prospekt entgegen. Er sieht anständig aus. Bunt, aber aufgeräumt gestaltet. Nicht zu viele Fonts. Plausible Farbwahl. Trotzdem schüttelt er den Kopf, als er ihn liest.

„Auf den ersten Blick habe ich sofort Bock, bei ihm zu bestellen. Aber wenn ich den Text hier drauf lese und ich kenne den Laden noch nicht – ganz ehrlich, dann könnte ich den Eindruck bekommen, es handelt sich um eine total dreckige Chaosbude. Wer so wenig seine Werbung im Griff hat, wie soll er da sein Geschäft ordnen?“

Ich schnappe mir das Faltblatt und lese, was sich Herr Mamoush und sein Neffe dort zwischen der gelungenen Grafik an Text zusammengedichtet haben. Die Sätze sind umständlich formuliert und kommen nicht auf den Punkt. Ja, sie scheinen so etwas wie den eigenen Punkt überhaupt nicht zu kennen. Man liest Satz für Satz und fragt sich bei jedem: Wann geht es eigentlich los? Der Benefit ihres neuen Services kommt nicht rüber. Psychologische Trigger, die auf der Hand liegen, werden nicht genutzt. Ohne dass ich etwas sagen muss, erkennt Niklas, was ich gerade denke.

„Ja, oder?" sagt er, „das ist wie eine Einleitung, die kein Ende nimmt. Wie diese unheimlichen Videos von den sogenannten Backrooms, den endlosen Räumen."

Nun schnappt sich auch Céline das bunte und papiertechnisch hochwertige Werbemittel, in dessen bestimmt recht hohe Auflage einiges an Geld geflossen sein muss.

„Ja, gut", sagt sie, als sie es überflogen hat, „das ist jetzt nicht das Gelbe vom Ei, aber seid mal nicht so streng. Ihr wisst ganz genau, dass es kaum was Schwereres gibt, als in ganz wenigen Worten perfekt auszudrücken, was man zu bieten hat. Marketing ist eine Kunst und nicht jeder ist damit gesegnet, sie einfach so aus dem Bauch heraus zu beherrschen."

„Das stimmt", sagt Niklas. „Aber heute gibt es eigentlich keine Entschuldigung dafür, es nicht trotzdem richtig zu machen."

Der Werkzeugkasten

Die Top Five

Wer zwar weiß, *was* er sagen will, aber einfach keinen Weg findet, *wie*, der wählt bei **Copy.AI** einfach eine Vorlage für Social Media, Flyer oder Werbeanzeigen, gibt seine Stichworte ein und erhält überzeugende Marketingtexte. Die KI spuckt dabei stets mehrere zur Auswahl aus, arbeitet in 30 Sprachen und stellt mehr als 90 Vorlagen für verschiedene Anwendungsfälle bereit. **Anyword** geht in Sachen Content-Marketing noch mehr in die Tiefe und bietet sogar eine Performance-Vorhersage darüber an, wie gut ein Text voraussichtlich konvertiert, also Klicks oder Käufe auslöst. Aus Stichworten zu Produkt, Angebot, Zielgruppe und Tonalität erzeugt es Text für alle Werbeauftritte bis hin zur Homepage. Auch das nativ deutsche **Neuroflash** achtet sehr präzise auf Zielgruppenansprache, Klarheit und Werbewirkung, analysiert den Sound der Worte und gibt Tipps, wie sich Texte noch prägnanter und überzeugender formulieren lassen. **Write-Sonic** erzeugt als browserbasiertes Tool schon durch bloß fünf Stichworte prägnante Texte und bietet Bearbeitungsfunktionen wie Textverkürzung, Paraphrasierung oder Satzerweiterung. Mit wenigen Klicks entstehen SEO-optimierte Kurztexte, die sich direkt für Werbematerial oder Online-Marketing nutzen lassen. Sehr praktisch für Agenturen, Unternehmer und Teams ist die All-in-one-KI-Plattform **wolli.ai**, mit der sich sämtliche Marketingtexte und -kampagnen automatisieren lassen. Die Software übernimmt das Erstellen von Social-Media-Postings, Newslettern, Landingpages und Werbeanzeigen – optimiert für die gewünschte Zielgruppe und auf Knopfdruck in mehreren Sprachen verfügbar. In der *wolli*-Umgebung lassen sich verschiedene KI-Modelle parallel nutzen, um die besten Ergebnisse auszuwählen.

Honorable Mentions

Jasper, contentbird AI Assistant, Scalenut, TextCortex, Writer.com, Mindverse

WriteSonic ist der Lieblingsschreibassistent von Max. Hier erklärt er, wie so ein Schreibassistent funktioniert und worauf man dabei achten muss:

Ich stehe im Stau. Aber so richtig. Nicht das übliche Stop-and-go, mit dem man sich zu Stoßzeiten in Köln immer herumzuschlagen hat. Kein Schleichen und Schieben, sondern so sehr Stau, dass alle längst akzeptiert haben: Es geht nicht weiter. Manche haben ihre Fahrzeuge bereits verlassen, stehen angelehnt an der geschlossenen Tür und tippen Nachrichten in ihr Smartphone, dass es heute wirklich richtig viel später wird. Neben einem Kleinbus spielen ein paar Kinder Fußball auf Kurzdistanz mit einem dieser leichten, bunten Kunststoffbälle, wie sie seit Jahrzehnten unverändert in den Gitterboxen vor den Spielwarenläden liegen. Der Mann hinter mir, so erkenne ich es im Rückspiegel, ist schlichtweg eingeschlafen. Schwer lehnt der Kopf an der Scheibe und er atmet mit halb offenem Mund, sodass sein Auto von lautem Schnarchen erfüllt sein muss. Niemand kennt den Grund für den Vollstopp, aber gerade deshalb gibt es mir Hoffnung für die Menschheit, wie überaus gelassen die Leute um mich herum diese Zwangspause gerade annehmen. Mit lautem Geknatter nähert sich ein Moped von hinten und hält zwei Autos vor mir beim Kleintransporter. Der junge Fahrer steigt ab und holt Waren aus den rechteckigen Taschen, die links und rechts vom Gepäckträger hängen. Es ist Farid, der Neffe von Herrn Mamoush. Freudig rennen die Kinder mit dem Ball herbei und bekommen ihre Limos und Süßigkeiten. Die Eltern lassen sich ein paar Sandwiches und Wasser überreichen. Als er fertig ist und das Moped dreht, winke ich ihm aus meiner offenen Scheibe zu. Er schiebt das kleine Gefährt zu mir rüber und strahlt.

„Der Mann aus dem Turm!“

„In den Stau liefern ist eine gute Idee“, sage ich.

„Ja, oder? Das müsste ich auch auf der Autobahn dürfen.“ Er greift in die Gepäcktasche, zieht das neue Faltblatt heraus und reicht es mir in den Wagen. „Danke noch mal, auch dafür.“

„Wir haben euch nur die Tür geöffnet. Durchgegangen seid ihr selbst.“

Und in der Tat, das sind sie. Der Text ist gut geworden. Knackig bringt er das Versprechen auf den Punkt. Auch wenn ich den Claim auf der Rückseite – *Wir besorgen es dir, aber richtig* – etwas grenzwertig finde und vermute, dass er von der menschlichen Intelligenz hinzugefügt wurde.

„Möchten Sie was? Bin schnell wieder da.“

Ich schaue nach vorn. Das kann noch lange dauern. In der Ferne höre ich Sirenen.

„Gern. Einen dieser Eiskaffees aus der kleinen Dose, eine Packung Choco Cookies und etwas Obst. Und – habt ihr diese seltene Fanta, die mein Kollege bei euch bestellt, auch vorrätig?“

Sprechen statt schreiben

KI als Sekretär für Diktate

Ich sitze mit Thomas in der Bäckerei und spreche bei ausreichend Koffein und Zucker für das Gehirn über einen Vortrag, den wir demnächst bei einer Wirtschaftstagung zum Thema KI halten werden. Er richtet sich an die Neugierigen, aber Unerfahrenen. An all die Unternehmer, die, möchte man es freundlich formulieren, weiterhin traditionell wirtschaften, oder, möchte man es böse sagen, sich vorgestern erst an E-Mail und Website und gestern an Videokonferenzen und Social Media gewöhnt haben. Die Aufgabe besteht also darin, ihnen die Tragweite der Transformation zu vermitteln, die jetzt und hier geschieht. Ihre Skepsis aufweichen zu lassen wie ein Pfund Butter in der Sonne, wenn ihnen klar wird, wie viel Zeit und wie viel Geld sie sparen können, wenn sie künstliche Intelligenz nicht als Gegner oder unheimliche Überforderung betrachten, sondern sinnvoll in ihre alltägliche Arbeit einbauen.

„Wir sollten auf jeden Fall die Schlüsselzahlen erwähnen", sagt Thomas und spielt damit auf die Prozente an, die sich auch auf unserer Website finden. Beeindruckende Mengen an Zeit, die sich einsparen lassen, Produktivitätsschübe, wie sie die Menschheit zuletzt beim Beginn des Maschinenzeitalters, bei der Einführung des Computers und beim Start des Internets erlebt hat.

„Lass uns jede einzelne Zahl davon mit einer Geschichte verbinden", sage ich. „Mit Bildern von echten Menschen, die vorher eifrig, aber mit viel zu viel Aufwand und Mühe Dinge erledigten und die dann, sobald sie KI begreifen und nutzen, die gewonnene Zeit genießen."

„Genau", sagt Thomas, „und zwar nicht wieder durch andere Arbeit, sondern auch mal durch etwas Schönes, Originelles, Bequemes oder Abenteuerliches. Zum Beispiel …"

Er stoppt den Satz, denn etwas draußen vor dem Fenster lenkt ihn ab. Ich folge seinem Blick und sehe den Mann in dem auffälligen traditionellen Trenchcoat, der hier immer häufiger seine Wege macht, eine echte Konkurrenz zu Gerd als lebendigem Inventar der Gegend. Wo Gerd eher schlendert, geht der Mann strammen Schrittes immer auf und ab, das Telefon stets direkt vor dem Mund.

„Ihn könnten wir auch als Beispiel für das Wunder der KI anbringen, für unglaubliche Zeitersparnis und die Unterstützung der Kreativität. Manche Menschen denken nun einmal akustisch und für sie ist es dann schlicht einfacher, einen Text zu sprechen, statt ihn zu schreiben."

„Du kennst den Mann?"

„Ja, Lokalkrimis. Jemand, der die Sachen selber rausbringt, aber ganz professionell. Zwei, drei Bücher im Jahr. Richtig viel Holz. Wir haben uns mal kurz ausgetauscht, als ich ihn überholte und hörte, wie er gerade eine spannende Szene eingesprochen hat. Er hat förmlich gespielt, richtig Emotionen hineingelegt. Da erzählte er mir, dass er nie mehr vor dem weißen Blatt sitzt, weil er herausgefunden hat, dass seine Schreibblockade tatsächlich eine Schreib-Blockade war – also im wörtlichen Sinne. Und dass er, wenn er die Texte spricht, nie eine hat."

„Und das hat was mit unserem Vortrag zu tun?"

„Na, dass er diese Diktate nie mehr abschreiben muss. Oder von irgendwem abschreiben lassen. Dass all die vielen Stunden, die das früher gekostet hat, der Vergangenheit angehören, weil es jetzt endlich perfekt übertragen werden kann."

Der Werkzeugkasten

Die Top Five

Einfacher geht es kaum – wer seine Dateien beim deutschen Anbieter **AudiozuText** hochlädt, erlebt nicht nur eine extrem minimalistische Benutzeroberfläche, sondern auch eine hervorragend genaue Abschrift, die nach höchstem Datenschutzstandard behandelt wird. Noch genauer, aber in der Komplexität der Bedienung das andere Ende des Extrems, transkribiert **Whisper** von OpenAI. Das hochmoderne Open-Source-Spracherkennungsmodell beherrscht über 90 Sprachen und liefert auch bei schwierigen Audioverhältnissen gute Ergebnisse. Allein – es ist keine klassische Endnutzer-App, sondern ein KI-Modell, das meist über Programmierumgebungen wie Google Colab oder als lokale Installation genutzt wird. Der Datenschutz ist maximal, da die Datenverarbeitung lokal oder in der eigenen Cloud erfolgen kann. Mittlerweile über hundert Sprachen beherrscht das Online-Tool **Transkriptor**, dem man auch Videoformate zuwerfen kann. Es bietet automatische Zusammenfassungen, Zeitstempel, Bearbeitungsoptionen und die Möglichkeit, Transkripte direkt zu exportieren. Ob seiner hohen Erkennungsgenauigkeit und breiten Dateiformat-Toleranz ist das auf europäische Sprachen fixierte **Amberscript** unter Journalisten und Forschern beliebt, die Wert auf Datenschutz, Teamfunktionen und professionelle Nachbearbeitung legen. Medienproduzenten, die sehr viel Material sehr zügig sowie kollaborativ bearbeiten wollen, greifen gern zu **Sonix**.

Honorable Mentions

Notta, Parrot AI, Rev, Scribie, Scriptme, Shadow, Speak, Speechnotes, TranscribeMe, Trint, TurboScribe Shadow

„Stellen Sie sich das vor", sagt Thomas und steht dabei noch nicht vor dem Publikum, das wir bald bespielen werden, sondern zwischen den Pflanzen in unserem Büro, mit mir als Testpublikum der Rede. „Dreihundertfünfzig Seiten Roman, gesprochen. Um eine Seite davon gut abzuschreiben, per Hand, nach Gehör, brauchen Sie selbst mit viel Übung mindestens fünf Minuten – und das ist noch sehr optimistisch gerechnet. Macht also 1750 Minuten nur für die Abschreiberei. Fast dreißig Stunden Lebenszeit, die Sie nun besser einsetzen können. Für viele Seiten des nächsten Romans oder auch einfach mal für ein paar freie Stunden im Skulpturenpark, im Dom oder in der Sonne am Rhein, während die großen Frachtschiffe langsam vorbeiziehen."

Er setzt den Notizzettel ab, den er kaum brauchte, so gut hat er die Rede schon internalisiert.

„Gute Bilder“, sage ich.

„Ja, oder? Den Menschen muss einfach klar werden, welche Freiheiten wir gewinnen, wie viel kostbare Lebenszeit uns zurückgegeben wird.“

„Aber auf einen Einwand müssen wir uns bei der Tagung vielleicht einstellen“, gebe ich zu Bedenken.

„Auf welchen?“

„Dass Arbeitsplätze verloren gehen. Ich meine, bis vor wirklich kurzer Zeit gab es noch Schreibbüros und Freelancer, die nichts anderes getan haben als Sprachaufnahmen, Diktate oder Vorträge von Kongressen abzuhören und ins Reine zu schreiben. Du kannst nicht behaupten, dass die Tools, die wir hier vorstellen, denen nicht den Großteil ihrer Arbeit wegnehmen.“ „Nein, das kann ich nicht. Aber ich könnte behaupten, dass die Leute, die diese Dienstleistung anbieten, darin sowieso niemals ihren Traumjob gefunden haben – und dass sie jetzt eine Mischkalkulation machen dürfen. Sie transkribieren immer noch, was eine KI nicht unbedingt sauber schafft. Knallharte Wissenschaftsvorträge voller Fachtermini. Oder Aufnahmen in Dialekten. Und in zweiter Schiene gehen sie hin und bringen den Menschen den Umgang mit diesen Tools bei. Sie geben Kurse, Workshops, so wie wir, nur kleiner. Sie bleiben immer auf dem Laufenden, machen sich mit allem vertraut und sammeln sich eine Kundschaft zusammen, die mit Recht fürchtet, abgehängt zu werden, wenn sie die neuen Werkzeuge nicht begreift.“

„Nicht die KI wird dich ersetzen“, denke ich laut, „sondern ein Mensch, der die KI bedienen kann.“

„Genau.“

Wissen, wo's steht

KI als interne Wissensdatenbank

„Hat irgendwer die finale Modulbeschreibung für *KI Marketing Professional 2.0?*"

David lehnt sich über meine Tischtrennwand. Céline tippt in Google Drive. „Fünf Treffer mit *final* im Namen, alle rot markiert, alle von letzter Woche – aber welcher ist der echte?"

Niklas ruft aus der Slack-Ecke: „Im Shared-Ordner liegt ‚KMP2_v2-rev-approved-FINAL', versehen mit einem Kommentar vom Thomas: Bitte nicht mehr ändern! ... super hilfreich."

Ich massiere mir die Schläfen und überlege, wer wissen könnte, wo sich die Datei befindet. Gerd erzählte mir neulich, dass der einzig große Streit, der zwischen seiner Frau und ihm regelmäßig entflammt, dadurch entsteht, dass er seit Jahrzehnten die Dinge verlegt, anstatt sie immer wieder an der Stelle zu lagern, wo sie einen festen Platz haben. Den Autoschlüssel, seine Lesebrille, sogar die Fernbedienung.

„Wo ist denn unser Projektmanager?", frage ich.

„Philipp? Der liegt mit Fieber flach."

„Also kein spontaner Rettungs-Call", nicke ich.

Nur noch vier Stunden bis zum Launch-Newsletter an 180 000 Interessenten. Fünf Slack-Pings knallen wie Popcorn.

Céline seufzt. „Wir haben Zugriff auf alles und finden trotzdem nichts Eindeutiges. Ich glaube, es wird Zeit, dass wir uns eine KI-gestützte Wissensdatenbank anlegen, bevor wir unsere eigenen Kurstexte ergoogeln."

Esther nickt. „Ich will tippen, Enter drücken und ein Ergebnis bekommen – nicht *CSI: Drive* spielen."

Niklas hebt zwei Finger. „Heute Abend Proof-of-Concept. Wer mithilft, bekommt Pizza aufs Haus."

Ich grinse. „Deal. Von jetzt an versioniert nur noch der Bot."

Wie du so einen Bot nutzen kannst, um zum Beispiel Anfragen von Kunden automatisiert beantworten zu lassen, erklärt Michael hier:

Der Werkzeugkasten

Die Top Five

Die speziell auf Unternehmen zugeschnittene Wissensmanagement-Plattform **Guru** organisiert die Informationen in sogenannten Cards und diese wiederum in Boards und Sammlungen. Inhalte lassen sich sehr schnell suchen und finden, zudem lässt das Tool sich in Slack oder Microsoft Teams integrieren. Gamification-Elemente sollen die Mitarbeiter anregen, die Beteiligung zu fördern. **Bloomfire** zeichnet sich als skalierbare Wissensdatenbank durch eine besonders flexible Organisation aus. So können Inhalte hier gleichzeitig in mehreren Kategorien erscheinen, was bereichsübergreifendes Arbeiten erleichtert. Eine KI-gestützte Suche indexiert Dokumente, Bilder und Videos. **Slab** kombiniert die Funktionen eines Wikis mit moderner Wissensdatenbank-Technologie. Die Plattform legt Wert auf eine übersichtliche, minimalistische Benutzeroberfläche sowie eine klare, hierarchische Strukturierung von Wissen und integriert sich in Slack, Google Drive oder GitHub. Wer sein Unternehmen oder seine persönlichen Gruppen am liebsten sowieso mittels Slack organisiert, kann dort mittels sogenannter Slack-Bots agieren, um aus einem wilden Hin und Her menschlicher Zurufe eine systematisch gebaute Wissensquelle zu machen. Das beliebte Tool **Notion** ermöglicht bereits in seiner „Free"-Variante, eine persönliche oder kleine interne Wissensdatenbank aufzubauen. Nutzer können unbegrenzt viele Seiten und Blöcke erstellen, Inhalte wie Texte, Bilder, Videos und Dateien hinzufügen und bis zu zehn Gäste in ihren Workspace einladen. Auch KI-Funktionen wie smarte Suche, automatische Textzusammenfassungen und KI-gestützte Vorschläge, stehen zur Verfügung. In der Version „Enterprise" wird daraus eine umfassende, skalierbare Plattform für das interne Wissensmanagement mit granularen Berechtigungen, individueller Domain, unbegrenzter Gästeanzahl und einer unbegrenzten Versionshistorie. Besonders griffig und unkompliziert gibt sich **Machador**. Die Plattform basiert auf einer durchsuchbaren Datenbank, in der Informationen, Anleitungen und Hilfestellungen zentral abgelegt und strukturiert werden – und das so, dass der KI-Assistent, der sozusagen als „Verwalter des Archivs" agiert, kontinuierlich lernt und sich weiterentwickelt, indem er aus den Interaktionen Muster erkennt und die Antwortqualität bei Suchanfragen stetig verbessert.

Honorable Mentions

Bitrix24, ClickUp, Confluence, Document360, Matterial, Polly Help, Tettra, Theum

„Und? Läuft die Kampagne?" Zwei Wochen später stehe ich wieder am Marketing-Desk. Auf dem 55-Zoll-Display leuchtet die Guru-Card „KMP2-Modul-Beschreibung – finale Freigabe": Zeitstempel, verlinkte Slack-Threads – alles an einem Ort. Ina tippt auf den Versions-Reiter. „Drei Klicks und der Newsletter ist draußen. Kein Grübeln mehr, welche Datei Matthias gemeint hatte."

Niklas zeigt Bloomfires Heatmap. „Hier sehen wir live, welche FAQ-Snippets Sales täglich anfragt – so kann die Redaktion direkt neue Micro-Learning-Videos dazu bauen, die diese Fragen beantworten. Und Céline lässt den KI-Bot Kai von *Tettra* aus den frischen Fragen direkt kleine How-to-Artikel machen. Alles in der Zeit, die wir sonst mit Suchen verbracht hätten."

Zufrieden verschränke ich die Arme. „Projekte laufen nicht schneller, weil wir schneller geworden sind. Sie laufen schneller, weil wir jetzt wissen, wo unser Wissen steht – selbst wenn der Projektmanager krank im Bett liegt."

Die Cards auf dem Bildschirm klappen zu wie Reißverschlüsse, während der Countdown für den nächsten Kursstart tickt – diesmal ohne Kopfschmerzen.

Wenn du mehr über den Aufbau eines internen Wissensmanagements mit KI lernen möchtest, schaue Célines Vortrag auf den KI Days hier:

Das habe ich so nie gesagt!

KI zur Meeting-Zusammenfassung

„Das habe ich so nie gesagt!“

Verzweifelt läuft Ben vor Yanniks Schreibtisch auf und ab. Langsam frage ich mich, ob wir dem jungen Mann bei uns in der Firma nicht einfach ein Zimmer einrichten sollen.

„Das spielt keine Rolle“, sagt Yannik. „Sie hat es so wahrgenommen. Und wer weiß schon, was stimmt?“

Ben geht halb in die Knie, beugt sich nach vorn und wirft die Hände in Yanniks Richtung.

„Wie, wer weiß schon, was stimmt? *Ich* weiß, was stimmt! Ich weiß doch, was ich gesagt und wie ich es gemeint habe!“

„Das sind schon mal zwei Paar Schuhe“, sagt Yannik. „Aber bleiben wir erst mal beim Sagen. Möchtest du behaupten, deine Frau würde absichtlich lügen?“

„Nein, natürlich nicht.“

Ben richtet sich wieder auf, macht ein paar Schritte zurück und lehnt sich erschöpft an die Wand.

„So“, sagt Yannik, „das halten wir schon mal fest. Sie behauptet auf keinen Fall etwas, von dem sie *weiß*, dass es nicht so war.“

„Nein“, sagt Ben, „das ist ausgeschlossen. An diesem Punkt sind wir noch nicht und werden wir hoffentlich in unserer Ehe auch niemals kommen.“

„Gut“, sagt Yannik. „Also ist sie von dem einen überzeugt und du von dem anderen, was den Wortlaut angeht. Was die Interpretation dieses Wortlauts angeht, darüber kann man nur zielführend streiten, wenn man ganz sicher belegen könnte, wie der Wortlaut war. Richtig?“

„Richtig?“, sagt Ben und schaut seinen alten Freund und meinen wachen Geist für Design an, als könne er nicht fassen, wie gelassen und weise er in seinen jungen Jahren schon ist.

„Wieso müssen wir Menschen überhaupt in Streit geraten? Es ist nur ein paar Monate her, da haben wir uns auf den Seychellen das kristallklare Wasser um die nackten Füße spülen lassen.“

„Wenn das ganze Leben die Seychellen ist“, bringe ich mich nun auch etwas ein, „ist gar nichts mehr die Seychellen.“

„Ja“, klagt Ben, „aber es muss sich doch auch nicht direkt in Castrop-Rauxel verwandeln.“

„Wisst ihr was?“, sagt Yannik, „manchmal glaube ich, dass KI-Tools für Gesprächsprotokolle auch im privaten Bereich zum Einsatz kommen sollten.“

Der Werkzeugkasten

Die Top Five

Der Meeting-Assistent **Fireflies** bindet sich in Plattformen wie Zoom, Google Meet oder Microsoft Teams ein, transkribiert die Treffen in Echtzeit und unterstützt dabei sogar zahlreiche Sprachen. Nach dem Meeting stehen die Mitschriften allen Teilnehmern sofort zur Verfügung. Das Programm hebt die wichtigsten Gesprächspunkte hervor, indexiert Themen und Stichworte für eine schnelle spätere Suche, erstellt Zusammenfassungen und erkennt sogar die Stimmung im Gespräch. Auf Wunsch ist auch die Analyse von Gesprächsdynamiken möglich. **Otter.ai** nimmt als virtueller Teilnehmer am Meeting teil, integriert sich in Kalender, zeigt in der Mitschrift die wichtigsten Erkenntnisse auf und lässt einen gezielt nach Stichworten oder Sprecherinnen suchen. Besonders originell ist **tl;dv** benannt, denn es ist ein Kürzel für „too long; didn't view". Damit die Leute sich aber eben doch nachträglich etwas anschauen, bietet das Tool neben den üblichen Funktionen die Möglichkeit, wichtige Momente in kurze Clips zu verwandeln und diese zu teilen statt das ganze lange Video. **Fathom** kommt mit einem interaktiven KI-Assistenten namens „Ask Fathom" daher, dem man nachträglich wie einem Chatbot Fragen zu den Meeting-Inhalten stellen kann oder von dem man Follow-up-E-Mails schreiben lassen kann – direkt aus der Aufzeichnung heraus. Ferner synchronisiert das Tool Meeting-Notizen, Zusammenfassungen und Aufgaben automatisch mit CRM-Systemen wie HubSpot oder Salesforce. Auch die Integration mit Slack, Google Docs, Gmail und anderen Tools ist möglich. Wer keine Wort-für-Wort-Protokollierung von Meetings benötigt, dafür aber ein Rundumpaket aus Vorbereitung, Aufgabenverteilung und Nachbereitung, darf sich **Meeting King** anschauen. Dieses Tool hält während des Meetings nur gezielt Notizen, Beschlüsse und Aufgabenpunkte fest und verteilt sie anschließend als Protokoll – auf dass jeder weiß, was wann als Nächstes zu tun ist. Selbstverständlich kann man auch in den üblichen Konferenz-Tools interne Tools mitlaufen lassen, die nicht so umfangreich und tiefgehend sind, aber ihre Arbeit ebenfalls solide erledigen.

Honorable Mentions

Microsoft Teams – Copilot in Meetings, Zoom AI Companion, Gemini for Google Meet, Avoma, DiliTrust, Laxis, Sembly AI, Sonix, Tactiq

Es wurde noch spät gestern Abend. Zwar konnten Yannik und Ben nicht mehr herausfinden, was genau gesagt worden war im Streit, der zum temporären Rauswurf geführt hatte, aber schon kurz vor Mitternacht sendete Bens Frau eine kleine Textnachricht, bei der die gekonnte Interpretation der Worte eine gewisse Beruhigung verschaffte. „Wann kommst du denn heim?" heißt schließlich übersetzt so viel wie: „Ich habe dir schon halb verziehen und möchte, dass wir uns wieder vertragen."

Yanniks Gedanke, auch alle privaten Gespräche mitzuschneiden und später als Protokoll zu archivieren, ist sicherlich nicht umsetzbar. Aber beruflich hat es uns schon sehr viel Zeit und Nerven gespart, die Inhalte jedes Meetings und die Aufgaben, die sich daraus ergeben, jederzeit klipp und klar parat zu haben. Und kürzlich hörte ich sogar, dass einer unserer Kunden, dem wir die Implementierung von KI in sein Unternehmen beigebracht haben, wiederum eine brillante Idee für einen seiner Kunden hatte, der im Baugewerbe tätig ist und immer wieder in Streit darüber gerät, was wer wann auf einer Baustelle denn nun genau gesagt hat. Er animierte ihn dazu, selbst die Besprechungen zwischen Gerüst, Betonmischer und Bauzaun mittels der KI protokollieren zu lassen. Das geht natürlich nicht mit den klassischen Tools, aber mit dem einzigartigen System **Plaud.ai** – einer Kombination aus Hardware und Software. Das Herzstück bildet dabei das tragbare Gerät **Plaud Note**, das Meetings, Vorlesungen oder Interviews selbst bei ungünstigen Umgebungsgeräuschen und nuschelnden Gesprächspartnern gut aufzeichnet. Anschließend übertragt es die Audiodateien per Bluetooth an die Plaud-App auf dem Smartphone, von wo sie automatisch in die Cloud geladen und auf Basis von *Whisper* sauber transkribiert werden. Auch hier sind Zusammenfassungen, Mindmaps und Beleuchtungen der Kernpunkte möglich. Alles natürlich nur unter der Bereitschaft aller Beteiligten. Der Gedanke stimmt mich sehr glücklich, dass unsere Arbeit somit zahllose Konflikte, die sich darum drehen, wer angeblich etwas anderes behauptet hat, verhindert haben könnte und somit wenigstens im Kleinen zum Frieden in der Welt beiträgt.

Die richtigen Talente finden

KI für Bewerbungsscreening

„Darf ich einen Vorschlag machen?"

Man kann nichts sagen – der junge Mann, der bei Thomas und mir im Büro vor dem Schreibtisch sitzt und sich auf die freie Stelle beworben hat, sprüht vor Motivation. Seine Augen glänzen, als sei er ein kleiner Junge, der den perfekten Tag im Phantasialand in Brühl erwischt hat, zwischen den Saisons, wo es keine Warteschlangen an den Achterbahnen gibt und man an einem Tag so viel erleben kann wie mitten im Sommer an drei.

„Nur zu", sagt Thomas. „Partizipation ist unsere Firmenphilosophie. Den Digital Beat spielen alle gemeinsam."

Der junge Mann zeigt auf die weiterhin makellosen Zimmerpflanzen.

„Die sind schön, aber die Birkenfeige birgt wenig Biodiversität."

Thomas legt die Stirn in Falten. Ich muss zugeben, mit so einer Bemerkung hätte ich auch nicht gerechnet.

„Sehen Sie", sagt der junge Mann, „Sie merken das doch auch, oder nicht? Jedes Jahr werden die Insekten weniger. Es summt nicht mehr, es brummt nicht mehr. Und ganz ehrlich – wann haben Sie das letzte Mal tote Exemplare von der Windschutzscheibe gewischt?" Innerlich muss ich zugeben, dass der junge Mann einen Punkt hat. Auch wenn ich mit der Anzahl der Hummeln, die mittlerweile wieder daheim im Garten herumfliegen, zufrieden bin. Nur leider hat das Ganze nichts mit dem Bewerbungsgespräch zu tun.

„Solche Pflanzen", fährt der junge Mann fort, „bieten den Tieren überhaupt keine Nahrung."

Die Stirnfurchen von Thomas vertiefen sich. Finster zeigt er auf unsere grünen Freunde.

„Diese Pflanzen stehen ja auch drinnen."

„Ja, sehen Sie!", sagt der junge Mann, „da fängt es auch schon an. Monokultur ist Monokultur, egal ob draußen oder drinnen."

Gleich wird Thomas ungehalten. Ich spüre das. Er ist ein geduldiger Mensch, aber man sollte diese Geduld auch nicht überstrapazieren.

„Möchten Sie, dass ich im Büro einen kleinen Blühstreifen anlege und die Fenster öffne, damit auch die zahlreichen Insekten vom Hansaring hier einen Platz zum Futtern finden?"

Jetzt legt der junge Mann beide Hände auf sein Herz. „Es geht um das Signal ans Universum. Verstehen Sie? Um das Signal."

Thomas sieht mich erst so an, als wolle er mich lautlos fragen, ob die Kollegen und ich sich tatsächlich gerade mit ihm einen Scherz erlauben und den ganzen Sketch heimlich filmen. Weil ich offenbar genauso ratlos dreinblicke, wandert sein Blick zu mir, als läge es an mir, dass sich ein äußerst eigenwilliger Bewerber bis in unseren Konferenzraum vorgearbeitet hat. Dabei scheint eher unser Vorauswahlprozess noch Schwächen zu haben.

Der Werkzeugkasten

Die Top Five

Wer peinliche Situationen vermeiden und seine Bewerber zugleich tiefgehend einschätzen möchte, kann mit **HireVue** KI-gestützte Video-Interviews führen, die sogar asynchron möglich sind. Die Plattform analysiert, was nonverbale Hinweise, Sprachmuster und Inhalt der Antworten wirklich über den Bewerber verraten. Die Integration in gängige ATS-Systeme sorgt für einen nahtlosen Workflow. **Pymetrics** setzt neuropsychologische Spiele und KI ein, um Soft Skills, kognitive Fähigkeiten und Potenziale zu bewerten. Eine digitale Form des Assessment-Centers, wenn auch nicht durch Gruppenübungen oder Rollenspiele vor Ort, aber in der Einzelbeurteilung. Vor allem legt Pymetrics besonderen Wert auf Diversität und Bias-Reduktion im Auswahlprozess, sodass Recruiter so objektiv wie möglich handeln können. Einen ähnlichen Ansatz verfolgt **Humanly**, das die Kandidaten durch automatisierte Interaktionen führt, welche Recruiter entlasten und ebenfalls potenzielle Bias in den Interviews feststellen. Der Chatbot **XOR** führt mit den Bewerbern Echtzeitgespräche, beantwortet Fragen, sammelt Qualifikationsdaten und übernimmt die Terminplanung für Interviews. Ebenfalls mit ATS-Systemen verknüpft, kann er sogar virtuelle Karrieremessen durchführen. **Modern Hire** kombiniert Video-Interviews mit prädiktiven Analysen und strukturierten Bewertungsmetriken. Mit einer datengestützten Vorauswahl analysiert das Tool die Kandidaten über verschiedene Rekrutierungsphasen hinweg. All dies geschieht natürlich im Einklang mit Datenschutz und geltendem Recht, sodass die Bewerber vorab ausreichend über das Vorgehen informiert sind.

Honorable Mentions

Factorial AI, softgarden AI Matching, MoBerries, Retorio, instaffo, Talention, zortify

Die Bewerberin, mit der Thomas und ich in den vergangenen fünfzehn Minuten ein wahrlich wunderbares Gespräch geführt haben, ist bereits aufgestanden. Ihre Antworten waren natürlich und glaubhaft, erfüllt von guter Kenntnis über unsere Firma und genau dem richtigen Maß an Teamgeist und dem Willen, selbst frischen Wind in die Segel zu bringen. Sie war gut vorbereitet, hat aber keine Sekunde lang von einem inneren Teleprompter abgelesen. Und sie scheint tatsächlich nicht verrückt zu sein.

„Eines noch", sagt Thomas.

„Ja, bitte?"

Thomas deutet auf das kleine Wäldchen am Fenster.

„Was halten Sie von unseren Zimmerpflanzen?"

Die junge Frau macht einen Schritt auf die Bäumchen zu, sieht sie sich tatsächlich ganz bewusst an, lächelt und sagt: „Hut ab. So gut gepflegt sind die nicht mal in so manchem Gewächshaus."

Sie nimmt den Kopf ein wenig zurück, lächelt und fragt: „Oder war das jetzt ein Test, ob ich mich zu sehr einschleime? Denn es stimmt wirklich."

Thomas lacht.

„Nein, nein. Alles gut. Alles bestens sogar."

Die junge Frau verlässt das Büro. Thomas beugt sich nach vorn und malt fünf Sterne auf das Titelblatt der gedruckten Bewerbung. Auch wenn wir uns von morgens bis abends mit der Anwendung von KI beschäftigen – sie tatsächlich für die Vorauswahl von Bewerbern zu verwenden, kam mir erst komisch vor. Aber siehe da, seither war niemand mehr hier oben, der im Gehirnpalast eine Runde zu viel gedreht hat.

Ich lehne mich zurück, stelle mich auf ein paar Minuten Ruhe ein, doch sehe schon den nächsten Bewerber im Türrahmen. Was heißt aber sehe? Ich rieche ihn bereits auf die Distanz, denn noch vor ihm betritt eine intensive Duftwolke den Raum, die vor grellen Aromen nur so flimmert.

„Bevor Sie fragen", ruft er aufgedreht, „ich habe mein komplettes Portfolio als Duftinstallation mitgebracht!"

Er lacht zu laut und zu schnell.

Thomas sieht mich an und zieht die Brauen hoch. Nun, wir werden sehen, was die KI sich dabei gedacht hat …

Das rätselhafte Wesen

KI zur Analyse von Kundenfeedback

Thomas' Schultern zucken im Takt eines unterdrückten Kicherns. Er starrt auf sein Smartphone. Sekunde für Sekunde wird aus dem Kichern ein offenes Lachen, bis er sich mit dem Bürostuhl vom Schreibtisch wegdreht, um Luft zu holen. „Okay, raus damit – was ist so lustig?", frage ich und kann mir das Grinsen nicht verkneifen. Lachen schwappt nun mal über wie kalter Cappuccino – erst ein leises Blubbern, dann ein lautes Glucksen. Thomas dreht den Ton auf. Ein Stand-up-Clip, vor ein paar Tagen viral gegangen: „McKinsey hat ernsthaft versucht herauszufinden, warum die Leute bei ALDI kaufen. Sechs Monate Interviews, Pivot-Tabellen, PowerPoints. Ergebnis der Mega-Studie: **Es ist der Preis.** 480 Seiten, 830 Folien. Danke für nichts."

Ich lache lauter, als ich zugeben möchte. Die Pointe sitzt. Trotzdem klappe ich meinen Laptop entschlossen auf. „Weißt du, was mir dazu einfällt? Bei uns liegt's definitiv nicht am Preis." „Stimmt", sagt Thomas, immer noch halb amüsiert.

Ich werfe den Sales-Report auf den großen Screen. Farbige Balken, lebendig wie Graffitis:

- **KI Manager**: ausgebucht
- **KI Marketing Professional**: Warteliste bis Juli
- **KI Transformer**: dümpelt

„Die Preispunkte passen alle zum Umfang der Produkte", erkläre ich. „Die Ratings? Alle zwischen 4,6 und 4,8 Sternen. Trotzdem verkaufen sich zwei Programme wie E-Bikes im Winter – und eins wie Klapp-Handys anno 2003." Thomas nickt nachdenklich. „Heißt: Wir raten gerade blind. Social Proof, Preis, Dozenten – alles spielt eine Rolle, aber wir messen es nicht sauber."

Er steht auf und tippt einen Shortcut in die Luft, als wäre das Büro sein persönliches Holodeck. Auf dem Screen materialisiert sich eine Customer-Journey-Map. „Schau: Touchpoints, Conversion-Rates, Absprünge zwischen den Modulen. Wir sehen Klickpfade, aber keine Motivation. Wir wissen, dass jemand das Angebot nicht annimmt – aber nicht warum."

Ich werfe ihm einen schiefen Blick zu. „Du willst neue Surveys?" Er schüttelt den Kopf. „Surveys, Social Comments, Support-Tickets – alles. Wir brauchen die rohe Stimme unserer Kunden, vertont, verschriftlicht, analysiert. Sonst optimieren wir im Blindflug."

Ich klopfe anerkennend auf die Tischplatte. „Visionär wie immer, Mr. Data-Noir. Aber weißt du, was das auch bedeutet? Wir sind dann nackt den harten Fakten ausgesetzt und können uns nicht länger hinter Anekdoten verstecken." Thomas lehnt sich an die Fensterfront, Köln glitzert unter den LED-Advertisements. „Ganz genau. Deswegen finde ich, hat die Kabarett-Pointe auch so einen ernsten Kern: Wer nur offensichtliche Antworten sucht, bekommt offensichtliche Ergebnisse. Wir müssen tiefer graben."

Ich schließe den Report, lasse den Bildschirm schwarz werden. „Dann zapfen wir die Stimme unserer Kunden aber auch richtig an. Heute Abend richten wir das ein – und übermorgen will ich schwarz auf weiß sehen, welches Mikro-Moment wirklich konvertiert."

Thomas streckt seine Faust hin. „Deal. Und bis dahin – keine weiteren McKinsey-Witze. Wir haben Arbeit." Unsere Fäuste treffen sich leise klickend. In diesem Geräusch steckt die eigentliche Pointe: Gute Stories sind Gold, aber echte Entscheidungen basieren auf Daten.

Der Werkzeugkasten

Die Top Five

All das verstreute Feedback der Kunden – vom Posteingang bis zu Kommentaren auf Social Media – sammelt und analysiert **Chattermill**. Mittels Deep Learning, Aspekt-basierter Sentiment-Analyse und GPT-gestützten Insights, erkennt das Tool Themen, Stimmungen und Trends, kategorisiert Feedback und liefert sofort nutzbare Einblicke. **Thematic** taggt Feedback nach Begriffen, erkennt Stimmungen und visualisiert Trends, sodass Unternehmen im wahrsten Sinne des Wortes „auf einen Blick" erkennen, welche Themen Kunden bewegen. So entsteht eine visuell ansprechende, kontinuierliche Auswertung, die gezielt zur Verbesserung von Angebot und Service eingesetzt werden kann. **Zendesk** kriecht mit seiner KI-gestützten Feedbackanalyse so tief in die Stimmungen und Absichten, die sich aus dem Kundenfeedback ergeben, dass es sogar bei potenzieller Abwanderungsgefahr Alarm schlägt und kritische Gesprächspassagen kennzeichnet. Wer direkt in seiner App oder seinem Angebot Umfragen erstellen möchte, nutzt **Qualaroo** und lässt die Ergebnisse durch KI analysieren. Die Plattform misst Kundenstimmungen, segmentiert Nutzergruppen und erkennt automatisch, wann negatives Feedback vorliegt, sodass sofort reagiert werden kann. Wer nicht „bloß" kontextbezogene, kurze Umfragen direkt auf Websites oder in Apps einblenden möchte, sondern größere, klassische Umfragen per E-Mail, Link oder Social Media an umfangreichere Zielgruppen verteilen will, findet bei **Survey Monkey** über 250 vorgefertigte Vorlagen für unterschiedlichste Anwendungsfälle – oder erstellt im Austausch mit der KI genau die Umfrage mit exakt den optimal formulierten Fragen, die für seinen Zweck am besten ist.

Honorable Mentions

Drag'n Survey, GetFeedback, Pendo, Surveypal, Survicate

Die Heatmaps leuchten auf dem großen Display und wir stehen davor wie Feldherren vor einem digital animierten Schlachtplan. Finger wischen, Diagramme zoomen heran, Pivot-Säulen kippen sich frei – Daten zum Anfassen.

„Krass, wie stark die KI-Insights von unserem Bauchgefühl abweichen", sage ich, ohne den Blick von einem tiefroten Kunden-Cluster zu lösen.

Thomas tippt doppelt auf die Zone, Details poppen auf. „Wir propagieren *KI first!* – und sind trotzdem überrascht, wenn die Maschine uns wirklich widerspricht. Das Echo der eigenen Wahrnehmung ist eben laut."

Ich atme durch. „Gut, und jetzt?"

„Jetzt optimieren wir." Per Drag and Drop zieht er drei Features in den Papierkorb-Bereich. „Block A streichen – hoher Aufwand, magerer Nutzen. Module B und C schicken wir ans Team: bessere Dramaturgie, messerscharfes Value-Versprechen."

Ich lache kurz. „Schon ironisch: KI spart langfristig Arbeit, indem sie uns kurzfristig mehr davon aufhalst."

Thomas grinst. „Genau die Sorte Mehrarbeit, die zu mehr Teilnehmern führt." Er klopft mit zwei Fingern auf das Display, sodass unsere Roadmap aufblinkt. „Auf geht's, Mr. Data-Noir – wir haben Produkte zu optimieren."

Die animierten Linien verschieben sich, als wir die ersten Tasks anlegen.

Die Song-Fabrik

KI als Musikproduzent

Liebe Leserinnen und Leser, oder besser: Liebe Hörerinnen und Hörer,

an dieser Stelle des Buches gibt es das einzige Mal keine Geschichte zum Lesen, sondern tatsächlich Musik zum Hören. Die KI ermöglicht es schließlich mittlerweile auch, eigene Lieder zu generieren, indem man ihr einfach einen musikalischen Stil sowie Ideen für Thema und Motive des Textes zuwirft. Auf unserer letzten Team-Fahrt hat der DJ sogar einen solchen Song – für manche überraschend – abends in das Set gemischt.

Hier also per QR-Code ein paar Beispiele von Stücken, die wir mit der KI geschrieben haben und ausnahmsweise einmal darunter, statt in der Mitte, die vertraute Toolbox.

Der Werkzeugkasten

Die Top Five

Suno AI ist eine der fortschrittlichsten Plattformen zur KI-basierten Song-Generierung und richtet sich sowohl an Hobby-Musiker als auch an professionelle Produzenten. Die KI generiert komplette Songs inklusive Lyrics, Melodie, Instrumentierung und Gesang allein aus einem Textprompt. Durch getrennte Eingabefelder für Songtext und Stil lässt sich das Ergebnis genau steuern. Die Funktion „Personas" ermöglicht das Speichern und Wiederverwenden von Gesangsstilen. **Udio** wurde von ehemaligen Google-DeepMind-Forschern entwickelt und legt den Fokus auf eine besonders intuitive Bedienung und kreative Flexibilität. Der durch einen Prompt erzeugte Song kann durch die „Remix-Funktion" blitzschnell in verschiedene Genres oder Stimmungen transformiert werden. Einzelne Abschnitte kann man gezielt erweitern, bearbeiten und remixen, ohne die Grundstruktur zu verlieren. Beide Plattformen bieten den sogenannten Stems-Export einzelner Spuren für die Weiterbearbeitung in professioneller Studiosoftware. Die Plattform **Soundraw** hat sich auf die schnelle und individuelle Erstellung von lizenzfreier Musik für Videos, Podcasts und andere Medienprojekte spezialisiert. Nutzerinnen wählen Genre, Stimmung, Tempo und Länge, woraufhin Soundraw automatisch mehrere bearbeitbare Vorschläge generiert. Die beste Option für Content-Creators, die passgenaue Musik benötigen, ohne sich mit komplexen Musikprogrammen auseinandersetzen zu müssen. Eine Alternative zum gleichen Zweck bietet **AIVA (Artificial Intelligence Virtual Artist)**, das aus Vorgaben zu Genre, Tempo, Stimmung und sogar Akkordfolgen neue Kompositionen erstellt. Die Plattform bietet einen integrierten Editor, in dem sich die generierten Stücke als MIDI-Dateien weiter bearbeiten, arrangieren und mit Effekten versehen lassen. Wer für Videos, Streams, Podcasts oder ganze Filme lizenzfreie Soundtracks und Klanglandschaften benötigt, kann sie bei **Mubert** in gewünschter Länge, Stimmung und Stil erzeugen oder aus eigenen, hochgeladenen Loops und Samples generieren lassen. Für Entwickler bietet das Tool eine API, mit der sich dynamische, KI-generierte Musik direkt in Apps oder Software integrieren lässt.

Honorable Mentions
Stable Audio 2.0, Loudly – AI Music Generator, Soundful, Boomy, Splash Music, Ecrett Music, Alysia

TEIL 11

GELD VERDIENEN

Noch nie war es so einfach, aus Ideen Produkte zu machen – und aus Produkten Einnahmen. Mit den richtigen KI-Tools kannst du heute einfache Notizbücher oder Journale veröffentlichen, die Leute wirklich kaufen. Du kannst Phänomene des Zeitgeists aufgreifen und blitzschnell in T-Shirts verwandeln, digitale Avatare für Werbung einsetzen oder sogar ohne Programmierkenntnisse eine eigene App bauen. Manche verdienen damit nebenbei ein kleines Taschengeld, andere bestreiten dadurch ihren Lebensunterhalt. Was früher Kreativschaffenden mit Agentur oder IT-Spezialisten vorbehalten war, ist nun für alle zugänglich. Die einzige Voraussetzung: Du musst es dir vorstellen können – den Rest übernimmt zum größten Teil die KI.

Klolektüre und Journal

KI zur Erstellung von Low-Content Books

Die schönste kleine Pause im Alltag besteht darin, an ein Waschbecken heranzutreten, das Wasser so kalt wie möglich aufzudrehen, es in beiden Händen aufzufangen und sich schwungvoll ins Gesicht zu schaufeln. Diese wohltuende Wirkung von kaltem Wasser im Gesicht ist sogar wissenschaftlich belegt. Man aktiviert dadurch den sogenannten Tauchreflex, der bei allen Säugetieren wirkt. Die Herzfrequenz verlangsamt sich, das Blut wird zu den lebenswichtigen Organen gelenkt und der Sauerstoffverbrauch reduziert. Außerdem stimuliert kaltes Wasser den Vagusnerv, der eine Schlüsselrolle im parasympathischen Nervensystem spielt – dem Teil unseres Nervensystems, der für Erholung und Regeneration zuständig ist.

Ich hebe den Kopf wieder. Ein paar glitzernde Tropfen klammern sich noch fest in die Augenbrauen, einer hängt an der Nasenspitze. Auf dem gefliesten Vorsprung neben dem Waschbecken der Toilette fällt mir ein Büchlein auf und neben diesem ein kleines Glas mit zwei Stiften darin. Das Cover des Buches erinnert mich vom Stil her an das Gästebuch in der Bäckerei. Eine geöffnete Klobrille lacht mich darauf an, mit zwei kleinen weißen Ärmchen, ihrerseits einen Stift in der Hand. Der Titel lautet: *Kein Scheiß! Die besten Dinge, die mir heute passiert sind.* Offenbar ein Journal für gute Laune durch das Aufschreiben positiver Erlebnisse. Ich schlage das Büchlein auf. Einige der Kollegen sind der drolligen Aufforderung des Titels bereits gefolgt und haben sich darin verewigt.

„Er hat es geschafft!", schreibt Max, „Mamoush hat mir tatsächlich die Fanta Shokata aus Rumänien importiert!"

„Auf dem Weg zur Arbeit das neue Album von Michael Wollny gehört", notiert Niklas, „was für ein Kopfkino, was für goldene Finger am Klavier."

Michael schreibt zwei Sätze über eine spontane Runde mit dem Rad am frühen Morgen, durch die kühle Stille des Kölner Umlands gegen vier Uhr. Thomas freut sich weiterhin wie ein Kind darüber, wie gut es unseren Pflanzen geht. Ich muss lächeln, ziehe einen der Stifte aus dem Glas, klappe das Buch auf und will gerade selbst einen Eintrag machen, als die Tür aufgeht. Niklas.

„Ah, du hast das Klo-Journal entdeckt."

„Schöne Sache", antworte ich.

„Es ist schon verrückt, oder?", sagt Niklas. „Man denkt sich doch: Bloß, weil ich eine schöne Sache aufschreibe, soll es mir plötzlich besser gehen? Das ist doch esoterischer Kitsch! Und dann machst du es und siehe da – die Laune steigt. Da hatte Yannik wirklich eine gute Idee."

„Yannik?"

„Ja klar. Das Gästebuch in der Bäckerei ist auch von ihm. Er produziert diese Dinger nebenher, in der Freizeit. Für ihn als Profi ist das erst recht eine Fingerübung. Ich hab's jetzt aber auch mal probiert und ein Notizbuch gestaltet, in dem ich per Hand meine Plattensammlung festhalte. Hab's dann aus Spaß für alle zugänglich ins Netz gestellt und schon mehr als hundert davon verkauft. Wie nennt man das noch gleich? Ja – Low-Content Books. Ich sag mal – der Content ist low, aber die gute Laune, die es allen macht, die ist sehr high."

Der Werkzeugkasten

Die Top Five

Recherchieren, welche Nische sich lohnt und welche Keywords zünden; Gestalten des Buches mithilfe fertiger, aber auch individuell modifizierbarer Templates für den Innenteil und das Cover; das Produkt hochladen und listen auf den üblichen Verkaufsplattformen: Durch diesen Dreischritt führt einen die Plattform **Book Bolt**, die speziell für die Erstellung und Vermarktung von Low-Content Books wie Notizbüchern, Planern, Logbüchern oder Malbüchern entwickelt wurde. Einen ähnlichen Begleiter für professionelle Selbstverleger in diesem Bereich bildet **Tangent Templates** mit über 130 editierbaren Vorlagen und einem flexiblen Baukastensystem. Im „Tangent Builder" baut man sich die Bücher zusammen und exportiert sie in die gängigen KDP-Formate. Wer mehr Inhalt einbringen möchte, kann im „TT Turbo" Daten aus Tabellen oder KI-Quellen importieren und automatisch in Buchinhalte verwandeln – etwa für geführte Journale oder Quizbücher, die optimale Klolektüre. Durch ein lebenslanges Abo bei Einmalzahlung kann es ein Tool fürs Leben werden. **Creative Fabrica** ist eine riesige Online-Plattform für Kreative, die neben Millionen von Fonts, Grafiken und Vorlagen auch eine große Auswahl an fertigen Designs speziell für Low-Content Books bietet. Tausende editierbare Innenseiten, Cover, Muster und Clip-Arts. Vollständig eigene Ideen setzt man innerhalb der Plattform mit der KI *CF Spark* um, die aus Prompts individuelle Grafiken, Muster oder Buchideen generiert. **Canva AI** hat die bekannte Designplattform Canva mittlerweile zu einem praktischen Werkzeug zur flüssigen Buchherstellung gemacht. Mit „Magic Write" generiert man Texte oder Listen für Journale, während „Magic Design" automatisch Layouts und Seitenvorschläge erstellt, die sich individuell anpassen lassen. Die intuitive Benutzeroberfläche macht Canva Magic AI besonders für Einsteiger und Hobbyisten attraktiv. Ähnliches gilt in Sachen Griffigkeit für **Kittl**, mit einer breiten Palette an Vorlagen und Design-Elementen, die sich einfach per Drag and Drop anpassen lassen. Die KI hilft bei der Ideenfindung, schlägt passende Layouts und Farbkombinationen vor und generiert auf Wunsch individuelle Grafiken oder Muster. *Canva* wie *Kittl* exportieren die Dateien sauber, bieten aber keine integrierte All-in-one-Lösung zur Publikation.

Honorable Mentions

AI Book Generator, Book Creator, BookWright (Blurb), Designrr, Vexels, Low Content AI, Self-Publishing Titans

„Siehst du? Hier."

Niklas zeigt mir das Notizbuch, in dem er und seine Freizeitkunden per Hand die Alben aus ihrer Musiksammlung eintragen. Im schön gestalteten Innenteil, in dem auf jeder Seite ein paar Noten über das Blatt verteilt schweben wie verwehtes Herbstlaub, sind die Rubriken vorgegeben. Künstler. Album. Label. Jahr. Ein Freifeld darunter gibt Raum für persönliche Notizen zur Musik.

„Es ist einfach was anderes, ob du dir so was nur im Rechner oder Handy notierst oder ganz genüsslich und echt per Hand", sagt Niklas, der mittlerweile sein 125. Exemplar nebenher verkauft hat.

„Mit digitalen Mitteln befriedigt es analoge Bedürfnisse", sage ich.

„Ganz genau." Niklas grinst und schaut auf meinen Bildschirm, wo ich bei Amazon die virtuelle Auslage all der Notizbücher geöffnet habe, die Yannik nebenher gestaltet und verkauft. „Und es ist unerschöpflich, oder?"

Ich nicke. Yannik hat Journale als Traumtagebücher angelegt, die Leute sich auf den Nachttisch legen können, um direkt nach dem Aufwachen das Erlebte zu notieren, bevor es verfliegt. Für Hobbysportler hat er Kladden gestaltet, in denen sie die Ergebnisse ihrer persönlichen Partien von Tennis, Tischtennis, Golf oder Bolzplatz-Fußball eintragen, inklusive Tag, Ort, Gegner und erneut den persönlichen Notizen zur Performance. Ein Buch zeigt als Cover – sehr witzig von der KI als hybrides Wesen aus Schweinchen und Bulldogge generiert – den „inneren Schweinehund" und sammelt Momente, in denen Kunden ihn jeden Tag überwunden haben. Neben dem Gästebuch für Bäckereien hat Yannik auch welche für Hotels, Imbissbuden und sogar Autowerkstätten angelegt.

„Langsam bekomme ich Lust, es selbst auszuprobieren", sage ich, „wenn ich mir so vorstelle, an welchen Notizbüchern ich selbst Spaß hätte."

„Lass mich raten", sagt Niklas und erfindet direkt Titel. „Eines wäre *Das Aroma-Atelier. Mein Rum-Tasting-Buch*. Und kombiniert als Reisetagebuch schreibst du: *Viel Rum gekommen*."

Ich ziehe die Braue hoch und denke daran, dass ich erst mal meinen Eintrag auf dem Klo nachholen sollte.

Klolektüre und Journal. Der Custom GPT

Du bist ein kreativer, deutschsprachiger Konzeptentwickler für Low-Content-Bücher (Notizbücher, Journale, Planer, Log- und Ausfüllbücher, Quiz- und Rätselbücher). Deine Aufgabe ist es, in wenigen, gezielten Schritten alle nötigen Informationen zu sammeln und anschließend marktfähige, originelle Buchkonzepte zu liefern.

Anforderungen und Vorgehen:

Zielgruppen-Klärung
Erfrage, für wen das Buch gedacht ist (z. B. Hobbyisten, Berufstätige, Jugendliche, Reisende).

Themen- und Trendabfrage
Frage nach dem gewünschten Schwerpunkt oder aktuellen Trend (z. B. Achtsamkeit, Produktivität, Reisetagebuch, Rätselspaß).

Titelfindung
Generiere 5–7 eingängige Buchtitel, die Stil und Zielgruppe widerspiegeln (humorvoll, inspirierend oder sachlich).

Innenteil-Gestaltung
Schlage 4–6 Kategorien, Rubriken oder Felder vor (z. B. Datum, Tages-Highlights, To-do-Checkliste, Stimmungsbarometer), die regelmäßiges Ausfüllen fördern.

Inhaltliche Leitfragen und Übungen
Entwickle 5–8 kreative Impulse oder Mini-Übungen (Reflexionsfragen, regelmäßige Challenges, Quizaufgaben), die zur Routine oder Unterhaltung beitragen.

Cover-Design-Ideen
Beschreibe drei ansprechende Design-Konzepte (Farben, Typografie, Bildsprache), die das Buch im Regal hervorheben.

Trend- und Zielgruppen-Anpassung
Erläutere kurz, wie jedes Konzept aktuelle Themen und Nutzerbedürfnisse aufgreift.

Feedback-Loop
Frage nach: „Welches Konzept gefällt dir am besten?" Passe Titel, Innenteil oder Cover auf Wunsch an.

Kommunikation
Antworte präzise, motivierend und in klarer Sprache, damit deine Vorschläge sofort umsetzbar sind.

Dein Ziel
Sammle mit minimalen Fragen die Eckdaten, liefere ein vollständiges Buchkonzept inklusive Titel, Inhaltsstruktur, Leitfragen und Coverideen, und begleite die Nutzer iterativ bis zur finalen Idee.

Zeichen der Zeit

KI zur Gestaltung von Merchandise-Produkten

Das Erste, was mir an dem jungen Mann auffällt, ist, dass er keine Kopfhörer trägt. Weder in-ear noch over-ear. Er hat auch kein Handy dabei. Lehnt einfach nur gelassen an der Ampel, schaut sich um und wartet darauf, dass sie grün wird. Dieses für heutige Verhältnisse seltsame Verhalten führt dazu, dass ich genauer hinschaue und augenblicklich loslache, als ich unter der geöffneten Daunenjacke das Motiv auf seinem T-Shirt erkenne. Mit dem Blick eines alten Mathelehrers, der schon alles gesehen hat und jede Ausrede gehört, sitzt ein Gorilla darauf und fragt: „Und? Was jetzt?"

Natürlich kann den Gag nur verstehen, wer vor einer Weile die große Frage der Menschheit mitbekommen hat, die viral gegangen ist: „Könnten hundert Männer einen Gorilla besiegen?" Diese Frage hat Tausende von Antworten erzeugt, als Reels, als Shorts, als TikToks, von einfachen Meinungsäußerungen über KI-generierte Kämpfe bis hin zu gespielten Sketchen. Sehr lustig war zum Beispiel der Clip eines Pärchens, das sich auf Instagram ironisch als Hillbilly-Duo präsentiert. Darin telefoniert die Frau mit einem Arbeitgeber, der angeblich einen 50 000-Euro-Auftrag für ihren Mann hat. Dieser prustet in dem Moment seinen aus dem 3-Liter-Plastikkanister getrunkenen Orangensaft aus. Doch die Begeisterung weicht schnell dem Entsetzen, als seine Frau ihm berichtet, ihn soeben angeblich in eine TV-Show gebucht zu haben, in der hundert Kandidaten diesen Kampf gegen einen Gorilla nun wirklich in echt ausprobieren. Der Gorilla auf dem T-Shirt des jungen Mannes hat diesen Kampf ganz offensichtlich bereits hinter sich und locker gewonnen.

„Gut, nicht wahr?", sagt der junge Mann, dem ich einen Moment zu lange auf die Brust starre. „Ein cleveres Geschäftsmodell, aktuelle Memes in T-Shirts umzusetzen. Offenbar bin ich die Zielgruppe und kann mein PayPal nicht geschlossen halten, wenn ich so was sehe. Der Typ macht sie aber auch richtig gut."

„Welcher Typ?"

„Der LakeSideHustler."

„Wer?"

„Ja, ich weiß, der Name ist dick aufgetragen, aber irgendwie schon wieder witzig, oder? Kennen Sie ihn nicht? Macht gute YouTube-Videos, in denen er über sein Geschäftsmodell berichtet."

Der Werkzeugkasten

Die Top Five

Aus unserem eigenen Hause stammt **Print-on-Demand Komplett 2.0 (https://online.gruender.de/print-on-demand-komplett-2-0)** – eine umfassende Komplettlösung für den Aufbau eines eigenen Print-on-Demand-Geschäfts, samt Tools zur Design-Erstellung, Schritt-für-Schritt-Anleitung, Marktplatz-Integrationen und Unterstützung bei der Produktentwicklung. Als eine der führenden Print-on-Demand-Plattformen ermöglicht **Printify**, mit wenigen Klicks individuelle Designs auf Produkte aller Art zu bringen – vom T-Shirt über die Tasse bis hin zum Poster. Die Plattform ist an Marktplätze wie Etsy, Shopify oder WooCommerce angeschlossen und übernimmt Produktion, Versand und Fulfillment. Der KI-getriebene Mockup-Generator bringt Motive zügig in Form. Die besten All-over-Prints – etwa für Hoodies, Leggins oder Handyschutzhüllen – lassen sich mit **Patterned AI** erstellen. Aus einem Prompt erzeugt das Tool nahtlose, wiederholbare Muster in hoher Auflösung, die im SVG-Format exportiert werden können, um sie dann für die verschiedensten Produktzwecke zu nutzen. Für die gemeinsame kreative Arbeit eignet sich die Plattform **Fermat**, spezialisiert auf die kollaborative Entwicklung von Designs und Ideen. Gemeinsam mit KI entwickeln Teammitglieder originelle Motive entlang von Stichworten oder Skizzen. Die KI schlägt passende Illustrationen, Farbpaletten und Layouts vor – oder sie liefert umgekehrt ihrerseits Moodboards mit Impulsen zu aktuellen Trends, welche die Nutzer aufgreifen können. Besonders geeignet für Agenturen, Start-ups und Kreativteams, die Wert auf einen schnellen, inspirierenden Designprozess und die Einbindung von KI in ihre Produktentwicklung legen. Wer seine Produkte direkt ohne Vorkenntnisse in einen eigenen Shop stellen möchte, den man dann in Marktplätze einbindet oder über Social Media verbreitet, greift zur All-in-one-Plattform **Teespring**, die Produktion, Zahlungsabwicklung und Versand übernimmt. Außerhalb der Zählung der „Top Five" sei zuletzt auch hier erwähnt, dass die im Buch bereits mehrfach skizzierten *Kittl* und *Canva AI* selbstverständlich auch im Produktdesign gute Dienste leisten.

Honorable Mentions

Shirtigo AI-Studio, Printful, Designovel, iFoto AI, Playground AI, TeeAI

Seit der Begegnung mit dem jungen Mann an der Ampel hat mich der Name nicht losgelassen. LakeSideHustler. Ich liege daheim auf dem Sofa, gehe mit dem Tablet auf YouTube, stecke mir die Kopfhörer in die Ohren und klicke auf das erste Video dieses Creators, das mir angezeigt wird. Wasser glitzert und plätschert, die Kamera zieht auf und ich erkenne die sanften Wellen eines Sees. Am grünen Ufer fahren Leute mit den Rädern entlang, führen Menschen ihre Hunde Gassi. Einer davon rennt ins flache Wasser, tollt darin herum und schüttelt sich aus. Am Horizont gleiten ein paar Boote vorüber. Die Kamera dreht sich und zeigt den Creator im Profil, sodass zugleich er und immer noch genug von der idyllischen Landschaft zu sehen ist. „Liebe Leute, ich sitze hier am Fühlinger See und wir haben

14.15 Uhr an einem Montag. Ja, genau, einem Montag. Dem Tag, bei dem die meisten Menschen immer noch schlechte Laune kriegen, wenn es noch weitere vier Tage dauert, bevor sie am Samstag endlich wieder erlöst werden. Aber ich? Ich kann einfach so an einem Montag am Fühlinger See sitzen, die Boote beobachten, die frische Luft einatmen, einen Eistee trinken und darf dabei sicher sein, dass in diesem Augenblick trotzdem Geld auf mein Konto kommt."

Das gefällt mir. Gut betrieben, kann einem dieses Geschäftsmodell allerdings wirklich ermöglichen, mitten in der Woche am lokalen See zu liegen und dann wieder ab und zu, konzentriert, ein paar Dutzend neue Motive zu erfinden und in seine Shops zu bringen. Ich stoppe das Video und schaue mir an, was der LakeSideHustler neben dem Gorilla-Motiv alles so anbietet. Er macht es sehr klug, greift Stimmungen auf und gesellschaftliche Diskussionen, Klatsch und Tratsch sowie ernste Streitthemen. Er reduziert sie runter auf Schlüsselbegriffe und kombiniert diese mit markanten Bildern oder Grafiken. Den Abschied von Thomas Müller nach einem ganzen Leben bei Bayern München hat er umgesetzt in einen Schattenriss von Müllers markantem Gesicht und den Spruch: „Es wird nie mehr wie Müller sein." In mehreren Motiven macht er sich über Donald Trump lustig. Auf einem steht er als Cartoonfigur neben ein paar als Geschäftsleute im Smoking dargestellten Pinguinen und fragt: „Wie viel?" Offenbar möchte er die Antarktis kaufen. Ich muss schmunzeln und gehe zum Video zurück. „Cheers!" Der junge Mann hebt seine Eisteedose. „Falls ihr auch den Weg zu einem Leben mit so einem Montagnachmittag gehen wollt – in den Liner Notes zum Video findet ihr einige Anbieter." Ich schaue sie mir an. Neben *Printify*, *Kittl* und *Canva AI* hat er tatsächlich auch unseren eigenen Dienst verlinkt, für den er offenbar Affiliate ist. Zwar kann tatsächlich nichts die Conversion Rate von echtem Marketing und systematisch ausgespielter Werbung ersetzen – aber ich bin dann doch neugierig, demnächst mal nachzusehen, welche Kunden ihren Weg zu unserem Dienst aus diesem Video vom Fühlinger See gefunden haben.

Marketing ohne Gesicht

KI als Produkt-Influencer

„Na, schon Geschenke gekauft?“

Aus dem Kaffeebecher von Gerd kringeln sich die heißen Schwaden durch die mittlerweile kalte Winterluft hinauf. Sein Mantel wirkt so warm, als könne er damit guten Gewissens durch die sibirischen Wälder laufen. Eine Mütze spart er sich, dafür ist der gesamte Hals zusätzlich hinter einem breiten Schal verborgen.

„Teils, teils“, antworte ich, wobei die Wahrheit in „eigentlich noch gar nicht“ bestünde.

„Du bestellst doch sicher sowieso alles im Netz, oder?“

„Gerd“, tadele ich ihn, „über die Vorurteile sind wir doch mittlerweile hinaus, oder?“

Auf seinen Lippen deutet sich ein zartes, zustimmendes Lächeln an.

„Mein Neffe wünscht sich diese neue Videospiel-Konsole. Wie heißt sie noch gleich? So ähnlich wie ein An-Aus-Schalter auf Englisch.“

„Switch, die Zweite.“

„Ja, genau. Das Ding kostet um die 500 Euro. Wusstest du das?“

„Jeden Tag einen Kaffee vom Bäcker weniger, dann hast du es in dreieinhalb Monaten wieder drin.“

Kurz sieht es so aus, als wolle er mir eine freundschaftliche Kopfnuss geben, doch er zieht die Hand wieder zurück. Schließlich schaut er wieder eher nachdenklich über den Hansaring.

„Eigentlich wünscht sich der Junge ganz was anderes, aber das kann ich ihm nicht schenken.“

„Was denn?“

„Seine erste Freundin. Er erblüht gerade so richtig.“

„Bisschen früh, oder?“

„Christoph, ich bitte dich, der Junge ist vierzehn. In dem Alter haben wir früher unsere Ausbildung angefangen, um dann mit sechzehn zu arbeiten, mit zweiundzwanzig das erste Kind zu kriegen und mit vierundzwanzig das erste Haus zu bauen.“

„Ist er denn schon verknallt? In eine Mitschülerin oder so?“

„Verknallt ja“, sagt Gerd. „Mitschülerin nein. In diesem Punkt ist er, wie soll ich sagen, in der Tat ein bisschen sehr frühreif.“

„Wieso?“

„Na ja, ich habe ihm von euch erzählt, von dir und der Firma und wie du mir geholfen hast in den letzten Monaten. Natürlich findet er total cool, was ihr macht, hat sich das alles bis ins Detail angeschaut … und sich in eine von euren Mitarbeiterinnen verknallt.“

„Was?“, kiekse ich förmlich, muss aber auch zugeben, dass es so ungewöhnlich nun auch wieder nicht ist. Klar war ich als Teenager in die ein oder andere Mitschülerin verschossen, zugleich aber auch in damals bedeutend ältere Frauen wie Sandra Bullock oder „Tank Girl" Lori Petty.

„Wer ist es denn?", frage ich.

„Diese Blonde", sagt Gerd. „Wie heißt sie noch? Sehr, sehr hübsch. Der Name klingt kroatisch. Moment, ich zeige sie dir."

Zu meiner Überraschung zieht Gerd, den ich zwar mittlerweile daheim an den Computer und sogar an ein Tablet getrieben habe, ein Smartphone aus der Tasche.

„Da, die meine ich. Luna Kivic."

Völlig ernst zeigt er mir das Instagram-Profil unseres KI-Avatars.

Auf unseren KI Days zeigt Yannik, wie sich mit HeyGen schnell und beeindruckend ein Avatar bauen lässt:

Der Werkzeugkasten

Die Top Five

Bei **HeyGen** wählen Nutzer aus über 100 KI-Avataren verschiedenster Ethnien, Altersgruppen und Stile – oder erschaffen ihren eigenen auf Basis von Fotos oder kurzen Videoclips. Natürliche Mimik und Gestik, präzise Lippensynchronisation und die Unterstützung von mehr als 40 Sprachen und über 300 Stimmen bedienen vielfältige Anwendungsbereiche von Marketingvideos über Schulungen bis hin zu Social-Media-Content. Noch mehr Muskeln zeigt **Synthesia** mit über 230 verschiedenen Avataren, 140 Sprachen und subtiler Darstellung von Emotionen bis hinein in Mikrogesten. Eigene Avatare sind zudem mit einer sehr natürlich geklonten Stimme ausstattbar, sodass man nie mehr vor die Kamera treten muss. Zu den Spezialitäten der Plattform **Colossyan** gehört es, dass die Avatare in verschiedenen Ansichten (Vollbild, Schulter, Talking Head) auftreten können – und sogar dialogisch miteinander agieren. Auch das **D-ID Creative Reality Studio** ermöglicht die Erstellung von Videos mit animierten Avataren auf Basis von Porträtfotos oder fertigen Figuren, kann die Videos aber sogar aus reinen Standbildern heraus animieren und Gespräche integrieren, die man mit Large Language Models wie *ChatGPT* geführt hat. Letzteres beherrscht auch die besonders auf Unternehmen, Bildungseinrichtungen und hochprofessionelle Content-Ersteller zielende Plattform **DeepBrainAI**, die sogar klassische (wie überholte) PowerPoint-Präsentationen in spannende KI-Videos verwandeln kann und praktische Text-zu-Video-Funktionen hat, die aus Prompts direkt erzählerische Clips erzeugt. Wem die Stimmen in den genannten Tools oder das Voice-Cloning nicht perfekt genug sind, kann hierfür einzeln auf

ElevenLabs zurückgreifen und die dort erzeugten Stimmen dann in Tools wie D-ID oder Synthesia einsetzen.

Honorable Mentions

Vidnoz AI, Avatarify, Elai.io, Hour One, LoomieLive, Rephrase.ai

„Wie soll ich das ausdrücken?", sage ich. „Die Luna Kivic, die existiert überhaupt nicht."

„Da sehe ich sie doch!", protestiert Gerd und tippt mit dem Zeigefinger auf das Display.

„Gerd, du bist ein kluger und ein sehr genauer Mann. Vor Kurzem hast du das Recherchieren per KI gelernt, damit du jeder Fußnote nachgehen kannst. Also, guck hin, was steht da?"

„Da steht *deine KI-Expertin, KI bringt Effizienz – ich bring den Plan*. Also ist es eine eurer Beraterinnen."

„Ja, und was steht da noch?"

„*Office? Überall, wo's WLAN gibt.*"

„Und?"

„0 % Herzschlag, 100 % Avatar."

„Aha!"

„Heißt das etwa …?"

„Ja, das heißt es, Gerd. Sie ist eine erfundene Figur, komplett animiert. Früher hätte man Zeichentrick gesagt, aber das trifft es nicht."

„Und das kann man einfach so machen, so realistisch? So, dass sich mein Teenager-Neffe in sie verknallt?" „Offenbar. Wobei, wenn er ganz genau hinsehen würde, müsste er es eigentlich auch ohne Beschriftung erkennen."

„Doch nicht, wenn in der Pubertät die Hormone sprießen! Aber eure erwachsenen Zuschauer stört das nicht, dass diese Tipps nicht von einem echten Menschen präsentiert werden?"

„Wieso sollte es? „Welches bessere Beispiel könnte es dafür geben, dass wir tatsächlich beherrschen, wovon wir sprechen?"

„Da hast du auch wieder recht", sagt Gerd.

„Und falls du noch keine Geschenke für all die anderen Familienmitglieder hast", sage ich, „da ist gerade so ein frisches Werkzeug zur Ideenfindung am Entstehen … ich sage dir Bescheid, wenn es noch rechtzeitig fertig wird."

Die App-Fabrik

KI als Programmierer

Kürzlich sah ich einen sehr interessanten Beitrag auf Instagram. Nur Bild und Text. Kein lautes, spektakuläres Video, kein damit verknüpftes Produkt, sondern einfach nur ein Ratschlag fürs Leben. Dreißig bis sechzig Minuten still irgendwo sitzen, nichts tun und allein sein, am besten in der Natur – dies löse alle Probleme. Aus der Stille stiegen spätestens ab der fünfundzwanzigsten Minute frische Ideen auf, in aller Klarheit. Den Gegenbeweis können die wenigsten erbringen, da sich kaum jemand diese Zeit nimmt – ich auch nicht. Wofür ich mir allerdings Zeit nehme, in der Freizeit und vor allem in den freien Tagen zwischen den Jahren, ist sportliche Bewegung in wunderschöner Natur. Gerade rausche ich mit dem Snowboard die Piste hinab, umgeben von schroffen Bergen und kristallklarem Himmel. Obwohl alles andere als Stillsitzen, steigt aus dem Flow der Bewegung eine Idee in mir auf. Während die Piste unter mir hinwegzieht und der Körper sein Ding macht, sehe ich in Sekunden eine App vor mir, die, soweit ich weiß, in dieser Form noch nicht existiert. Wir tracken unsere Fitness mit der KI, unsere Finanzen und unsere Gesundheit, wir schreiben Tagebuch und sortieren Eindrücke, lassen uns beraten und begleiten. Was wäre nun, wenn es eine App gäbe, die all diese Aspekte gleichzeitig in den Blick nimmt? Die an harten Werten misst, was sie von Fitnesstrackern oder anderen Gadgets kriegen kann und sich darüber hinaus am Ende des Tages einfach in Ruhe anhört, was man so getan hat, was man erlebte und dachte, aß und trank, was man spontan für wichtig hält, erwähnt zu werden – und die dann entlang programmierter Parameter eine Art Lebensqualitäts-Score errechnet? Ein Wert zwischen 0 und 100, denke ich, während sich das Ziel nähert und das Board sein sanft kratzendes Lied auf dem Schnee singt, ein Wert, der das Dasein in einer Zahl sichtbar macht – und anregende Hinweise und Fragen stellt, auf dass man diesen Score verbessert. Hast du gelacht? Dich bewegt? Warst du draußen? Hast du jemandem zugehört? Hast du gegessen, was dir gut getan hat – oder was dich einfach glücklich machte?

Nachdem ich meinen Run beendet habe, kehre ich in der Hütte ein, setze mich an die Bar und hole das Smartphone heraus. „Funktionen der App“, diktiere ich, „ständige Messung der Werte, falls Gadgets zur Gesundheitsüberwachung vorhanden sind. Täglicher Check-in per Sprache oder Text mit Fragen zum Tag, ähnlich der Journal-Apps. Sanfter Score-Algorithmus: Die KI rechnet aus Ernährung, Bewegung, innerer Ruhe, Kontakt zu anderen und kleinen Glücksmomenten einen Lebensqualitätswert. Tagesrückblick und Verlauf: Man sieht, welche Art Tage besonders gut taten – ganz ohne Druck.“

Ich speichere die Sprachaufnahme und beobachte ein paar Skifahrer, die eine klassische Abfahrt hinter sich haben. Sie kieksen, lachen und stimmen bereits Aprés-Ski-Lieder an, als der Schnaps noch gar nicht bei ihnen ist. Ich habe Ferien, etwas Zeit und keinerlei tiefe Ahnung vom Programmieren. Mit anderen Worten – es könnte machbar sein.

Der Werkzeugkasten

Die Top Five

Programmieren ohne Programmierkenntnisse? Reine Ideen, ausgedrückt als Text oder als gezeichnete Skizze, einer KI zurufen, die daraus ganze Apps oder zumindest gebrauchsfertige Baukastenteile von fertigem Code generiert? Im Setzkasten Elemente zusammenfügen? Das ist mittlerweile möglich mit sogenannten Low-Code- oder No-Code-Anwendungen. Die Oberfläche von **Thunkable** zum Beispiel basiert auf einem intuitiven Drag-and-Drop-Prinzip: Nutzerinnen wählen aus über 50 Komponenten – Buttons, Karten, Animationen oder Kartenfunktionen – und fügen diese per Mausklick in ihre App ein. Die Logik wird über visuelle Blöcke zusammengesetzt, was besonders Einsteigern den Zugang erleichtert und dennoch komplexe, funktionsreiche Anwendungen ermöglicht. Mittels Echtzeit-Vorschauen kann man das Ergebnis auf dem Smartphone oder im Web vor der Veröffentlichung testen. **Adalo** ist eine weitere populäre No-Code-Plattform, die sich auf die einfache und schnelle Entwicklung von Apps fürs Smartphone oder fürs Netz spezialisiert hat. Sie bietet auch die Möglichkeit, komplexe App-Logiken und Datenverbindungen visuell zu modellieren – etwa für Nutzerverwaltung, Push-Benachrichtigungen oder Zahlungsabwicklungen. Zahlreiche vorgefertigte Komponenten und Templates erleichtern den Einstieg. Die fertigen Apps lassen sich als Progressive Web Apps veröffentlichen oder direkt in die App Stores von Apple und Google exportieren. Die einfachste Bedienung nach dem Baukastenprinzip bietet **Kodular**. Nutzer ziehen Komponenten wie Buttons, Listen oder Sensoren in die App und definieren das Verhalten mit visuellen Blöcken – besonders beliebt bei Schülern, Lehrern und Hobby-Entwicklern. Doch es geht noch einfacher: Kurz vor Fertigstellung dieses Buches hat **Google Gemini** das Feature eingebaut, aus reinen Prompt-Eingaben, Skizzen oder einem verlinkten YouTube-Video komplett funktionsfähige Apps mit UI-Design, Animationen und Interaktionslogik erstellen zu können. Die Integration in Google AI Studio und die *Gemini*-App macht die Technologie für Entwickler und Nicht-Programmierer gleichermaßen zugänglich. Wer als professioneller Programmierer noch „halb manuell" arbeitet, aber hocheffiziente Unterstützung in Form von Fehlersuche, Optimierung der Code-Sicherheit bis hin zur Implementierung ganzer Backend-Strukturen braucht, kann **Lovable AI** ganze Entwicklungsschritte überlassen.

Honorable Mentions

Amazon CodeWhisperer, AppSheet, Betty Blocks, Bildr, Bubble, Backendless, FlutterFlow, Draftbit, GitHub Copilot, Glide, OutSystems, Replit Ghostwriter, JetBrains AI Assistant, Sourcegraph Cody, Tabnine, WeWeb

Hier zeigt Niklas auf unseren KI Days, wie er mit Lovable AI innerhalb von wenigen Minuten eine komplette Website baut:

Ich liege daheim in der Wanne, ein behaglicher Moment, den ich mir auch mal gönne, und denke daran, wie ich vor wenigen Wochen in den Bergen, abends im Hotelzimmer, meine App entwarf. Die Weihnachtszeit ist vorüber. Vor dem Fenster hängt der Januar grau über dem Land, kann sich nicht entscheiden, ob er es schneien lassen möchte oder regnen oder einfach nur diese kalte, farblose Unentschlossenheit beibehalten. Auf dem Bildschirm meines Smartphones ist es alles andere als kalt und grau, es ist warm und bunt. Die Benutzeroberfläche von **Happy Life Score** habe ich in sehr freundlichen, fast kindlichen Farben gehalten. Der Name ist wenig originell, aber das soll er auch gar nicht sein, sondern klar kommunizieren, worum es geht. Ich habe die App eher nur aus Spaß in den Play Store gestellt, doch offenbar damit einen Nerv getroffen. Zugegeben, auch hier gab es nach den ersten kreativen Gipfelstürmungen durchaus so etwas wie die Mühen der Ebene. Selbst No Code, Low Code und Baukästen muss man erst einmal begreifen, aber die ruhige Zeit zwischen den Jahren bildet einen Kokon, in dem genug Muße herrscht, um sich so einer Sache zu widmen. Nun sind bereits in kurzer Zeit mehrere hundert Käufe getätigt worden und ich ahne langsam, wie skalierbar das App-Geschäft selbst für einzelne Personen sein kann, ganz ohne großes Studio hinter sich, aber mit nützlichen, Freude machenden Ideen.

Die lobenden Worte von Rezensenten wärmen mich wie das Badewannenwasser und langsam, ganz langsam, obwohl die Sache wirklich bloß Freizeit war, steigt aus dem duftenden Schaum der Gedanke auf, wie es wohl wäre, diese Art der Programmierung auch bei uns als Workshop anzubieten. So ist das eben, wenn man einen Beruf hat, der zugleich Berufung ist.

Nachwort
oder
KI als Filmemacher

So, wie wir dir im Kapitel zur KI als Songwriter statt einer Geschichte die Lieder zu Ohren gebracht haben, die wie wir mit den Tools erzeugten, so möchten wir dich an dieser Stelle mit einem Nachwort zum Anschauen aus dem Buch entlassen. Wir haben den Clip rein mit KI-Tools erzeugt – ein weiteres Wunder, wenn man bedenkt, wie viel Arbeit, Aufwand, teuren Einkauf vorgefertigter Moodshots und echte Drehtage es noch vor Kurzem brauchte, um solche Videos zu erzeugen. Lehn dich zurück, schnappe dir Kopfhörer und schaue am besten auf einem großen Bildschirm.

Der Werkzeugkasten

Die Top Five

Direkt aus *ChatGPT* heraus lässt sich **Sora** anwählen. Aus komplexen Handlungsanweisungen baut das Tool richtige Filmsequenzen mit glaubwürdigen Charakteren, konsistenter Bildsprache und wiederkehrenden Personen. *Sora* verarbeitet sowohl Text- als auch Audio-Prompts und ermöglicht somit eine enge Verknüpfung zwischen gesprochener Tonspur und visueller Umsetzung. **Runway ML** generiert aus einfachen Text-Prompts, Bildern oder sogar bestehenden Clips beeindruckende Videos – inklusive filmischer Szenenwechsel und der Erzeugung realistischer Menschen und Umgebungen. Die intuitive Oberfläche erlaubt zahlreiche manuelle Editing-Optionen und das Einbinden eigener Assets. Besonders hervorzuheben sind die nahtlose Zusammenarbeit im Team, die Möglichkeit, eigene KI-Modelle zu trainieren, und die mobile Zugänglichkeit, die kreatives Arbeiten von überall aus erlaubt. Googles **VEO** erzeugt Videos in verschiedenen Stilen und Auflösungen – bis hin zu 4K –, was das Tool sowohl für Social-Media-Inhalte als auch für professionelle Filmproduktionen attraktiv macht. Die intuitive Bedienung ermöglicht es, ohne umfangreiche Vorkenntnisse aus einer kurzen Textbeschreibung oder einem Bild ein komplettes Video mit Ton zu generieren. Dank der erweiterten Prompt-Kontrolle und der Möglichkeit, eigene Referenzbilder einzubinden, lassen sich individuelle Charaktere und Szenen konsistent über längere Sequenzen hinweg darstellen. Diese Konsistenz eröffnet völlig neue Möglichkeiten für KI-erzeugtes, filmisches

Storytelling. **Pika Labs** hat sich auf die Generierung von realistischen, animierten Menschen und dynamischen Szenen spezialisiert. Die Gesichter und Bewegungen lassen sich nahtlos in verschiedene Umgebungen einfügen. Komplexe Handlungsabläufe und Interaktionen zwischen mehreren Charakteren sind möglich arrangiert durch tiefgehende Steuerungsmöglichkeiten für Regie, Schnitt und Farbgestaltung. Wer eher reine, kinoreife Moodshots und Stimmungsbilder erzeugen möchte, wirft die **Luma Dream Machine** an. Dank fortschrittlicher Algorithmen lassen sich auch komplexe Szenen mit Menschen, Tieren oder Fantasy-Elementen realisieren, die zügig gerendert werden und Audio wie Voiceover geschmeidig integrieren.

Honorable Mentions
Invideo AI, Stable Video Diffusion, Kling AI, PixeVerse

Danksagung

Dieses Buch ist das Ergebnis vieler Gespräche, gemeinsamer Ideen und eines Teams, das nicht nur mitarbeitet, sondern mitdenkt.

Danke an Tom, Yannik, Niklas, Micha, Céline und Max – ihr habt dieses Buch nicht nur mit euren Erfahrungen bereichert, sondern entscheidend mitgestaltet.

Danke Marion – für deine strukturierte Begleitung, dein gutes Gespür und deinen klaren Blick fürs Wesentliche.

Danke an das gesamte Team von Digital Beat – euer Vertrauen, euer Tempo und eure Offenheit für Neues machen unsere Mission erst möglich.

Danke an meine Eltern, meine Frau und meinen Sohn – für eure Geduld, euer ehrliches Feedback und eure Inspirationen.

Dieses Buch war mehr als ein Schreibprojekt – es war eine Reise mit Menschen, die ich sehr schätze. Danke, dass ich sie mit euch gehen durfte.

Christoph J. F. Schreiber

Und wie geht es jetzt weiter?

Wenn du dich jetzt öfter mal fragst: „Geht das nicht auch besser, schneller oder einfacher mit KI?“ war dieses Buch ein voller Erfolg. Denn dann ist etwas von dem Enthusiasmus rübergeschwappt, den wir bei Digital Beat täglich leben. Aber wie geht es jetzt weiter? Wie kannst du dich für eine Zukunft wappnen, die bereits da ist und zumindest im Berufsleben niemandem eine Wahl lassen wird? Ohne KI, das war gestern.

Auf den Folgeseiten findest du unsere bewährten KI-Lehrgänge, die dich vom „Kenn ich“-Theoretiker zum „Kann ich“-Praktiker hochstufen. Durchgeführt und begleitet werden sie von den gleichen Menschen, die du hier im Buch schon kennengelernt hast – Yannik, Céline, Micha, Niklas, Tom und Max. Denn uns gibt es wirklich und wir arbeiten nicht nur als Team zusammen, wir bilden auch gemeinsam weiter. Dafür wurden wir erst kürzlich von Focus Online zum Top-Anbieter für Weiterbildungen ausgezeichnet. Wir freuen uns darauf, dir dabei zu helfen, in einer KI-geprägten Zukunft mitzureden und mitzuwirken!

Dein Team von Digital Beat

Vernetz dich mit uns und dem Autor auf:

digital_beat

digital_beat Christoph J. F. Schreiber

Digital Beat

Hinweis: Die QR-Codes zu den LinkedIn-Profilen setzen voraus, dass man die App auf dem Smartphone hat, da ansonsten eine Fehlermeldung erfolgt!

DIGITALBEAT.
Zertifizierung zum
KI Manager
DEIN NAME
Wir bestätigen die erfolgreiche Teilnahme
am Zertifikatslehrgang: KI Manager
Zeitraum des Lehrgangs: 13.02.2024 bis 14.03.2024
Folgende Module & Inhalte wurden in diesem Lehrgang vermittelt:
1. Deine Chancen & Anwendungen von KI
2. Automatisierung & Effizienzsteigerung mit KI
3. Kundenbeziehung und -kommunikation durch KI optimieren
4. Kreativität durch KI-Integration steigern & vereinfachen
5. Erfolgreiches & sicheres KI Management
CEO Digital Beat
CEO Digital Beat